KB275509

자, 예루살렘 성을 중건하여

다시 수치를 받지 말자 하고

또 저희에게 하나님의 선한 손이

나를 도우신 일과

왕이 내게 이른 말씀을 고하였더니

저희의 말이 "일어나 건축하자!"하고

모두 힘을 내어

이 선한 일을 하려 하매

느헤미야 2장 17절로 19절 말씀

하나님의 말씀이 점점 왕성하여

예루살렘에 있는 제자의 수가 더 심히 많아지고

허다한 제사장의 무리도

이 도에 복종하니라

사도행전 6장 7절

비전있는 교회

고쳐 쓰는 교회론

김진홍 묵상집 ④

비전있는 교회

지은이
김진홍

펴낸이
강선우

초판 1쇄
1989년 3월 27일

초판 4쇄
1991년 5월 20일

개정판 1쇄
1995년 3월 30일

개정판 7쇄
2000년 7월 20일

펴낸 곳
두레시대

주소
서울특별시 강남구 역삼동 618번지 9/1

대표전화
508-4477

팩시밀리
508-4171

등록번호
제20-429호

등록일자
1991년 4월 26일

인쇄처
아 람/2273-2497

총판
생명의 샘/419-1451

책값
8,000원

ISBN
89-85915-12-6

비전있는 교회

김 진 홍

두레시대

서 문

'골빈당'이 아닌 '예배당'이 필요합니다.

살아 움직이는, 하나님의 교회를 기대하며

요즘은 가치관이 다람쥐 쳇바퀴 돌 듯 돌고 도는 시대라고 합니다. 아니, 가치관이 전혀 없는, 혹은 완전히 상실된 시대라고도 합니다. 무엇이 정의고 무엇이 불의인지, 무엇이 참이며 무엇이 거짓인지 알 수 없는 불확실한 어둠의 시대라고도 합니다.

이런 혼탁한 시대를 살아가며 오늘의 한국 교회는 무엇을 하고 있습니까? 우리가 정말 우리 시대에 필요한 주님의 사람을 길러내고 있나요?

이런 시대에 부끄럽게도 교회를 다니는 사람이 종종 끔찍한 사고를 저지르기도 해서 얼굴이 붉어질 때도 종종 있습니다. 오죽했으면 세상 속에 소금의 역할을 하지 못하는 교회를 꼬집어, 예배당이 아니라 '골빈당'이라고까지 말할까요?

바로 이 지점에서, 한국 교회가 이 세상에 무엇을 제시하고 있는지 한번쯤 깊디 깊게 생각해야 하지 않을까요?

부족한 사람이지만, 한마디쯤 하고 싶었습니다. 그래서 그동안 강연했던 원고를 토대로 「비전있는 교회」라는 책을 엮어보았습니다. 글을 엮다보니 몇 가지 아린 채찍질이나 뼈저린 독설(毒舌)도 숨겨 있었습니다. 그런 얘기들이 너무 아픈 얘기들이기에 뺄까 하다가 글에 포함하기로 했습니다. 조금은 뼈 아픈 얘기지만, 이런 말은 바로 저 자신에게 하는 약속이기도 하니까요.

또한 지금 읽기에는 뒤처진 감이 없지 않으나, 시대적으로 다소 흘러간 정치사회적인 얘기도 있습니다. 대부분이 1970년대나 80년대 상황을 두고 한 얘기입니다. 특히 4장은 우리나라 학생들의 생각이 한쪽으로 치우쳤던 80년대 말에 얘기했던 것들입니다.

저는 그 암울했던 시대 속에서 하나님의 영(靈)이 어떻게 활동하셨는가를 잊지 말아야 한다는 생각에서 넣기로 했습니다.

이 점 잘 유념해서 읽어주시길 바랍니다.

이 책은 5장으로 구성되어 있습니다.

제1장 〈비전있는 교회〉는 타락하고 무의미한 인간의 삶을 어떻게 참된 하나님의 창조질서로 회복할 수 있는가를 얘기해 보았습니다.

제2장 〈비전있는 교회의 개혁운동〉은 느헤미야의 삶에 초점을 맞추어 이 부패한 세상을 교회가 어떻게 개혁할 수 있는가를 살펴보았습니다.

제3장 〈비전있는 교회의 모습〉은 성령에 대한 바른 이해를 도모하여 어떻게 삶 속에 참된 신앙생활을 구현할 수 있는가를,

제4장 〈비전있는 기독청년〉은 한국 기독청년들이 어떻게 참된 역사의식을 갖고 대외적으로 밀려오는 숱한 도전을 극복할 수 있는가를,

제5장 〈비전있는 농촌 교회〉는 오늘날 피폐한 농촌의 현실 속에 한국 농촌 교회가 감당해야 할 사명이 무엇인가를 짚어보았습니다. 그리고 이 글은 1987년 10월 10일 활빈교회 창립 16주년을 기념하여 세운 '두레선교훈련원'의 건축기공예배 때 설교한 내용입니다. 과거의 내용이지만, 그 생각의 핵심은 오늘도 변함이 없고 중요하다고 판단되어 싣기로 했습니다.

모쪼록 이 책이 올바른 그리스도인의 삶을 추구하는 분께 조금이나마 도움이 되기를 바랍니다. 마지막으로 오늘날의 한국 교회가 이 땅의 어두운 현실 속에 비전있는 교회로서 시대적 사명을 성실히 감당할 수 있기를 기도합니다. 더이상 '골빈당'이 아닌, 참사랑의 성령께 늘 찬미하는 '예배당'(禮拜堂) 안에서 우리의 후손이 기쁘게 뛰놀며 건강하게 자라도록 합시다.

1995년 3월 남양만에서

김진홍

자, 예루살렘 성을 중건하여
다시 수치를 받지 말자 하고
또 저희에게 하나님의 선한 손이
나를 도우신 일과
왕이 내게 이른 말씀을 고하였더니
저희의 말이 일어나 건축하자 하고
모두 힘을 내어
이 선한 일을 하려 하매
(느헤미야 2:17~18)

비전있는 교회

1 비전있는 교회

"우리가 그리스도 안에서 그의 은혜의

풍성함을 따라 그의 피로 말미암아

구속 곧 죄사함을 받았으니"

비전있는 교회

"태초에 하나님이 천지를 창조하시니라. 땅이 혼돈하고 공
허하며 흑암이 깊음 위에 있고 하나님의 신은 수면에 운행하
시니라"(창 1:1~2)

위의 말씀은 하나님께서 말씀으로 하늘과 땅을 지으시던 때
의 모습을 묘사한 것입니다. 1절과 2절을 살펴보건대 하나님
께서 태초에 말씀으로 창조하시던 때에는 지금의 하늘과 지금
의 땅처럼 질서정연하고 아름답지 않았던 것 같습니다.

'태초에 하나님이 천지를 창조하시니라'는 말씀 뒤에는 처
음 창조되던 때의 상황이 그대로 드러납니다. '땅이 혼돈하
고'란 말은 무질서였다는 뜻입니다. 혼돈을 의미하는 헬라어
'카오스'(chaos) 혹은, '케이오스'는 뒤죽박죽으로 무질서한
상태를 말합니다. 처음에는 땅이 무질서했습니다. 공허했으며
텅 비었습니다. '흑암이 깊음 위에 있고'란 말은 절망적인 어

두움을 말합니다.

　여호와께서 처음 천지를 창조하신 그때에는 땅이 무질서했고, 텅 비었고, 절망적인 어두움 가운데 있었습니다. 거기에 말씀이 역사하심에 따라 무질서가 질서로 변했습니다. 카오스가 코스모스로 변화되었습니다. 공허가 충만한 의미로 변화되었습니다. 절망적인 어두움에 빛이 비치고, 말씀의 역사가 진행됨에 따라 아름답고 질서정연한 우주로 변했습니다. 이 천지창조의 역사는 창세기 1장에서만 끝나는 것이 아니라 오늘날에도 계속되고 있습니다.

　저는 이 창세기 말씀을 이렇게 묵상해 보았습니다. 지금도 인간이 사는 곳에는 무질서가 있고 허무가 있고 절망이 있습니다. 인간은 공동체의 삶을 영위하면서 자기 속에 있는 약점과 허물로 인하여 서로 원망하고, 상처를 주고 받으며 살아갑니다. 그러면서 인간은 무질서하게 되고, 살아가야 될 의미를 잃게 되고, 절망에 빠지게 됩니다.

　그러한 상황일지라도 하나님의 말씀만 역사하면 절망적인 삶에 희망이 생기고, 공허하고 무의미한 인생에 살아야 될 의미가 생기고, 무질서한 생활에 질서가 들어가게 됩니다.

　어느날 한 부부가 제가 시무하는 남양만 시골까지 찾아왔습니다. 처음 보는 부부인데, 저한테 아주 감사하다고 인사를 하길래 저는 무엇이 감사한지 몰라 "거 무슨 사정으로 그럽니까?" 물었더니 그 부부가 자기들의 가정 애기를 말하는 것이었습니다.

　그들은 1년 전부터 서로 사이가 나빠서 그동안 한집에 살면서도 서로 다른 방 거처를 했다고 합니다. 자녀가 둘이라 쉽게 헤어질 수도 없고, 같이 살려니까 서로 맞지 않고, 그래서 한

지붕 밑에서 살지만 1년 간 다른 방에 거처하면서 각각 살기로 했는데 도저히 견딜 수가 없어서 도장을 찍고 이혼하기로 합의 했다고 합니다. 그 부부는 법적 절차에 따라 이혼을 하려고 남편은 운전석에, 부인은 뒷좌석에 타고 법원으로 갔습니다.

법원으로 가는 길이 좀 멀고, 또 분위기도 서먹서먹하고 지루하여, 남편은 그전날 친구가 들어보라고 준 테이프 하나를 틀었습니다. 그 테이프는 제가 사랑에 대해서 설교한 내용을 녹음한 것이었습니다. 그 부부는 그것을 들으면서 웃기도 하고 감동도 받고 하는 가운데 어느덧 법원에 도착했습니다.

주차장에 도착한 남편은 차에서 내릴 생각을 하지 않고 부인에게 무겁게 입을 열었습니다.

"우리 도장을 찍으러 왔지만 급할 것 있소? 듣던 것 마저 듣고 들어갑시다."

그러니까 뒷자리에 앉아있던 부인도 이에 동의했습니다. 그래서 그 부부는 함께 그 녹음이 다 끝날 때까지 들었습니다. 그 남편은 또 이렇게 말하는 것이었습니다.

"아직 시간이 있으니까 한번 더 들읍시다."

"마음대로 하세요."

그렇게 해서 두번을 듣고 나더니 남편이 진지하게 말했습니다.

"여보! 그동안 내가 잘못한 것 같소. 너무 내 주장만 하고 당신을 이해하지 못했던 것 같소. 우리 다시 한번 살아보다가 정 안되면 그때 도장 찍읍시다."

사실 부인도 그 말을 하고 싶었지만 자존심이 상해서 나오는 말을 꾹 참고 있었습니다.

"그럽시다. 뭐, 도장 찍는 게 급합니까? 마음이 문제지요."

그래서 만들어 가지고 갔던 서류를 찢어버리고 다시 가서 새로 시작을 했답니다. "연애하던 시절로 돌아가, 우리 처음 만나서 연애한다 생각하고 잘 살아봅시다"하고 다시 출발했는데, 그 뒤에 옛정이 되살아나서 서로 이해하게 되고 그동안에 중단했던 교회를 같이 나가게 됐답니다. 부부 사이가 정상화되니까 눈치만 보고 기가 죽어있던 아이들도 다시 활기를 되찾고 가정이 새로워졌다고 합니다. 그래서 남양만까지 고맙다는 인사를 하기 위해 오게 되었답니다.

"목사님 설교 테이프로 인해서 우리 가정이 새롭게 되었습니다. 아주 고맙습니다."

"저한테 고맙다고 하실 것이 아닙니다. 예수님의 말씀이 들어가면 무질서에 질서가 생기고, 원망이 기쁨으로 변하고, 무의미한 인생이 살아가야 될 의미가 있는 인생으로 변하는 것입니다. 그리고 절망이 희망으로 바뀌어집니다. 바로 말씀의 역사지요."

창세기 1장의 창조의 역사는 창세기 1장에서 끝나는 이야기가 아닙니다. 지금도 가정에서, 직장에서, 이 사회의 구석구석에서 그 창조의 역사는 계속 이어지고 있습니다. 얼마나 기이한 일입니까?

저는 대학 시절에, 어려서부터 가졌던 신앙에 회의가 생기고 아주 무질서한 생활 때문에 허무주의자가 되어 정신적으로 방황하며 고생한 적이 있습니다. 시골에서 3대째 믿는 기독교인 가정에서 태어난 저는 어려서부터 어머니를 따라 열심히 교회에 다녔습니다. 그런데 대학에 들어와서 그 신앙을 잃어버렸습니다. 성경을 읽으면 믿어지지가 않았습니다. 어려서는 그렇게도 잘 믿어졌는데 철이 들면서, 대학에 들어가 철학 공부를 하게 되면서 성경이 황당무계한 이야기 같아서 믿어지지가 않는 것이었습니다.

예수님이 물위로 걸으셨다는 말씀을 읽으면 '자기가 무슨 잠수함인가, 물위를 걷게? 바다에 물이 빠진 뒤 갯벌이 보이니까 물위로 걸은 것 같았겠지'라는 생각이 들고, 하늘에서 불이 내려왔다는 말씀을 읽으면 '하늘에 뭐 난로가 있나, 무슨 불이 내려와? 비오는 날 천둥 번개치는 것을 보고 불이 내려왔다고 여겼겠지'라고 생각했습니다. 동정녀 마리아가 처녀로 예수님을 낳으셨다는 말씀을 읽으면 무엄하게 '그때에도 미혼모가 있었구나' 등 별의별 생각이 다 나서 성경을 도무지 믿을 수가 없고 교회도 다닐 수가 없었습니다.

또 한 가지 교회 다니기가 어려웠던 이유는 교회에 가보니까 위선자만 모인 것 같았습니다. 밤낮 "사랑 사랑"하면서도 실제로 사랑해야 될 자리에서는 전혀 사랑하지 않고 입으로만 사랑하는 위선자들만 모인 곳 같았습니다.

'교회는 위선자들이 자기 양심에 페인트칠하고 모이는 곳이다. 이 세상에서는 필요 없는 단체다'라는 엉뚱한 생각을 하며 교회를 안 나가게 되었습니다.

그래서 진리를 찾아 절에도 갔다가 철학책도 읽다가, 이리저리 방황하며 고민하게 되었습니다. 그렇게 대학을 졸업한 후 저는 모교에 남아서 가르치는 일을 하게 되었습니다.

1966년 5월 어느날이었습니다. 영문과 교실에 들어가 철학 개론을 가르치는데, 한 학생이 이런 질문을 했습니다.

"진리가 무엇입니까? 한 마디로 말씀해주십시오."

그런데 갑자기 그 질문을 받은 저에겐 대답할 만한 진리가 없었습니다. 그 당시 저는 교회에도 나가지 않고 신앙도 잃어버렸기 때문에 이것이 진리라고 믿을 만한 것이 없었으며, 더욱이 방황하던 시절이라 다른 사람이 주장한 진리를 대신해서 설명해주었습니다.

"임마누엘 칸트(Immanuel Kant)라는 독일 철학자가 있는데 그 철학자가 쓴 것 중에 『순수이성비판』(Critique of Purism)이란 책이 있습니다. 그 책 첫머리에 보면 소위 칸트가 말하는 진리가 있는데 뭐 별것 아니면서 어렵기만 합니다. 칸트는 어떤 사물, 즉 연필이란 사물이 있으면 그 사물 자체와 그 사물에 대한 우리의 인식, 개념이 일치하면 그것이 진리라고 했습니다. 그것을 '인식론상의 진리'라고 합니다."

이렇게 칸트의 진리를 열심히 설명했더니 그 청년이 씩 웃으면서 이렇게 말하는 것이었습니다.

"교수님, 그것이 저하고 무슨 상관이 있습니까? 그것은 철학자들이 괜히 밥 먹으려고 했던 소리 같네요. 그런 진리 말고요, 내가 그것을 위해서 살다가 그것을 위해서 죽을 수 있는 진리, 그런 진리를 말씀해주십시오."

그 말에 대답이 막혀 솔직하게 대답했습니다.

"나도 그런 진리를 몰라서 찾고 있습니다."

"교수님, 철학은 진리를 찾는 학문이라고 말씀하시며 강의를 시작하셨는데 진리를 모르시면서 어떻게 가르칩니까? 종강합시다."

그날 저녁 저는 연구실에 앉아 동서양의 유명한 철학자들이 쓴 책을 책상 위에 쌓아놓고 들여다봤으나 그 철학책 속에는 '그것을 위해서 살다가 그것을 위해서 죽을 수 있는 진리'는 도무지 나올 것 같지가 않았습니다.

'봉사가 봉사를 길 안내 한다는 말이 있듯이, 아무것도 모르

비전있는 교회

면서 무엇을 어떻게 가르치려고 하는가? 지금은 송사리 강사니까 그렇게 가르친다 하더라도 내가 노교수가 되어서도, 학생들이 또 진리에 대해서 물으면 그때에도 칸트 애기를 해주겠는가? 아니면 공자님 애기를 해주겠는가?'

저는 깊이 생각하며 고민하다가 결국 저의 길을 바꾸기로 했습니다. 철학을 하고 철학 학위를 받아서 철학 교수가 되어서도, 그렇게 나도 잘 모르는 것을 애기하고 사는 사람이 될 것이 아니라 내 스스로의 삶으로 터득한 진리, 그것을 위해서 살다가 그것을 위해서 죽을 수 있는 진리, 그 진리를 한번 터득해봐야겠다는 생각에 대학을 떠나기로 했습니다. 아직 나이도 젊으니까 삶의 체험을 통하여, 내 인생을 던져서 따를 만한 그런 진리를 한번 찾아보자는 결심으로 1966년 여름에 서울로 올라오게 되었습니다.

서울역 뒤에 만리동 고개라는 곳이 있습니다. 서울로 올라온 저는 그 고개 위에 있는 소이국민학교 담벼락에 앉아서 아이스케키 장사를 시작했습니다. 밀짚모자를 눌러쓰고서는 아이스케키를 팔며 인생 체험을 통해 어떻게 사는 것이 제대로 사는 것인지, 참된 존재양식은 어떤 것인지, 내가 인생을 진지하게 살아야 될 이유가 무엇인지를 한번 추구해보려고 그렇게 앉아 있었습니다. 그 만리동 고개가 워낙 가파른지라 장사꾼들이 그 고개를 올라오면 숨이 턱에 닿고 땀이 줄줄 흐릅니다.

"수고하십니다, 먹고 사는 것이 쉽지 않지요? 이것 하나 드십시요."

저는 본래 돈을 벌려는 목적으로 아이스케키 장사를 했던 것이 아니었으므로 지나가는 사람에게 아이스케키를 하나씩 권하고 쉬어 가게 했습니다. 그러다보니 자연히 사람들이 많이 모이게 되었습니다.

하루는 제 나이 또래의 젊은 청년이 리어카를 끌고 그 높은 만리동 고개를 올라오기에 그를 불러 세웠습니다.

"여보시오, 이리 좀 오시오. 수고가 많습니다. 내가 이 아이스케키 하나 드릴 테니까 좀 쉬어 땀이나 식히고 가시오."

그랬더니 그 청년이 제가 권하는 것을 먹으면서 쉬고 있는데, 그 양반이 끌고 다니는 리어카 옆에 있는 망태기를 보니 독일어로 된 철학책이 한권 있었습니다. '마르틴 하이데거'(Martin Heidegger)라는 독일의 유명한 철학자가 쓴 『형이상학이란 무엇인가?』(What Is Metaphysics?)라는 책이었습니다.

저는 속으로 '이 엿장사가 저 책을 보지는 않을 테고, 고물로 들어왔는데 외국책 표지가 멋있어서 뽑아놓은 게로구나'라고 생각하면서 그 책을 얻을 양으로 아이스케키 몇개를 건네주며 물었습니다.

"여보, 형씨! 저 하이데거 책, 당신이 보는 것이 아니지요? 내가 이것을 몇개 드릴테니 그 책 나한테 주시오."

그랬더니 그 청년이 깜짝 놀라며 저를 가만히 쳐다보았습니다.

"당신, 이것이 하이데거의 책인 줄 어떻게 아시오?"

"아니, 그럼 당신은 이것이 하이데거의 책인 줄 알고서 갖고 다니시오?"

저는 엿장사가 어떻게 독일어책을 아는가 싶었고, 그 사람은 또 아이스케키 장사가 어떻게 독일어책을 아는가 싶어 깜짝 놀랐던 것입니다.

서로 인사를 하고 보니까 그 청년은 서울대학 문리대 철학과를 나온 사람이더군요. 서로 얼마나 마음이 통했겠습니까? 그 청년은 대학을 졸업하고 서울 시내 모 여자 고등학교에서 독일어 선생을 했는데, 여학생들이 뭐 독일어를 열심히 배우겠습니까? 학생들이 떠들고 잠만 자고 하니까 가르치기도 따분해서 "데어·데스·뎀·덴·디·데어·데어·디…(der des dem den die der der die…), 될 대로 되라는 식으로 교사생활을 치워버리고 나와버렸답니다. 그 청년은 부모가 남겨준 유산도 있고, 먹고 살 만하여 세상살이를 경험삼아 엿장사를 시작했다고 합니다.

그날 우리는 의기투합하여 엿망태기고 아이스케키통이고 다 팽개쳐버리고 대폿집에 들어갔습니다. 왕대포를 한잔씩 마시면서 그 청년이 나한테 "이 세상을 살아가는데 어떻게 살아야 제대로 사는 것인지, 살아가야 할 의미와 이유는 무엇인지, 그것을 누가 제대로 설명만 해준다면 내가 그 사람에게 평생 머슴살이 하겠소"하는 것이었습니다.

그러고 나서는 다시 이렇게 말했습니다. "김형, 건배합시다. 머슴은 있는데 주인이 없습니다. 머슴은 있는데 주인이 없다니, 내가 진정한 주인만 찾으면 평생 머슴을 살겠는데… 자, 미지의 주인을 위해 건배합시다. 어느날엔가 나타나줄 미지의 주인을 위해 건배!"

그래서 우리가 대폿잔을 들고 높이 건배한 적이 있습니다.

우리의 모든 인생은 머슴 사는 것입니다. 어떤 사람은 재물에 머슴 살고 어떤 사람은 권력에 머슴을 삽니다. 그러나 우리는 행복한 사람들입니다. 진실로 섬길 만한 가치가 있는 예수님을 우리 주인으로 모셨기 때문입니다. 예수님의 머슴이 되었다는 사실 그 자체는 이미 우리를 행복하게 해주는 절대적인 조건이 되는 것입니다. 우리는 예수님을 알고 있다는 축복이 얼마나 큰 것인가를 알아야 합니다.

그후 제가 그때 그 청년을 다시 만나게 되었습니다. 지금은 텔레비전 고물상 가게를 하고 있는 그분이 저에게 묻더군요.

"형씨, 주인 만났어요? 난 아직 못 만났어요. 김형은 어떻게 됐어요?"

"나는 예수님을 주인으로 정하고 착실히 목사 생활을 하고 있지요."

"김형이 부럽습니다. 나는 주인을 못 만나서 지금도 텔레비전 고치러 다닌답니다."

슬픈 일입니다. 그 사람은 저보다 훨씬 머리도 좋고, 학교도 좋은 데 나오고, 많은 것을 갖추었지만 주인을 만나지 못해 끊임없는 방황을 지금도 계속하고 있는 것입니다.

엿장수 청년을 처음 만났던 그날 저녁, 저는 그 청년과 헤어진 후 마침 수요일 저녁이라 교회 종소리를 듣고 서울역 부근에 있는 교회를 찾아갔습니다. 교회 뒷자리에 앉아 기도하기를 신앙이 아직 없을 때라 '하나님이여!'라고 부르진 못하고 이렇게 기도했습니다.

'신이시여! 당신이 진실로 존재하는 신이라면 오늘 저녁에 나한테 좀 나타나 주시옵소서. 신이시여, 우주를 다스리는 진리시여! 당신이 존재하신다면 오늘 저녁 목사님의 설교 말씀을 통해서 나한테 좀 나타나 주시옵소서! 다른 것은 필요없습니다. 있다는 것만 알려주시면 내가 평생 머슴살이를 하겠습니다.'

그러고는 목사님의 설교를 기다렸습니다. '오늘 목사님의 설교를 통해서 꼭 신을 만나야지. 진리를 터득해야지' 하는 생각으로 바른 자세를 하고 설교에 귀를 기울였는데, 하필 그날 목사님이 교회 증축 공사를 하다 헌금이 좀 모자랐던지 솔로몬왕이 성전 건축하던 본문을 읽고는 헌금하는 애기만 주욱 하는 것이었습니다. 예수님을 만나야 헌금을 하든지 목숨을 바치든지 할 텐데, 예수님도 아직 못 만난 사람에게 헌금하라는 애기가 통할 리 없었습니다. 저는 너무 실망하여 '헌금 많이 걷어서 좋은 집 짓고, 잘 먹고, 잘 사시요' 하고는 나와버렸습니다.

그 뒤에 저는 2년을 더 방황하다가 드디어 예수님을 만났습니다. 예수님을 만난 후 너무 감사해서 전 빈민촌에 들어가 교회를 세웠습니다. 빈민촌이 얼마나 어렵습니까? 너무 어려워 삼일을 굶고 설교를 하면서도 지금까지 강대상 위에서 헌금 애기 한번 해본 적이 없습니다. 물론 성경공부할 때 성서적인 관점에서 헌금에 대해 가르치는 것은 당연한 것입니다.

그러나 그 수요일 날 저녁 설교에 제가 너무 충격을 받아서 그 후로 헌금 애기는 안 합니다. 강대상 밑에 있는 영혼은 죽느냐 사느냐 하는 문제를 가지고 목숨을 걸고 설교를 듣는데, 강대상 위에서 헌금 애기, 집 짓는 애기 자꾸 하면 되겠습니까?

은혜를 받으면, 예수님을 만나면, 진리를 바로 깨달으면 헌금이 문제가 아니라 목숨까지 바치는 것이 은혜받은 사람들인데, 그렇지 않습니까? 예수님을 바로 만나면 은혜를 바로 받으면 십일조가 문제가 아니라, 십의 구조도, 십의 오조도, 생명까지도 바치고 싶어지는 것입니다.

그 은혜, 진리 자체를 떠나 비본질적인 것, 지엽적인 것을 자꾸 강조하다보면 은혜 자체는 희미해져버리고 부수적인 일만 자꾸 커집니다.

그래서 그 수요일 저녁에 제가 아주 충격을 받아 그 뒤로 제가 목회할 때에는 그렇게 하지 않았습니다. 아, 그랬는데도 우리 교인들이 헌금을 적게 내는 것이 아니었습니다. 항상 예산보다 결산이 많았습니다.

제가 예수님을 만나게 된 것은 우연히 만난 대학선배를 통해서였습니다. 그분은 대학시절부터 개인 전도에 열심인 분이었습니다. 홍응표라고 하는 그 선배는 대학시절부터 저를 붙들고 열심히 전도하곤 했는데 그날도 길거리에서 우연히 만나자 다방에 데리고 들어가 로마서를 펴더니

"김군, 예수님을 영접했는가?" 하고 물었습니다.

그래서 제가

"형님은 여전하구만요"했더니

그 선배가

"자네가 말이지, 일주일에 한번씩만 날 만나서 성경공부를 같이 해주면 자네 생활비를 내가 다 대줄 수 있네"하면서 열심히 저에게 전도하는 것이었습니다.

교회가 부흥되는 것은 부흥회를 통해서가 아닙니다. 개인 전도가 중요합니다. 믿음의 확신이 있는 훈련된 성도들이 일 대 일로, 가슴에서 가슴으로 개인 전도를 하는 데서부터 교회부흥의 기초가 닦여집니다. 우리 한국에서는 교회부흥을 부흥회에 많이 의존하는 경향이 있습니다.

저의 경우에는 그 선배의 간절한 개인 전도로 인해 예수님을 만나는 문이 열렸습니다. 그 선배를 만나서 1968년 여름에는 로마서를 공부하였고, 가을이 지난 그해 겨울, 12월 4일이었습니다.

그날 저녁, 에베소서를 같이 읽다가 1장 7절 말씀에 제 영혼

이 하나님의 은총을 입어서 예수님을 영접하게 되었습니다. 선배와 에베소서 1장 7절 말씀을 읽는데 무엇인가 '번쩍'하며 헤드라이트 불빛 같은 것이 제 영혼을 비췄습니다. 저는 에베소서 1장 7절 말씀을 다시 읽었습니다.

두번째 읽을 때는 제 영혼에 지진이 일어났습니다. 혁명이 일어났습니다. 그것은 분명히 혁명이었습니다.

"우리가 그리스도 안에서 그의 은혜의 풍성함을 따라 그의
피로 말미암아 구속 곧 죄사함을 받았으니"(엡 1:7)

우리는 그리스도 안에서 은혜의 풍성함을 따라 그의 피로 말미암아 구속 곧 죄사함을 이미 받았습니다. 인생 살아가는 의미를 한번 터득해보겠다고 철학책 속에서, 방황 속에서, 제 자신 속에서, 시장 밑바닥의 서민들의 숨결 속에서 저는 초상집의 개처럼 헤매고 다녔지만, 그 어느 곳에서도 찾을 수가 없었습니다.

그런데 미신이라고 팽개쳐버렸던 예수 그리스도 안에서 그 은혜의 풍성함을 따라 그의 피로 말미암아, 예수님께서 2천년 전에 십자가에서 죽으실 때에 흘리신 그 피의 공로로 말미암아 구속 곧 죄사함을 이미 받았다는 이 말씀 속에서 저는 진리를 깨달았습니다. 저의 눈이 열린 것입니다. 감격했습니다.

제 고민과 제 방황의 밑바닥에는 죄가 흐르고 있었습니다. 그 죄가 어떻게 되었겠습니까? 예수님이 2천년 전에 십자가에서 흘리신 피로 인해 그 죄는 이미 해결되어버렸다는 것을 저는 깨달았습니다.

갑자기 예수님이 우주보다 더 커져보이고 예수님 안에서 안

식하고 있는 제 자신을 발견하게 되었습니다. 얼마나 감격했는지 모릅니다. 그래서 저는 그날 저녁 찬송가 210장에 있는 '내 죄 사함을 받고서'를 수십번도 더 불렀습니다. 모든 것이 변했습니다. 예수님 안에서, 그의 흘리신 피로 말미암아 모든 것이 변했습니다.

말씀의 창조가 역사하시기 전에는 무질서와 무의미와 절망만이 있었습니다. 그러나 생명의 말씀이 역사하면서 무질서가 질서로, 절망의 생활이 희망찬 생활로, 허무한 인생이 충만한 의미로 변화되었습니다.

"하나님이 자기 형상 곧 하나님의 형상대로 사람을 창조하시되 남자와 여자를 창조하시고"(창 1:27)

하나님께서 자기의 형상대로 인간을 창조하셨습니다. 대단히 중요한 말씀입니다. 이 말씀이 우리 인간에게 주는 본질적인 뜻이 있는데, 그것은 인간이 창조될 때 하나님의 형상대로 창조되었기 때문에 어떤 누구도 그 심령에 하나님의 형상이 회복되기 전에는 절대로 행복해질 수 없다는 사실입니다.

이 말씀은 인간의 본질에 속한 운명입니다. 그 심령에 하나님의 형상, 신의 형상이 회복되기 전에는 절대로 행복해질 수 없는 것이 모든 인간의 운명입니다. 어느 누구도 그 운명에서 벗어날 수 없다는 것이 법칙입니다. 그래서 아무리 높은 데에 있는 사람도, 아무리 낮은 데에 있는 사람도, 모두 하나님의 형상이 회복되어야 하는 것입니다.

박정희 대통령 시절에 미국의 카터 대통령이 한국을 방문한 적이 있습니다. 두 대통령이 정상회담을 마치고 사적인 얘기를 나눌 때, 박정희 대통령이 자신의 고민을 카터 대통령에게 얘기했답니다.

"나라를 위해서 일한다고 하다가, 제 아내도 총 맞아 죽고 저는 혼자 되어 개인적으로 대단히 외롭습니다."

당시는 육영수 여사가 총 맞아 돌아가신 뒤였습니다. 그 얘기를 듣고 카터 대통령이 전도를 했다고 합니다. 카터 대통령은 정치인으로서는 그 영향력이 약했다고 하지만, 신앙인으로서는 별명이 전도사 대통령일 정도로 매우 신실한 침례교 그리스도인입니다.

"예수 그리스도를 개인의 구주로 영접하십시오. 그러면 성령이 대통령 심령 가운데 임하셔서 평안을 주실 것입니다."

그때 박 대통령이 진지하게 무릎을 꿇고 예수님을 영접했더라면 개인의 운명도, 나라의 운명도 바뀌어졌을 텐데, 그만 "차차 생각해 보겠습니다"라고 대답했다 합니다.

그런 일이 있은후 얼마 지나지 않아, 박 대통령은 총 맞아 죽고 말았습니다. 참 안타까운 일입니다. 어떤 인간도, 어느 누구도 하나님의 형상이 자기 심령에 회복되기 전에는, 예수님을 자기 영혼의 구주로 모시기 전에는, 절대로 행복해질 수 없는 것이 인간의 운명입니다.

하나님께서 자기 형상대로 인간을 창조하시고 첫번째로 그들에게 베푸신 것이 무엇입니까?

"하나님이 그들에게 복을 주시며 그들에게 이르시되 생육하고 번성하여 땅에 충만하라 땅을 정복하라 바다의 고기와 공중의 새와 땅에 움직이는 모든 생물을 다스리라 하시니라" (창 1:28)

인간을 창조하신 뒤 하나님은 그들에게 복을 주시고, 모든 생물을 다스리며 행복하게 살라고 말씀하셨습니다. 그리고 나서 인간을 에덴동산에 살도록 해주셨습니다.

“여호와 하나님이 동방의 에덴에 동산을 창설하시고 그 지으신 사람을 거기 두시고”(창 2:8)

에덴이란 말은 ‘행복’이란 뜻입니다. 에덴동산은 행복의 동산입니다. 하나님께서는 인간을 자기 형상대로 창조하시고 축복하신 다음, 에덴동산, 즉 ‘에덴동산’에 그들을 살게 하셨습니다.

신앙생활은 어떻게 하는 것이 잘하는 것이겠습니까? 어떤 사람이 신령한 사람입니까? 행복한 가정, 행복한 교회의 삶을 사는 것이 영적인 삶입니다. 하나님께서 인간을 창조하셔서 그들에게 복을 주시고 행복의 동산에 살도록 해주신 사실은 하나님의 기본법이 무엇인지를 잘 가르쳐줍니다. 즉 가정과 교회에서 행복하게 사는 것이 하나님의 기본법입니다.

그런데 한국 교인들 가운데는 신앙이 좋을수록 잘 우는 사람들이 많습니다. 저는 우리 교회에서 교인들이 울면 “왜 자꾸 우십니까? 처음 예수 믿을 땐 실컷 울고, 그 다음부터는 좀 웃으면서 살아야지, 자꾸 울면 옆사람도 울게 됩니다. 좀 웃으면서 삽시다. 신앙 좋다는 것이 뭡니까? 부족한 몸이 은혜로 구원을 얻어서, 행복하고 즐겁게 은혜를 누리며 사는 것이 복된 인생인데 왜 자꾸 우십니까?”라고 하면서 말립니다.

어떤 분은 믿는 사람의 영적인 주소가 행복동 7번지라고 하더군요. 신앙인의 주소는 서울시나 부산시, 동작구나 관악구가 아니라, '은혜도 신앙군 안식면 행복동 7번지'라고 합니다. 그러면 불신자들의 주소는 어디일까요? '살기도 괴롭군 죽으면 편하리 44번지'랍니다. 행복한 삶, 행복한 교회, 그 자체가 축복입니다.

가정이나 교회가 행복하게 되려면, 즉 에덴동산이 되려면 세 가지 조건이 필요합니다.

첫번째는 올바른 관계입니다.

두번째는 축복된 땅입니다.

세번째는 보람있는 일과 사명입니다.

이 세 가지 중에 어느 한 가지라도 빠지면 에덴동산이 이루어질 수 없습니다.

그러면 첫번째로 올바른 관계에 대해 살펴보겠습니다. 올바른 관계란 어떤 관계를 말합니까? 다음의 두 관계가 올바로 성립될 때 에덴동산의 삶이 이루어집니다. 한 관계는 '하나님과 나와의 관계'를 말하고, 또 한 관계는 인간끼리의 관계, 즉 남편과 아내, 부모와 자식, 교인과 교인 사이의 '인간관계'를 말합니다. 두 관계 중에 한 관계만 비뚤어져도 에덴동산이 될 수 없습니다.

하나님께서 인간에게 물으신 첫번째 질문은 창세기 3장 9절 말씀입니다. 그 말씀은 하나님과 인간의 관계에 대한 질문입니다.

"여호와 하나님이 아담을 부르시며 그에게 이르시되 네가 어디있느냐?"

하나님 앞에서 죄를 지은 아담과 하와는 그 관계가 깨어지니까 먼저 숨어버렸습니다. 사람이 먼저 숨었습니다. 죄 지은 인간은 스스로 숨어버립니다. 하나님 앞에 떳떳이 나서지 못하니

다. 하나님께서는 지금도 우리들에게 "네가 어디 있느냐?"라고
물으십니다. 우리는 우리 속에 있는 죄를 주님 앞에 자복하고
회개하여 깨어진 관계를 회복해야 합니다. 그래야만 에덴동산
이 이루어집니다. 그러나 하나님과 나와의 관계만 이루어지면
되는 것이 아닙니다. 두번째 질문이 또 있습니다.

　하나님께서 인간에게 물으신 두번째 질문은 창세기 4장 9절
말씀입니다. 이 말씀은 인간관계에 대한 질문입니다.

　　　"여호와께서 가인에게 이르시되 네 아우 아벨이 어디 있느
　　냐 그가 가로되 내가 알지 못하나이다 내가 내 아우를 지키는
　　자니이까"(창 4:9)

　네 아우, 네 형제, 네 남편이 어디 있느냐? 네 시부모가 어
디 있느냐? 네 종업원이 어디 있느냐? 네 국민이 어디 있느냐?
네 이웃이 어디 있느냐?

　내 이웃! 즉 인간관계에 대한 질문입니다. 우리 한국 교인들
은 하나님과 나의 관계만 해결되면 다 되는 줄로 생각합니다.
그러나 성경이 보여주는 신앙은 그렇지 않습니다. 인간관계와
하나님과의 관계가 합쳐져서 올바른 관계가 이루어집니다. 그
래서 사람들이 "선생님, 하나님의 나라가 어디 있습니까?"라고
물었을 때 예수님께서는 "하나님의 나라는 너희 속에 있느니
라"라고 대답하셨습니다.

　어려서부터 저는 시골의 보수적인 교회에서 자라면서 '너희
속'이란 말씀을 '성도들의 심령 속'이라고 하여 하나님의 나라
는 은혜받은 백성들의 심령 속에 있다고 들었습니다. 그러나
신학교에 가서 원전을 공부하면서 보니까 그것이 아니었습니

다. '너희 속'이란 말씀은 너의 심령 속(in your heart)이란 뜻이 아니라, '너희들 가운데'(among you)란 뜻입니다.

예수님을 구주로 고백하는 사람들이 모이는 그 사이에, 신앙을 고백하는 아내와 남편, 부모와 자식, 친구와 친구, 사람과 사람 사이에 하나님의 나라가 있다는 말씀입니다. 제가 이것을 알고는 '이것, 참 깊고 깊은 말씀이로구나!'라고 생각했습니다.

기독교 신앙은 하나님과 나와의 관계만 회복된다고 해서 참된 평화가 이루어지는 것이 아닙니다. 그 위에 올바른 인간관계가 형성되어 이웃을 사랑하고 존중할 때 에덴동산이 이루어집니다.

두번째로 에덴동산이 이루어지려면 그것을 축복된 땅으로 관리해야 한다고 했습니다. 아담과 하와가 에덴동산, 그 축복된 땅을 자기들의 삶의 땅으로 받았듯이 오늘 우리들도 이 땅을 축복된 땅으로 받았습니다. 그래서 예수 믿는 사람들은 항상 애국자가 되게끔 되어 있습니다. 신앙인은 자기 민족을 사랑하고 시대의 일꾼으로서 일하게 되어 있습니다. 복음에는 국경이 없습니다. 그러나 믿는 성도들에게는 조국이 있고 자기 민족이 있습니다.

한국 교회 교인들은 민족정신이 약합니다. 민족얼이 약합니다. 자기들이 살고 있는 이 민족, 이 땅을 축복된 땅으로 받들어 섬겨야 될 의무와 축복이 있음을 잊어버린 듯합니다. 우리는 민족정신을 되찾아야 합니다. 우리에겐 한많은 이 백성들에게 복음과 진리를 전하고 이 땅을 축복된 땅으로 만들어내야 할 사명이 있습니다. 지금 한국 땅은 병들어 있습니다. 저는 그 사실을 농촌에 있으면서 잘 알게 되었습니다.

예전에 어떤 가정을 심방 갔을 때 일입니다. 그 집은 배추를 길렀는데, 지금은 없어진 서울 용산 청과물시장에 내다 팔았습니다. 그 가정에 갔더니 주인이 용산시장에 내다 팔 2백원짜리 배추를 뽑아서 죽 세워놓고는 농약을 살짝 뿌리고 있는 것이었습니다. 그것을 보고 제가 깜짝 놀라서

"아니, 시장에 나갈 배추잖아요?"하고 물었습니다.

"예, 그렇습니다."

"아니, 그런데 왜 농약을 뿌립니까?"

"글쎄, 장사꾼이 웃돈 조금 더 주면서 살짝 뿌려달라고 그러잖아요."

"왜 그랬을까요?"

"목사님, 농약을 살짝 뿌려놓으면 배추가 화가 나서 오랫동안 시들지 않고 싱싱하답니다."

"아니, 그러면 배추가 시들지 않는다 해도 서울 사람들이 내일부터 당장 이것을 사다가 김치를 담아서 먹을 텐데…."

"알게 뭡니까? 서울 사람들 돈 많은데, 먹고 병들면 약 사먹겠지요. 언제 우리한테 배추값을 제대로 줬어야지요."

이런 얘기를 듣고 '농민의 마음이 병들었구나, 농심이 병들었어!'하는 탄식이 절로 나왔습니다. 농민의 마음이 하루 이틀에 병든 것이 아닙니다. 도시가 병들고 백성이 병드니까 농민들까지 따라서 병드는 것입니다. '병드는 마음! 이것, 정말 어떻게 되겠습니까? 땅이 병들고, 백성들의 마음이 병드니까 김치담아 먹는 배추에도 농약을 뿌립니다.

우리 두레농장은 자연식품만 생산합니다. 배추를 키울 때 퇴비만 주지, 약은 쓰지 않습니다. 비료도 쓰지 않습니다. 배추벌레가 생기면 손으로 잡아줍니다. 힘들어도 우리의 건강이 중

요하므로 약을 뿌리지 않고 재배합니다.

한번은 우리 농장의 소문을 듣고 서울에 있는 배추장사가 배추를 사러 온 것이 아니라, 배추벌레를 사러 왔습니다.

"제가 살 테니까 배추벌레 좀 잡아갑시다."

그래서 이상하게 생각하며,

"배추벌레를 잡아서 무엇에 쓰려고 합니까?" 물으니

"알 것 없습니다"하는 것이었습니다.

아무튼 배추벌레를 몇십 마리쯤 잡아갔는데, 나중에 알고보니 농약을 친 배추를 주욱·쌓아놓고 그 위에도 배추벌레를 올려 놓는다는 겁니다. 배추벌레가 있다는 것을 보여줌으로써 그 배추는 농약을 치지 않았다는 것을 자랑하려는 거였겠지요.

배추벌레를 드문드문 올려놓고 배추를 파는데, 배추벌레도 똑똑한가 봅니다. 약 냄새를 맡고 굴러 떨어져버립니다. 그러면 배추장사는 다시 주워서 올려놓고 팝니다. "병이 들어서요. 병이 들어서요" 하면서 말입니다.

백성들의 마음이 병들었습니다. 그것을 누가 고쳐야 합니까? 바로 우리 그리스도인들이 이 땅을,. 이 병든 땅을 고쳐야 합니다. 바로 우리에게 이 병든 땅을 축복된 땅으로, 에덴동산으로 바꾸어야 할 사명이 있는 것입니다.

제가 청계천에서 넝마주이를 하면서 선교할 때의 일입니다. 하루는 넝마주이 대원 중에 23살 된 한 청년이 갑자기 아랫배를 붙들고 "아이구, 배야!"하며 입술이 새파래지고 얼굴색이 하얗게 변하는 것이었습니다. 그래서 제가 급히 그 청년을 데리고 우리 구역인 뚝섬에서 가장 가까운 한양대학 부속 병원엘 갔습니다. 갔더니 엑스레이를 찍어오라고 하더군요. 그래서 엑스레이를 찍는 곳에 찾아갔더니 먼저 돈을 내고 오라는 겁니다. 제가 돈내는 수납처에 가서 "환자는 급한데 돈이 없어서 돈을 못 가지고 왔습니다. 내가 뒤에 갖다 낼 테니까 환자부터 살려주시오"하면서 사정을 했더니 병원 방침이 돈을 내지 않으면 엑스레이를 찍을 수 없다고 합니다. 엑스레이 통과 없이는 다른 데서도 안 된다고 하면서 애원을 해도 허락하질 않습니다. 그래서 돈내는 수납 복도에 청년을 눕혀놓고 그 청년에게 말했습니다.

"야, 동네에 가서 돈 구해올테니까 기다려!"

"형님, 빨리 오시오. 빨리 안 오면 나 죽소."

"야, 임마! 죽기는 왜 죽어? 사람이 그렇게 쉽게 죽냐?"

이렇게 말하고는 마을로 갔습니다. 빈민촌에, 더군다나 낮에 돈이 있을 리 있겠습니까? 다 일하러 나가서 애들과 부녀자들만 있고, 마을에선 돈을 구할 수가 없더군요. 세 시간을 뒤져 겨우 돈을 구해 숨이 턱에 차도록 뛰어 언덕 위에 있는 병원엘 도착했습니다. 그런데 복도에 들어서니까 그 청년은 이미 숨을 거두고 있었습니다. 이 청년이 제 무릎을 베고 숨을 거두는데 죽는 듯 하더니 갑자기 벌떡 일어나 앉는 것입니다. 그리고나서 창 밖을 가만히 내다보며 멍하니 있더니 "약값, 돈! 돈!", 딱 세 마디하고는 죽어버렸습니다. 얼마나 가슴이 무너지던지 속이 터질 것만 같았습니다. 앞이 캄캄했습니다. 분해서 몸이 떨렸습니다. 세상에 이럴 수가 있습니까?

얼마나 한이 서렸으면 "약값, 돈! 돈!", 그러면서 죽겠습니까? 얼마나 분통이 터지던지 '내 이놈의 병원을 다 부수어버릴테다. 다이너마이트로 폭파시켜 버릴까부다. 넝마주이 대원들을 데려다가 유리창을 1층부터 꼭대기까지 다 부수어버리고 원장 다리를 부러뜨려야지!' 라고 생각했습니다.

우리 넝마주이 대원들은 그런 건수가 없어서 그렇지, 몸이 근질근질하던 참이었습니다. "가자!"하면 신나는 달밤이지요. 그래서 제가 우리 넝마주이를 데리러 갔습니다. 한 백여명 되니까 갖다 붙이면 한양대학 병원은 금방 날아갈 겁니다. 우리가 집기를 들고 나서면 경찰관도 피합니다. 그 넝마주이 대원들을 데려와 한양대 병원을 요절내버린다고 뚝섬경마장 있는 데까지 한참 뛰었습니다. 그러나 거의 다 가서 발길을 돌렸습니다. 대원들 있는 곳으로 가는 대신 교회로 갔습니다. 판자촌 교회로 들어가 강단 앞에 무릎을 꿇고 이렇게 기도했습니다.

'예수님, 병든 세상을 바라보고 살아가면서, 돌 던지고 부수고 욕하는 그리스도인이 되지 말게 하옵시고, 병든 세상을 고치는 사람이 되게 하여 주시옵소서!'

병든 세상을 살아가면서 돌 던지고 욕하고 유리창 깨는 일은 누구든지 할 수 있습니다. 노동자도, 학생도, 청년도, 세상 사람들 누구라도 할 수 있습니다. 그러나 예수님의 교회는, 예수님의 제자는, 예수 그리스도의 보배로운 피로 구원을 받은 사람들은 이 병든 땅을 축복된 땅으로 만들어야 할 사명이 있습니다. 그리스도인은 욕하고 부수고 돌 던지는 사람이 되는 게 아니라 병든 세상을 고치는 사람이 되어야 합니다.

문제는 사람이 없다는 것입니다. 욕하는 사람은 많은데 고치는 사람은 없습니다. 이 시대에 우리 교회는 이 병든 땅을 복음으로, 진리로 고치는 교회가 되어야 합니다.

세번째로 에덴동산이 이루어지려면 보람있는 일을 해야합니다. 에덴동산에서 아담과 하와는 그냥 할일없이 놀기만 하지 않았습니다. 분명히 에덴동산에도 일이 있었습니다.

"여호와 하나님이 그 사람을 이끌어 에덴동산에 두사 그것
을 다스리며 지키게 하시고"(창 2:15)

하나님께서는 인간에게 다스리며 지키게 하는 일, 즉 관리직
을 맡겼습니다. 관리하는 것, 이것은 지금도 하나님이 성도들
에게 주시는 사명입니다. 타고난 건강도 관리해야 되고, 하나
님께서 주신 재물도 관리해야 됩니다. 재물을 얻는 것이 문제
가 아니라 바로 관리하는 것이 문제입니다.

제가 넝마주이할 때에 느낀 것은 부지런해야 한다는 것이었
습니다. 늦으면 쓰레기차가 먼저 와서 다 싣고 갑니다. 새벽기
도를 마치자마자 나가서 바로 주워야 수입이 올라갑니다.

한번은 새벽기도를 마치고 나서 한 교회 청년을 데리고 넝마
를 주우러 갔습니다. 뚝섬에서 워커힐 가는 길 가로등 밑에 웬
보따리 하나가 떨어져 있었습니다. 옆에 같이 가던 청년이 그
것을 주워 풀어보니까 누가 술을 먹고 떨어뜨렸는지, 그것은
돈보따리였습니다. 그런데 이 청년이 갑자기 돈을 보더니 집게
와 넝마주이 망태를 다 던져버리고 "돈이다, 팔자 폈다!"하면
서 그것을 가지고는 마구 뛰는 것입니다.

"이 사람, 어디 가나?"하고 소리쳐도 막무가내로 뛰어가더니
그 길로 돈을 물 쓰듯이 쓰는 겁니다. 요릿집이니, 술집이니
가서는 "1번에서 7번까지 나와봐!"하며 아가씨들을 불러 내어
놓고는 "한번 노래해봐!"합니다. 그래서 5만원씩 팁을 주고
"뭐 내와, 뭐 내와"하며 마구 돈을 쓰는 겁니다. 또 택시를 한
대 대절하여 시내를 드라이브하면서, 동네애들이 형님이라고
불러도 5천원씩 주고, 오빠라고 불러도 5천원씩 줍니다. 그러
다가 술이 취해 처마 밑에서 잠이 들었는데 안고 자던 돈보따

리가 금방 없어져버렸습니다. 술이 잔뜩 취해서 곯아떨어진 사람이 돈을 안고 자는데, 누가 그냥 놔두겠습니까?

이 친구가 술이 깨고 나더니 "아직 있을 텐데, 있을 텐데…" 하며 아쉬워하더니 그뒤로는 가게에 가서 외상술만 자꾸 마시고 일도 안나가는 겁니다. 그래서 제가 타일렀습니다.

"이 사람아, 일 나가자."

"형님, 제가 조금 전까지만 해도 재벌이었는데, 일 나가게 됐습니까?"

"이 사람이 정신 나갔군. 그럼 어쩌려고 그러나? 다시 나가면 또 주울지 아나?"

"가만히 계세요, 형님. 제가 한건 할 겁니다."

"이 사람아, 뭘 한건 한다는 건가?"

그랬는데 며칠 뒤에 경찰서에서 그 사람이 구속됐다는 연락이 왔습니다. 남의 집 담을 넘다가 현장에서 붙잡혔다는 거예요. 그래서 제가 면회가서 성경책을 넣어주며 말했습니다.

"이 사람아, 자네는 괜히 돈 주워가지고 신세 망쳤구만. 마음잡고 성경 보다가 나오게. 망태하고 집게하고 다 준비해놓을 테니까. 그 돈은 잊어버려!"

"아이구, 형님. 제가 그때 그냥 형님 드리는 건데 그랬습니다."

그래서 제가 쓸데없는 소리 말라고 꾸짖으며 나왔습니다.

재물이라는 것은 자신이 제대로 관리할 수 있을 때 축복이 되는 것입니다. 관리하지 못하는 재물은 자신한테 오히려 손해가 됩니다. 관리하지 못할 때 재물은 오히려 영혼을 망치게 하고 일생을 병들게 하는 것입니다. 재물을 자꾸 탐내지 말고 이미 있는 재물, 주신 재물부터 잘 관리해야 합니다.

부흥회를 자주 한다고 교회가 부흥하는 것은 아닙니다. 해마다 부흥회는 하는데 뭐 특별히 달라지는 것이 있습니까? 부흥회할·때는 뜨겁고 박수치고 신이 났는데, 석달쯤 지나면 다시 식어버립니다. 석달 후에 목사님께 "부흥회 또 합시다!"하면 어디 부흥강사가 있습니까? 아무나 모시고 오면 '목사 양복 해줄 사람 없나? 당회장 차 사줄 사람 없나?'해서 은혜 받으러 왔다가 잃는 경우가 더 많습니다. 받은 은혜를 잘 관리해야 합니다.

말씀으로 은혜를 잘 관리하려면 다섯 가지 단계가 필요합니다.

첫번째는 성경말씀을 열심히 듣는 것입니다.

"그러므로 믿음은 들음에서 나며 들음은 그리스도의 말씀으로 말미암았느니라"(롬 10:17)

믿음은 들음에서 난다고 했습니다. 예배고 집회고 빠지면 빠지는 만큼 영적으로 손해입니다. 그러나 듣기만 하면 신앙이 자랄 수가 없습니다. 그것만으로는 유지가 힘듭니다. 그래서 두번째 단계가 필요합니다.

두번째는 성경말씀을 열심히 읽는 것입니다.

"이 예언의 말씀을 읽는 자와 듣는 자들과 그 가운데 기록한 것을 지키는 자들이 복이 있나니 때가 가까움이라" (계 1:3)

말씀을 읽는 자와 듣는 자는 복이 있다고 했습니다. 말씀을 읽어야 은혜를 받습니다.

세번째는 성경말씀을 열심히 공부하는 것입니다.

"너희는 여호와의 책을 자세히 읽어보라 이것들이 하나도
빠진 것이 없고 하나도 그 짝이 없는 것이 없으리니 이는 여
호와의 입이 이를 명하셨고 그의 신이 이것들을 모으셨음이
라"(사 34:16)

성경공부를 재미있게 하려면 짝을 찾아 공부해야 합니다. 구
약말씀에 신약의 짝이 있고, 신약말씀에 구약의 짝이 있습니
다. 성경말씀은 다 짝이 있습니다. 성경연구를 짝을 찾아서 잘
하다보면 은혜가 깊어지고 재미있습니다. 성경보다 더 즐거운
것이 세상에 없다는 사실을 알게 됩니다.

저는 박정희 대통령이 어떤 때는 고맙다는 생각이 듭니다.
그 어른이 별것도 아닌 저를 감옥에 집어넣더니 다른 책은 다
빼놓고 성경책만 주었습니다. 하루종일 독방에 앉아있으려니
지루해서 앞에 놓여있는 성경을 보게 되었습니다. 제가 월요일
아침에 창세기 1장 1절에서 시작해서 낮에만 읽었는데도 토요
일이 되니 계시록 마지막까지 다 읽게 되었습니다. 그래서 제
가 회개했습니다. 신구약 성경을 일주일이면 한번 다 읽을 수
있는데, 설교자이면서도 바쁘다는 핑계로 일년에 성경을 한번
도 제대로 안 읽고 설교를 한 것에 대해 회개했습니다. 그동안
그런 식으로 설교를 했으니 무슨 은혜가 있었겠습니까?

그때 마침 고등군법회의에서 이세호 장군이 저에게 15년의
선고를 내리길래 '아이고, 감옥살이 오래하라고 하네. 이미 버
린 몸, 성경이나 실컷 읽자!'고 생각하면서, 주일은 안식하고
엿새마다 한번씩 읽으면 15년 뒤에는 몇번이나 읽겠나 계산해

보니 굉장히 여러번 볼 수 있을 것 같았습니다. 그래서 매일 열심히 읽어갔습니다. 한번은 예레미야서를 읽는데 성경말씀이 변해버리는 것이었습니다. 종이에 찍힌 활자가 살아 움직이는 생명체로 변했습니다. 종이와 책은 사라지고 성경말씀이 살아서 움직이더란 말입니다. 너무 감격해서 눈물을 닦으면서 성경을 읽었습니다. 얼마나 은혜를 받았는지 모릅니다.

그전에는 독기가 생겨서 박씨 성 가진 사람만 봐도 화가 치밀어 "당신 왜 박씨야?"하며 따지고 싶었습니다. 서대문 구치소에서 제가 앉은 자리가 청와대쪽이면 다른 방향으로 돌아앉았습니다. 철천지 원수의 감정으로 돌아앉았는데, 성경말씀 읽다가 은혜를 받고보니 그런 생각이 싹 없어져버렸습니다. 얼마나 감사하던지요.

'하나님이 바로 왕도 쓰셨는데, 박정희 대통령을 통해서 나로 하여금 말씀을 읽게 하시고 은혜 받게 하셨구나!' 하고 생각했습니다.

그때 제가 성경을 보는 눈이 조금 열렸습니다. 요즈음 그리스도인들은 너무 성경을 읽지 않는 것 같습니다. 신학교 학생들은 신학교 3년 다니는 동안에 몰트만, 불트만 등 현대신학은 열심히 듣지만, 신구약성경은 처음부터 끝까지 한번도 제대로 못 보는 경우가 있습니다. 농촌에서 목회하면서 농민들에게 몰트만을 애기해봐야 합니까?

'그게 뭐, 농약 이름인가, 새로나온 종자 이름인가?' 하지, 잘 알아듣지 못합니다. 물론 신학도 공부해야 하지만 중요한 것은 성경 자체입니다. 성경말씀 자체를 늘 읽고 열심히 연구하여야 합니다.

네번째는 성경말씀을 열심히 암송하는 것입니다.

　주님의 말씀을 마음에 두면 내 자신이 범죄하지 않게 됩니
다. 성경말씀을 백 구절, 2백 구절 열심히 암송해서 내 마음판
에 새기는 것입니다. 설교를 듣다가, 성경을 보다가 은혜입은
말씀을 따로 적어서 암송하면 좋지 않겠습니까?
　제가 어떤 성도님 가정을 방문했을 때 그 집 화장실에 갔더
니 『선데이서울』이라는 잡지가 있더군요. 『선데이서울』을 애독
하는 집인가보다고 추측하며 왜 하필 그런 잡지를 화장실에 갖
다놓았는지 이상하게 생각했습니다. 제 생각에는 『선데이서울』
을 두지말고 성경말씀을 화장실에 써붙이면 좋을 것 같습니다.
화가 났을 때나 캄캄한 일을 당했을 때에 평소에 암송했던 말
씀이 길잡이가 되고 등이 됩니다. 얼마나 귀한 역사가 일어나
는지 모릅니다. 열심히 말씀을 암송하여야겠습니다.
　다섯번째는 성경말씀을 깊이 묵상하는 것입니다.

　하나님의 말씀을 깊이 묵상하는 사람이 되어야 합니다. 성경
말씀 한절을 놓고 하루종일 묵상해보면 얼마나 깊은 뜻이 그
속에 숨어있는지를 알게 됩니다. 말씀을 묵상하는 자에게는 다
음과 같은 축복이 있습니다.

"저는 시냇가에 심은 나무가 시절을 좇아 과실을 맺으며 그
잎사귀가 마르지 아니함 같으니 그 행사가 다 형통하리로다"
(시 1:3)

하나님의 말씀을 묵상하는 사람은 시냇가에 심은 나무와 같
습니다. 시냇가에 심은 나무는 끊임없이 물을 공급받기 때문에
가뭄에도 마르지 않습니다. 성경에서 물은 무엇을 나타냅니까?
양식이나 만나가 말씀을 나타내듯이 물은 성령을 나타냅니다.
시냇가에 심은 나무가 사시사철 물을 공급받아 마르지 아니함
과 같이, 말씀을 묵상하는 성도는 항상 성령과의 교통함이 있
어 그 생활이 메마르지 않고 항상 열매를 맺으며 그 영혼이 시
들지 않습니다.

'그 행사가 다 형통하리로다'고 했습니다. 말씀을 묵상하는
자는 말씀 안에서 그 삶이 막히지 아니하고 쭉쭉 뻗어나가게
되어 있습니다. 말씀을 깊이 묵상하는 생활에는 모든 것이 형
통해서 막힘과 걸림이 있을 수 없다는 말입니다. 그러나 우리
가 받은 은혜를 관리하지 못하면 그 받은 은혜마저도 메말라버
립니다. 받은 은혜를 잘 관리함으로써 더욱 깊은 신앙, 더 큰
열매를 맺어 모든 삶이 형통할 수 있습니다.

우리 온 교회가 관리해야 될 것 중에 아주 중요한 것이 있습
니다. 사도행전 2장 17절 말씀에 예수 그리스도의 교회가, 우
리 한국의 온 교회가, 전심전력을 다해야 할 중요한 일이 나와
있습니다. 사도행전 2장 첫 부분에는 오순절의 성령충만한 역
사가 나타나있고, 2장 중간인 17절에는 성령받은 교회가 해야
될 일에 대한 중요한 본론이 나와 있습니다.

그동안 우리 한국 교회는 성령을 받는 일에만 급급했지 정작

비전있는 교회

해야할 일에 들어가질 못했습니다. 2천년대를 바라보고 있는 지금의 한국 교회는 도시에 있든지, 농촌에 있든지 성령받은 교회가 해야하는 본론에 들어가야 합니다. 그것이 무엇인지는 사도행전 2장 17절 말씀에 잘 나타나 있습니다.

> "하나님이 가라사대 말세에 내가 내 영으로 모든 육체에서 부어주리니 너희의 자녀들은 예언할 것이요 너희의 젊은이들은 환상을 보고 너희의 늙은이들은 꿈을 꾸리라"(행 2:17)

하나님께서 말세에 하나님의 영을, 성령을 부어주신다고 했습니다.

우리 교회는 성령체험이 많습니다. 세계에서 한국 교회처럼 성령받기에 열심이고 성령체험이 많은 교회는 없습니다. 일등입니다, 일등! 세계에서 교회가 부흥되고 있는 나라는 세 나라밖에 없습니다. 20세기를 넘어가면서 기독교가 부흥되고 있는 나라는 한국, 브라질, 인도네시아, 이 세 나라뿐입니다. 그러나 인도네시아와 브라질의 부흥은 한국 교회의 부흥에 비하면 그 흉내도 못냅니다. 한국 교회의 부흥은 세계에서 그 유래를 찾아볼 수 없는 기적 같은 부흥입니다. 특별히 70년대 한국 교회의 부흥은 굉장한 것입니다. 1970년에 한국 개신교 인구가 3백20만명이었는데, 1980년에는 7백10만명으로 늘어났습니다. 10년 만에 4백만명이 늘어났습니다. 매년 40만명 정도가 늘어난 것입니다. 이것은 기적입니다. 이 말세에 한국 교회에 성령이 부어졌습니다. 그런데 성령을 받기만 하고 할 일을 안하면 되겠습니까? 그렇다면 오늘날 한국 교회가 할 일이 무엇이겠습니까?

성령을 받으면 우리의 자녀들이 예언한다고 했습니다. 청년들이 비전, 즉 환상을 본다고 했습니다. 늙은이들은 꿈을 꾼다고 했습니다. 우리 자녀들이 성령을 받으면 예언을 한다고 했는데 그러면 성경상의 예언이란 무엇을 말합니까?

우리 교우님들은 성경상의 예언을 잘못 이해합니다. 마치 옛날에 점치는 것과 같이 예언을 생각합니다. 토정비결을 보듯이 말입니다. 토정비결과 이사야서가 같습니까? 요한계시록과 정감록이 같습니까? 토정비결이 얼마나 우스운 것입니까?

제가 12살 때 토정비결을 본 적이 있는데 '금년에 아들 얻을 운세로다'라고 나왔더군요. 토정비결하고 이사야서는 절대로 다른 것입니다. 성령받은 사람의 예언, 성경의 예언을 제대로 알아야 합니다.

예전에 누군가가 봉투를 가지고 와서 "목사님, 우리 아들 내년에 서울대학교 될까요, 안 될까요? 예언기도 좀 해주십시오" 하고 부탁을 하더군요. 그래서 제가 이렇게 말해주었습니다.

"목사를 점치는 사람으로 아십니까? 그건 예언이 아닙니다. 서울대학교에 들어가는 것은 아들의 실력이 좋으면 되는 것이고 나쁘면 떨어지는 것입니다."

물론 그 봉투를 받고 "예, 그거 됩니다"라고 거짓말하며 그것을 예언이라 하는 사람도 있습니다. 그 다음에 떨어지면 "기도를 드렸지만…"이라고 합니다. 그것은 예언이 아닙니다.

그러면 성경의 예언이란 무엇이겠습니까? 성경의 예언에는 두 가지가 있습니다.

첫번째는 하나님의 뜻을 받드는 것입니다. 자기 멋대로 말하면 안 됩니다. 특히 교역자들은 조심하여야 합니다.

오래 전에 우리나라의 유명한 부흥사 두분이 포항 앞바다에

석유가 난다고 예언했습니다. 그중에 한분이 포항 어디에 석유
가 난다고 예언하자 권사님들이 몇억의 돈을 모아가지고 예언
한 그 자리를 팠습니다. 그런데 아무리 석유 시추기로 파보아
도 지하수만 나오고 석유는 안 나오는 것입니다. 목사가 어디
서 석유 나온다고 예언하는 것은 성경적인 예언이 아닙니다.
그것은 대학교 지질학과 출신이나 할 일입니다.

두번째는 길이 없는 시대에 길을 찾아서 선포하는 것입니다.
나라와 백성과 그 시대가 길을 잃어버렸을 때, 정치에 길이 없
고 남북통일에 길이 없고 백성들의 살림살이에 뚫고 나갈 길이
없을 때 하나님의 뜻을 받들어 "이것이 길이다!"하고 길을 선
포해주는 것, 그것이 예언입니다. 은혜 받으면 꼭 신학교 가서
목사되는 것만이 충성이라고 생각하는데, 그렇지 않습니다. 과
학자로서 정치가로서 교육자로서 각계각층에서 길이 없는 곳마
다 길을 찾아서 나가는 자, 그 자가 바로 예언자입니다.

성령을 받으면 젊은이들이 환상을 본다고 했습니다. 청년들
이 성령받아서 보는 환상, 즉 비전이 무엇입니까? 잠언 29장
18절 말씀에 환상이 얼마나 중요한지에 대해 나옵니다. 그 시
대의 백성을 살리는 데 비전이 얼마나 중요한지에 대해서 나옵
니다.

> "묵시가 없으면 백성이 방자히 행하거니와 율법을 지키는
> 자는 복이 있느니라"(잠 29:18)

여기서 '묵시'란 말은 '비전'을 뜻합니다. 환상, 묵시, 비전
은 모두 같은 말입니다.

'비전이 없으면 백성이 방자히 행하거니와'에서 방자히 행한

다는 말은 '망할 짓을 한다'는 말입니다. 그 나라에, 그 시대에 비전이 없으면 백성들이 망할 짓만 골라서 합니다.

지난날 우리나라가 대통령 선거할 때 그랬습니다. 김영삼 씨가 광주에 가니까 시민들이 돌을 던졌습니다. 김대중 씨가 대구, 부산에 가니까 또 그쪽 시민들이 돌을 던졌습니다.

비전이 없으면 백성이 망할 짓을 합니다. 학생들이 망할 짓을 합니다. 노동자들이 노동쟁의를 하다가 시청 유리창을 왜 깝니까? 세금 내서 만든 시청을 왜 부숩니까? 또 부자들은 백성들과 함께 고생할 줄 모르고 왜 돈을 자꾸 외국으로 빼냅니까?

왜 그렇습니까?

비전이 없으면 백성들이 자꾸 망할 짓을 하는 것입니다. 우리나라의 문제가 무엇입니까? 비전있는 정치가들이 없다는 것입니다. 우리나라 정치가들은 욕심만 있지 비전이 없습니다. 백성들 앞에 비전을 주고 희망을 주어야 하는데 비전을 주는 정치가가 없습니다. 지금같이 어려운 시기에 옛날의 김구 선생이나 조만식 선생이나 안창호 선생 같은 분, 한분만 있어도 나라가 달라질 것입니다.

전라도 사람, 경상도 사람, 충청도 사람, 너나 할 것 없이 모두 그들을 믿고 나라의 운명을 맡길 것입니다. 그만한 비전있는 인재는 없고 소인들이 대인 행세를 하니까 백성들만 골병드는 것입니다.

그렇다면 이런 시대에 누가 그 비전을 제시해야 합니까? 성령받은 청년들이 해야 합니다. 하나님께서 말세에 부어준 성령을 받은 청년들이 그 비전을 보아야 합니다. 비전이 없으면 나라가 망합니다.

그 비전은 어디에서 나옵니까? 육군사관학교에서 나옵니까? 매일 총 쏘고 찌르고 하는 사람들이 엉뚱한 결정이나 할 줄 알았지, 그 사람들에게서 무슨 비전이 나오겠습니까. 서울대학교에서 비전이 나옵니까? 재정경제원에서 나옵니까?

성경상으로 볼 때 어디에서 나옵니까? 바로 성령받은 청년들이 그 비전을 봅니다. 백성들이 탄식하고 절망해 있을 때 희망의 깃발을 올리는 것이 비전입니다.

이스라엘 백성들이 광야에서 망하게 됐을 때 모세는 여호와께 눈물로 기도했습니다. 그랬을 때 하나님께서는 그에게 비전을 보여주셔서 멸망 직전에 있던 이스라엘 민족이 살아나게 되었습니다.

> "백성이 모세에게 이르러 가로되 우리가 여호와와 당신을 향하여 원망하므로 범죄하였사오니 여호와께 기도하여 이 뱀들을 우리에게서 떠나게 하소서 모세가 백성을 위하여 기도하매"(민 21:7)

온 이스라엘 백성들이 죄를 범하므로 하나님께서 노하셨습니다. 그래서 그 벌로 불뱀이 쏟아져 나왔습니다. 불뱀에게 한번 물리면 10초 안에 죽습니다. 그 무서운 뱀이 사막의 사방에서 나오는 것입니다. 그래서 하루에 2만 4천명씩 물려 죽었습니다. 열흘 동안 죽으면 몇명입니까? 24만명입니다.

이스라엘 민족이 사막에서 멸종될 위기에 이르자 백성들이 눈물로 호소하게 되어 모세가 백성들을 대신하여 여호와 앞에 기도했습니다.

하나님께서 모세의 눈물의 기도를 들으시고 다음과 같이 응답해주셨습니다.

“여호와께서 모세에게 이르시되 불뱀을 만들어 장대 위에
달라 물린 자마다 그것을 보면 살리라”(민 21:8)

하나님이 보여주시는 대로 놋으로, 구리로 뱀을 만들어 장대
끝에 달았더니 그것을 쳐다본 사람마다 살았습니다.

“모세가 놋뱀을 만들어 장대 위에 다니 뱀에게 물린 자마다
놋뱀을 쳐다본즉 살더라”(민 21:9)

그러나 믿지 않고 쳐다보지 않은 사람은 다 죽었습니다. 구
리뱀이 무엇이길래 사람을 살렸습니까? 장대 끝에 달린 놋쇠가
왜 사람을 살립니까? 지금도 우리가 놋쇠 덩어리를 달아놓고
쳐다보면 부스럼이 낫습니까? 망해가는 민족을 놋쇠 덩어리가
왜 살렸습니까? 그 대답을 예수님께서 직접 말씀해주셨습니다.

“모세가 광야에서 뱀을 든것 같이 인자도 들려야 하리니 이
는 저를 믿는 자마다 영생을 얻게하려 하심이니라”
(요 3:14~15)

어떤 민족, 어떤 백성, 어떤 개인도 십자가에 달리신 예수님
을 쳐다보면 사망의 권세에서 구원함을 받습니다. 이스라엘 백
성들이 나무장대 끝에 달린 구리뱀을 쳐다보았을 때 죽을 생명
이 살았듯이, 오늘날 우리도 십자가에 달리신 예수님을 바라보
면 살 길이 열립니다.

나무장대에 달린 구리뱀은 십자가의 예수님을 나타내는 비전
입니다. 이것이 환상이고 묵시입니다.

비전있는 교회

　성령받은 사람이야말로 비전을 봐야 합니다. 그래야 나라와 백성에게 희망이 생기고 살 길이 열리는 것입니다.

　그런데 한국 교회는 어떻습니까? 1984년 한국 개신교는 개신교 백주년을 맞이하여 백주년 기념대회를 거창하게 행사했습니다.

　1백억원을 들여서 백주년 기념회관도 짓고, 광고도 하고, 다섯 가지 사업도 벌였습니다. 또 빌리 그레함 목사님을 모시고 여의도 광장에 1백만명이 모여 예배도 드렸습니다.

　집도 짓고 큰 모임을 갖는 것도 때로는 해야 되겠지요. 그러나 1백만명이 여의도에 모여봤어도 나라가 달라지지 않았습니다. 지금 교회 건물이 없어 우리 교회가 안 되는 것은 아닙니다. 중요한 것은 이 민족과 백성이 살 길, 비전을 보여주는 것입니다.

　백주년 기념으로 다섯 가지 사업을 한다기에 제가 꽤 기대를 걸어보았습니다. 그런데 그 실체를 알고 얼마나 충격을 받고 탄식을 했는지 모릅니다. 선교 백주년 기념으로 고작 한다는 사업이 백주년 기념 1백원짜리 동전 만들기, 백주년 기념우표 만들기, 백주년 기념티셔츠 만들기 등등, 뭐 이런 것들 뿐이었습니다.

　이런 것이 민족의 비전을 만드는 것입니까? 이건 예배당이 아니고 골빈당입니다. 왜 그렇게 되었습니까? 우리 교계 지도자들이 왜 동전, 우표, 티셔츠, 그런 걸 가지고 비전을 만든다고 설치며 백주년 기념대회에 내놓게 되었습니까? 우리 목회자들이 그동안 너무 잘 먹었습니다. 교인들도 책임이 있습니다. 왜냐하면 우리 목사들을 너무 잘 먹였기 때문입니다. 배에 기름이 차니까 골도 비어버렸습니다. 골이 비니까 예배당이 아니라 골빈당이 된 것입니다. 어떻게 1백원짜리 동전이, 우표가, 티셔츠가 비전이 되느냐 말입니다.

성령받은 교회가 비전을 보지 않으면 그 시대와 민족의 나갈 길이 막히는 것입니다. 비전을 보는 젊은이들을 교회에서 많이 길러내야 합니다.

또 성령받으면 꿈을 꾼다고 했습니다. 무슨 꿈입니까? 잘 먹고 잘 사는 것이 꿈입니까? 그런 것은 성령받은 사람이 꾸는 꿈이 아닙니다. 먹고 사는 것은 강아지도, 송아지도, 모두 잘 먹고 삽니다. 그렇다면 성령받은 우리 성도들은 무슨 꿈을 꾸어야 합니까? 이 좁은 땅덩어리가 아무 죄도 없이 남과 북으로 갈라졌습니다. 우리는 예수님의 능력으로 남북통일이 되는 꿈을 꾸고, 우리 민족이 세계에서 존경받는 민족이 되는 꿈을 꾸어야 할 것입니다.

얼마전 일본에 갔다오는 길이었습니다. 비행기 속에서 창문을 통하여 한국 땅을 보니 눈물이 솟구쳤습니다. 미국이 원망스럽더군요. 참으로 미국이 우리나라에게는 원망스러운 나라입니다. 미국이 세계 제2차대전에서 이겼으면 자기들에게 총질한 일본을 갈라야지 왜 한국을 가릅니까? 한국이 미국을 향해 총한번 사용한 적 있습니까? 욕 한번 해봤습니까? 왜 우리 민족을 가릅니까?

아시아 지도를 한번 보십시오. 일본은 길쭉하게 생겨서 가르기도 얼마나 좋습니까? 꼭 고구마처럼 생겨서 중간이 몽땅 몽땅하니 두 토막이나 세 토막으로 가르기에 딱 안성맞춤입니다. 그런 일본에게는 돈을 대주어서 잘 살게 해놓고 왜 하필이면 아무 죄도 없는 우리나라 허리를 뚝 잘라 놓습니까?

제가 미국에 갔을 때 미국 지도자에게 이런 말을 한 적이 있습니다.

"당신들은 미국 젠틀맨(gentleman)이고 크리스천들인데 우리나라에 대해서 미안하다는 말 좀 해보십시오! 개인이 차를 몰고 가다가 실수해서 다리를 부러뜨려도 보상해주고 미안하다고 사과를 하는데, 한 나라의 허리를 부러뜨리고는 미안하단 소리 한마디 없이 그럴 수가 있습니까? 당신들이 어떻든 간에 우리 민족의 허리를 부러뜨린 것은 사실이 아닙니까? 왜 남의 나라 허리를 잘라놓고 미안하다는 말도 없습니까?"

지금은 다른 데로 옮겨갔지만, 미(美) 8군 소속 용산골프장을 생각하면 마음이 불편했습니다.

한번은 제가 차를 타고 용산을 지나가다가, 미국인들이 시내 한복판에서 골프를 치고 있는 것을 보았습니다. 그걸 보고 마음 속으로 '저걸 좀 옮겨버려야 하는데… 전방이나, 김일성이 보는 데서 골프를 칠 것이지 왜 비좁은 서울에서 코쟁이들이 골프를 치고 있어?' 하고 생각한 적이 있습니다.

제가 반미(反美)하자는 것이 아닙니다. 사람이든 나라든 모든 것에는 경우가 있습니다. 남의 나라를 잘라놨으면 미안하다고 하며 통일에 대해서 책임을 져야지 무엇이 잘났다고 떠드느냐, 그겁니다. 그렇지 않습니까?

그러므로 우리나라의 희망은 예수 그리스도의 제자들이, 성령받은 사람들이 꿈과 뜻과 비전을 가지고 힘차게 나가는 것입니다.

일본이 얼마나 괘씸한 나라입니까? 한국전쟁 덕에 팔자 펴고 잘 살게 되었으면 자기들이 무슨 생각이 있어야 할 텐데, 오히려 우리에게 못된 짓을 합니다.

1988년 칼(KAL)기가 추락되었을 때 일입니다. 칼기 폭파

사건이 일어나자 일본은 잽싸게 중국에 있는 이북대사한테 전화를 걸었습니다.

"모시 모시, 지금 남한에서는 비행기를 이북에서 떨어뜨렸다고 하는데 김일성 수령은 그런 분이 아니지요? 우리가 듣기로는 남한정권이 떨어뜨렸다는 말이 있는데, 정말 그렇습니까?"

일본의 엔에이치케이(NHK)방송국이 텔레비전에서 그렇게 유도하여 물었더니 그 이북대사가 이렇게 대답했습니다.

"예! 그럼요. 위대하신 김일성 수령이 그럴 턱이 있습니까?"

이북은 자기네들이 떨어뜨려놓고서 우리 남한이 그랬다는 것입니다. 그러다가 김현희가 사실을 털어놓으니까 아뭇소리도 못하더군요. 참 못된 사람들입니다. 일본 사람들을 욕하기 전에 먼저 우리가 잘 해야 합니다. 성령받은 사람들이, 예수님의 교회가 이 백성들에게 꿈과 비전을 주어 살아있는 교회가 되도록 해야 합니다. 우리 교회가 그것을 안 한다면 우리 백성들에게는 희망이 없습니다.

예수님께서 뭐라고 하셨습니까?

"모세가 광야에서 뱀을 들었던 것 같이 인자가 십자가에 들려서 죽어야 한다. 누구든지 십자가에 달린 나를 쳐다보는 자는 죽을 자리에서 살아날 것이다"고 하셨습니다.

'십자가의 예수님을 바라보자. 그것이 살 길이다!'

이 환상을, 비전을, 예언을 성취하는 그리스도의 교회가 되어야 할 것입니다. 그래서 이 꿈 없는 시대를 사는 한많은 백성들에게 성령이 주신 꿈을 심어주어야 할 것입니다. 그 꿈이 이루어질 때는 저 북쪽의 백성들도 여기서 기념예배를 드리고, 우리도 생전에 평양에 가서 기념예배를 드리게 될 것입니다.

북쪽의 백두산에서 남쪽의 한라산에 이르는 이 땅이 참으로

하나님이 다스리시는 축복된 땅 거룩한 땅이 되도록, 우리 한
국 교회는 이 민족 이 백성에게 예언과 꿈과 비전을 보여주는
참된 교회가 되어야 하겠습니다.

비전있는 교회의 개혁운동

저희에게 이르기를 우리의 당한 곤
경은 너희도 목도하는바라 예루살렘
이 황무하고 성문이 소화되었으니
자, 예루살렘 성을 중건하여 다시
수치를 받지 말자

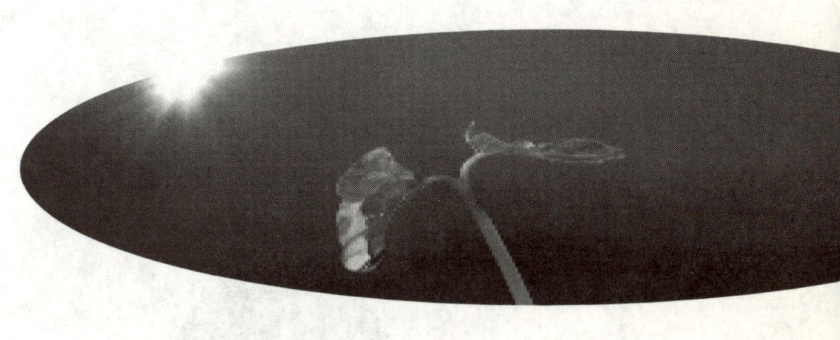

비전있는 교회의 개혁운동

후에 저희에게 이르기를 우리의 당한 곤경은 너희도 목도하는 바라 예루살렘이 황무하고 성문이 소화되었으니 자, 예루살렘 성을 중건하여 다시 수치를 받지 말자 하고 또 저희에게 하나님의 선한 손이 나를 도우신 일과 왕이 내게 이른 말씀을 고하였더니 저희의 말이 일어나 건축하자 하고 모두 힘을 내어 이 선한 일을 하려 하매(느 2:17~18)

느헤미야서는 어려웠던 시대를 하나님의 말씀으로 구해낸 기록을 담은 역사서입니다. 이 느헤미야서야말로 오늘날 우리 한국 사회에 있어서 매우 중요한 책이라 생각되는데, 그것은 느헤미야서의 시대상과 지금 우리 한국 사회의 시대상이 너무나 비슷하기 때문입니다.

느헤미야라는 사람이 하나님의 말씀으로 그 시대의 병들었던 역사를 회복하는 일에 성공할 수 있었다는 사실은 오늘날 우리에게 희망을 줍니다. 우리가 느헤미야서를 읽으면서 찾을 수 있는 영적인 원리, 구체적인 방법론을 오늘 우리 사회에 다시 한번 적용시킨다면 우리 사회도 바람직한 방향으로 개혁하는 일에 성공할 수 있으리라는 확신을 갖게 됩니다.

느헤미야는 이스라엘의 역사가 병들고 백성들이 보호받을 만한 수단이 없었을 때, 하나님의 말씀을 무기로 백성들의 영적인 개혁을 시도했습니다. 바로 그 영적인 개혁으로부터 백성들의 정신과 도덕의 개혁이 이루어졌습니다. 정신과 도덕의 개혁이 이루어지니까 자연적으로 사회개혁, 정치개혁도 이루어져서, 마침내 이스라엘의 역사가 개혁되게 되었습니다.

느헤미야서의 중심 제목은 '개혁하는 신앙'입니다. 교회만을 개혁한다는 말이 아닙니다. 그건 좁은 테두리지요. 느헤미야의 개혁은 교회 개혁의 차원을 뛰어 넘어 교회가 속해 있는 그 시대의 역사, 백성들의 삶까지 개혁했던 훨씬 더 높은 차원의 개혁이었습니다. 물론 우리의 교회가 먼저 개혁되어야 합니다.

그러나 교회의 개혁은, 교회가 개혁됨으로써 그 시대의 역사, 어두운 백성들의 삶까지 개혁되는 더 깊고 넓은 차원으로 승화되어야 합니다. 어떤 점에서 우리는 너무 교회 안에 매여 있지 않나 생각됩니다. 너무 우리의 생각이 교회 안에만 갇혀 있다는 말이지요. 주님으로부터 받은 영력과 말씀으로 이 병든 세상을 바꾸어 나갈 개혁정신이 지금 한국 교회에 절실히 필요한 때라고 생각합니다.

느헤미야 시대와 우리 시대에는 세 가지의 유사점이 있습니다. 그 세 가지 시대적인 배경을 살펴보면 오늘날 우리의 한국 상황과 느헤미야 시대가 참 비슷하다는 것을 깨달을 수 있습니다. 그것이 중요한 이유는 느헤미야가 사용했던 그 원리를 우리 시대에도 적용하면 성공할 가능성이 높기 때문입니다.

느헤미야 시대의 시대적인 특징은 다음과 같습니다.

첫째, 그 시대의 백성들은 영적으로 정신적으로 아주 어두움에 처해 있습니다.

영적으로 어두워지면 도덕적으로 타락하게 됩니다. 그것은 반드시 따르는 공식입니다. 그 시대는 영적으로 어두웠기 때문에 백성들이 정신적으로 도덕적으로 문란한 생활을 하였습니다. 우리가 걱정하는 것도 그것입니다.

지금 우리의 심각한 문제는 정치적 문제보다 도덕적인 문제입니다. 우리 사회는 도덕적으로 대단히 부패되어 있습니다. 특별히 서울지역이 더 심합니다.

저는 얼마전에 피곤해서 몸 좀 풀겠다고 멋도 모르고 안마하는 데에 들어갔습니다. 피리 불고 다니며 안마하던 맹인 안마사만 생각하고 들어갔지요. 그런데 들어갔더니 웬 여자들만 죽 기다리고 서있는 겁니다. 그래서 남자 안마사를 불러달라고 했더니 없다는 거예요. 전부 다 여자가 하지, 남자가 하는 데는 없다고 하는 겁니다.

"이 아저씨, 시골 사람인가봐."

"그래요. 나 시골 사람이오. 맹인 안마사 좀 불러주시오."

그랬더니 그 아가씨들이 옛날 얘기한다고 하더군요. 결국 혼이 나서 그냥 나와버렸습니다.

이발소 같은 데도 가보면 참 이상합니다. 자녀가 고등학교만 다녀도 이발소 보낼 때 주의해야 합니다. 아무데나 보내면 자녀에게 좋지 않습니다. 최근 들어 이삼년 사이에 세상이 아주 이상해졌습니다.

저는 어디든지 가면 잠을 잘 잡니다. 한번은 이발소에 가서 잠들었다가 아주 깜짝 놀란 일이 있었습니다. 잠결에 분위기가 이상해서 눈을 떠 보니까 웬 아가씨가 아무데나 막 만질려고 하는 거예요.

"이 사람아, 왜 그러나?"

"안마하는 거예요."

"안마를 왜 그렇게 별나게 하나?"

"다 그렇게 하는 걸요?"

그래서 고등학생들도 그렇게 해주느냐고 물었더니 본인이 원하면 그렇게 해준다는 거예요.

일전에, 칼 들고 길가는 사람한테 돈 내놓으라고 강도짓하다가 붙잡힌 고등학생 세명이 있었습니다. 그 학생들에게 왜 강도짓을 하게 되었느냐고 물어보았더니 이발소에 가서 팁 주려고 그랬다는 겁니다. 다 중산층에 속하는 자녀들인데 이발소에서 뭘 어떻게 잘해주길래 그랬겠습니까? 국민들이 영적으로 어두워지면 도덕적으로 타락하게 됩니다. 윤리가 무너져버립니다.

느헤미야가 살았던 시대의 이스라엘이 그러했습니다. 영적으로, 도덕적으로 아주 타락하여 어두웠던 시대였습니다.

둘째, 그 시대에는 계층간의 불화가 심했습니다.

가진 자와 못 가진 자, 자본가와 노동자, 지주와 소작인 등, 백성들 사이에 갈등과 분열이 아주 심했습니다.

셋째, 그 시대는 사회적으로 매우 불안정한 시대였습니다.

경제가 불황인 가운데 사회가 불안하던 시대였습니다. 혹시 영동, 강남 수준에 맞추어 우리나라 경제가 잘 돼가는데 왜 불황이냐고 생각할지 모르겠습니다.

하지만 대한민국 전체를 두고 생각해야 합니다. 서울시는 세 개의 시로 나눌 수 있습니다. 서울시가 특별시만 있는 게 아닙니다. 특별시 밑에 보통시가 있고, 보통시 밑에 하등시가 또 있습니다.

제가 빈민촌 선교를 할 때 '내가 서울 하등시 시장이다' 라고 생각하며 스스로 시장 행세를 한 적이 있습니다. 보통 빈민촌에 사는 영세 노동자들이나 밥벌이꾼들을 가리켜 우리는 하등시 시민들이라 부르지요. 참 심각한 이야기입니다.

이후락 정보부장이 남북회담 때문에 이북에 갔던 일이 있습니다. 하루는 신문을 통하여 이후락 정보부장이 평양을 방문했다는 기사를 읽은 판자촌 주민들이 저를 찾아왔습니다.

"이제 좋은 세상 오겠습니다."

"왜 좋은 세상이 옵니까?"

"이북하고 통한다잖아요. 아, 이북하고 통하면, 거기는 철거반도 없고 양식을 배급준다고 하지 않습니까? 딴 건 몰라도 집하고 양식은 배급준다니 그것만 있으면 좋은 세상이지, 딴 거 뭐 있습니까?"

이것이 아주 중요한 문제입니다. 밑바닥 사람들이 북한체제에 대해서 기대를 가지고 있다는 사실 자체는 지금 우리 사회가 불안하다는 반증입니다.

물론 차츰 좋아지고 있으니 다행입니다만, 경제성장률이 단지 혜택을 많이 받고 있는 서울 사람들을 기준으로 측정된다면 그것은 너무 일방적인 것입니다. 물론 전체적으로 잘 되어가면 좋지요.

하지만 우리같이 농촌에서 살아가는 사람들의 입장에서는 우리나라 경제가 호황이라는 점에 찬성하기가 힘든 실정입니다. 노동자, 농민 등 우리나라의 기층민들은 아직 경제의 분배혜택을 제대로 받지 못하고 있으므로 호황이라는 말을 실감하기가 어렵습니다. 그러니 아무리 국가가 종합적인 흑자경영을 한다 하더라도, 각계각층의 국민들에게 골고루 혜택이 분배되지 않으면 문제가 있는 것이지요. 그런 점에서 우리 사회는 취약점을 안고 있습니다. 경제가 불황이고 사회가 불안전한 시대란 말입니다.

비전있는 교회의 개혁운동

그점이 느헤미야 시대와 우리 시대가 비슷한 점입니다. 그런데 느헤미야는 하나님의 말씀으로 그 사회를 개혁시키는 데 성공했습니다. 그래서 느헤미야서는 성공사례서입니다. 에스라, 느헤미야서는 동시대의 비슷한 내용의 말씀이지만, 에스라서는 어떤 점에서는 실패한 사례서라 할 수 있습니다.

우리가 느헤미야서를 통해서 깨달아야 할 과제는 '느헤미야가 어떤 원리로 역사를 개혁하는 일에 성공할 수 있었는가', 그리고 '그 원리를 우리 시대에 어떻게 활용할 수 있는가' 하는 것입니다. 느헤미야가 그 시대의 병든 역사를 개혁하기 위해서 어떤 원리를 활용하고 어떤 실천을 했는가 하는 것은 1장과 2장에서 다섯 단계의 행동을 통해 나옵니다. 그 각 단계를 우리가 깊이 묵상하면서 연구해볼 필요성이 있습니다.

> "저희가 내게 이르되 사로잡힘을 면하고 남은 자가 그 도에
> 서 큰 환난을 만나고 능욕을 받으며 에루살렘 성은 훼파되고
> 성문들은 소화되었다 하는지라"(느 1:3)

느헤미야가 자기 동족의 어려운 처지를 전해 듣습니다. 이스라엘 백성들이 얼마나 어려운 처지에 있는가 하는 사실에 직면하게 됩니다.

여기서 우리는 어려운 상황에 부닥친 민족을 앞에 두고 느헤미야가 취했던 행동을 예의주시할 필요가 있습니다. 그러면 느헤미야가 취했던 행동을 단계별로 살펴보기로 하지요.

첫째 단계로 느헤미야는 금식하며 기도했습니다.

"내가 이 말을 듣고 앉아서 울고 수일 동안 슬퍼하며 하늘
의 하나님 앞에 금식하며 기도하며"(느 1:4)

하나님의 일꾼은 기도에서부터 시작해야 합니다. 기도없이
우리가 무엇을 이룰 수 있겠습니까? 기도없이 무엇을 하겠다는
생각 자체가 터무니 없는 일입니다.

"여호와께서는 너희로 자기 백성 삼으신 것을 기뻐하신 고
로 그 크신 이름을 인하여 자기 백성을 버리지 아니하실 것이
요"(삼상 12:22)

여호와께서는 우리를 절대로 버리시지 않습니다. 그 이름을
부르는 자를 기뻐하십니다. 그 시대의 어려운 역사가 개혁되고
발전하려면 하나님의 백성들이 금식하며 울며 기도하는 것이
제일 중요합니다. 이것이 영적인 원리입니다. 그 나라나 사회
가 어려울 때 여호와의 백성들이 울며 금식하며 여호와의 이름
을 부르짖으면 여호와께서는 자기 이름을 인하여, 그 크신 이
름을 인하여 그 백성을 결코 버리지 아니하실 것입니다.

"나는 너희를 위하여 기도하기를 쉬는 죄를 여호와 앞에 결
단코 범치 아니하고 선하고 의로운 도(道)로 너희를 가르칠
것인즉"(삼상 12:23)

여러분이 아내로서 남편을 위해 기도하기를 쉬는 일은 아내
로서 죄를 짓는 것입니다. 남편도 역시 마찬가지지요. 부모로
서 자식을 학교에 보내놓고 기도하기를 쉬는 것도 부모로서 죄
를 짓는 일입니다. 목사가 교인들에 대해서도 마찬가지지요.

또한 교인들이 목회나 목사님들에 대해서도 마찬가지입니다. 우리가 국민으로서 나라를 위해서 기도하기를 쉬면 그것도 역시 국민으로서 죄짓는 것입니다. 우리는 기도하기를 '쉬었던 죄'를 회개해야 합니다.

둘째 단계로 느헤미야는 하나님 앞에 회개했습니다.

> "이제 종이 주의 종 이스라엘 자손을 위하여 주야로 기도하오며 이스라엘 자손의 주 앞에 범죄함을 자복하오니 주는 귀를 기울이시며 눈을 여시사 종의 기도를 들으시옵소서 나와 나의 아비 집이 범죄하여 주를 향하여 심히 악을 행하여 주의 종 모세에게 주께서 명하신 계명과 율례와 규례를 지키지 아니하였나이다"(느 1:6~7)

느헤미야는 자기 죄와 아비 집의 죄와 백성들의 죄를 회개했습니다. 성도들의 첫번째 윤리는 잘못되어 가는 모든 현실에 대해 자기부터 책임을 지는 것입니다. 정치가 잘못되고, 경제가 잘못된 것에 대해 자기의 직접적인 잘못이 전혀 없음에도 불구하고 '내 탓이다'라고 하는 것이 크리스천의 자세입니다. 그러므로 자기 죄에 대한 회개가 먼저 있어야 합니다.

민족적인 민주화 과도기의 한복판에 서있는 한국 교회가 얼마만큼 사명을 감당할 수 있느냐 하는 것은 얼마만큼 '자기 정화', '자기 회개'를 철저히 하느냐에 달려 있습니다. 이것이 영적인 원리입니다. 잘못된 현실에 대한 책임을 자기가 먼저 지는 것입니다.

셋째 단계로 느헤미야는 역사의 주인이 여호와 하나님이심을 분명히 고백했습니다.

"옛적에 주께서 주의 종 모세에게 명하여 가라사대 만일 너
희가 범죄하면 내가 너희를 열국 중에 흩을 것이요 만일 내게
로 돌아와서 내 계명을 지켜 행하면 너희 쫓긴 자가 하늘 끝
에 있을지라도 내가 거기서부터 모아 내 이름을 두려고 택한
곳에 돌아오게 하리라 하신 말씀을 이제 청컨대 기억하옵소
서"(느 1:8~9)

느헤미야가 세번째로 행한 것은 역사의 주인이 자기들을 지
배했던 바벨론(Babylon)도 아니고, 귀족도 아니고, 왕도 아니
고 오직 살아계신 여호와 하나님이신 것을 분명히 하는 것이었
습니다. '역사의 주인이 누구인가' 하는 신앙고백을 분명히 했
다는 것이지요. 이스라엘 백성들이 바벨론의 종이 된 이유가
바벨론 때문이 아니라는 것입니다. 자기 백성들이 하나님께 죄
를 지었기 때문에 백성들이 뿔뿔이 흩어지고 고난을 당했다는
것입니다.

'만일 너희가 범죄하면', 성경의 축복은 반드시 조건부 축복
입니다. '만일'(if)이 꼭 붙습니다. 만일 순종하면 축복을 받
고, 만일 불순종하면 심판을 받게 된다는 것이 역사의 법칙입
니다. 하나님이 역사를 주장하시는 주인이라는 것입니다. 이것
이 이스라엘의 역사관, 기독교의 역사관을 특징짓는 요소입니
다.

우리는 기독교 신앙인으로서 기독교 역사관의 탁월성에 대하
여 자부심을 가져야 합니다. 기독교 역사관은 다른 종교, 다른
사상, 다른 철학에서는 절대로 찾아볼 수 없는, 기독교만의 자
랑입니다. 이것이 기독교 역사관의 특징입니다.

저는 대학시절에 신앙을 떠나서 열심히 절에 다닌 적이 있습

니다. 나이가 드니까 성경도 안 믿어지고 교회 다니는 것도 시시해지더군요. 철학을 공부하면서부터 더욱더 성경이 미신적인 책으로 여겨졌습니다. 그래서 무엇 때문에 이런 미신을 믿어야 되나 싶어서 교회를 안 다니기로 했습니다.

그런데 불교는 대단히 철학적이다란 생각이 들더군요. 그래서 영남지역 불교학생회 학술부장을 하면서 열심히 불제자 노릇을 해보았습니다. 불교회 학생들은 여름이면 가야산의 합천 해인사에 가서 법회를 열고, 수십명이 모여 앉아 참선을 합니다. 그 시간에는 우리 기독교의 주기도문이나 사도신경에 해당하는 불신도들의 고백이나 서원을 하는 순서가 있습니다.

그 첫번째가 '중생무변서원도'(衆生無變誓願渡)라는 것입니다. 중생은 깨닫지 못한 백성들을 말합니다. 우리 기독교로 말하면 거듭나지 못한 영혼들이지요 '중생무변', 즉 깨닫지 못한 백성이 아무리 많을지라도, '서원도', 건지기를 서원하나이다. 우리 기독교로 말하면 '땅끝까지 복음을 전하겠습니다' 라는 말씀과 같지요.

그 두번째는 '번뇌무진서원단'(煩惱無盡誓願斷)이라는 것입니다. 즉 인간의 근심, 걱정, 번뇌가 무진장 많을지라도 끊기를 서원한다는 뜻입니다.

불교에서는 인간 번뇌에 대한 이름을 다 붙여 놓았습니다. 백팔번뇌(百八煩惱), 즉 백여덟 가지의 번뇌가 있다는 것이지요. 백팔염주(百八念珠)는 작은 구슬 1백8개를 꿰어놓은 것으로 염주알 하나가 한 가지의 번뇌를 뜻한다고 합니다. 이것을 돌리면서 염불을 외면 백팔번뇌를 물리쳐 무상(無想)의 경지에 이른다고 하지요.

백팔염주에는 만나고 싶은 사람을 못 만나는 번뇌, 만나기

싫은 사람을 만나야 하는 번뇌 등등, 별별 번뇌가 다 들어 있습니다. 스님들이 그 염주알을 하나씩 제끼고 번뇌 이름을 부르면서 "이것을 끊겠나이다"하고 서원을 합니다. 이것이 모든 부처와 보살의 큰 서원인 사홍서원(四弘誓願) 중 두번째에 해당하는 것입니다.

제가 예수님을 만나고 복음을 깨달은 뒤에, 이 '번뇌무진서원단' 하는 것이 얼마나 애처로운 인간의 노력에 지나지 않는가를 깨달았습니다. 법회를 열 때마다 "끊겠나이다"하면서 번뇌 이름을 부르니, 그렇지 않아도 근심, 걱정이 끝이 없는 판에 얼마나 더 번뇌가 생기겠습니까? 그런데 성령을 받으니까 "번뇌를 끊겠나이다"하는 서원이 필요없더군요. 저절로 없어집니다. 자신이 애쓰지 않아도 성령께서 끊어주시거든요. 그래서 복음은 좋은 소식(good news)입니다. 제가 복음을 깨달은 후부터 대학 불교학생회 때 알게 된, 지금은 주지스님으로 있는 친구를 만나면 이렇게 얘기합니다.

"너희 백팔염주 버리고 사홍서원 고쳐라. 그렇지 않아도 근심걱정이 많은 터에 매일 번뇌 이름을 부르고 앉았으니 스님들이 신경쇠약이 많은 거 아니냐?"

사실 많은 스님들이 신경쇠약에 걸려 있습니다. 우리 생각에는 처자도 없고 고사리만 먹는 사람들이 무슨 신경쇠약일까 싶지만 의외로 위장병과 신경성 질환으로 고생하는 스님들이 많이 있습니다. 매일 번뇌 이름을 부르고 앉았으니 신경쇠약 증세가 생길 수밖에 없지요.

복음의 탁월성이 잘 드러나는 부분이 바로 마태복음 11장 28절 말씀입니다.

　　"수고하고 무거운 짐 진 자들아 다 내게로 오라 내가 너희
　　를 쉬게 하리라"(마 11:28)

　이것이 복음의 핵심이자 복음의 진수입니다. 매우 쉬운 말씀
같지만 철학 중 철학이고 종교 중 종교이고 기막힌 보고(寶庫)
의 말씀입니다.

　그런데 대부분의 교인들이 이 말씀을 잘 모릅니다. 굉장히
잘 아는 것 같은데도 그들의 실생활을 보면 전혀 모르고 살아
가고 있습니다. 복음정신의 핵심이 들어있는 이 말씀을 읽으면
서도 우리는 신앙생활을 너무 율법적으로 하고 있습니다.

　제가 어느 자매님 가정에 심방을 갔다가 그 자매님의 돌바기
된 아기가 기침을 심하게 하는 것을 보게 되었습니다.

　"자매님, 애기 기침하는 게 심상치 않은데요? 가슴이 뛰고,
잘못하면 폐렴일 수도 있겠는데, 병원에 가봤습니까?"

　"목사님, 우리 애 병은 제가 아는 병입니다."

　"병원에 가본 모양이군요?"

　"이 애 병은 우리가 지난달에 십일조를 떼먹었기 때문에 하
나님께서 주신 병입니다."

　대학까지 나온 자매의 그런 대답에 제가 깜짝 놀랐습니다.
그것은 복음적인 신앙이 전혀 아니거든요. 십일조를 떼먹은 것
은 어른들의 잘못인데 왜 하나님이 아기에게 고통을 주시겠습
니까? 그것은 하나님을 괴팍한 하나님으로 만드는 것입니다.

　그런 신앙은 옛날의 주술신앙이나 공포 종교 같은 데서나 볼
수 있는 것입니다. 쉽게 말하자면 공갈 종교에서나 통하는 것
이지요. '이것 안 하면 벌 받을 것이다' 하는 신앙은 율법적 신
앙이지 참된 복음의 신앙이 될 수 없습니다.

복음이라는 것은 율법으로부터 우리를 해방시키고, 진리로써 우리를 자유케 하는 것입니다. 즉 모든 심리적인 억압과 긴장과 갈등을 사라지게 하고 인생의 번뇌와 고뇌에서 해방시켜주는 것입니다.

그런데 우리가 복음을 잘못 이해하는 경우가 많습니다. 깜짝깜짝 놀라면서 겁을 집어먹고 예수님을 믿으니 예수님을 믿는 것이 부담스럽고 짐스럽지, 행복할 수가 없는 것입니다. 교회에서는 받을 것 다 받아서 집사, 권사 다 했는데도 얼굴엔 평화가 없습니다. 그것은 복음적인 신앙의 핵심은 깨닫지 못하고 기독교의 변두리만 좇아다녔기 때문입니다.

그러한 점에서 마태복음 11장 28절 말씀은 참으로 기막힌 말씀입니다. "수고하고 무거운 짐진 자들아 다 내게로 오라 내가 너희를 쉬게 하리라."

이 세상에 수고와 짐이 얼마나 많습니까? 이제 그 수고와 갈등과 짐에서 해방받게 되었습니다. '그리스도 안에서의 안식,' 이것은 기독교의 요체(要諦)입니다. 쉬는 것이지요. 신앙은 일하면서부터 시작되는 것이 아니라 쉬는 데서부터 시작됩니다. 그리스도 안에서 쉬는 것, 안식하는 것이 기독교 신앙의 핵심인 것입니다.

기독교 신앙에 있어서는 복음의 핵심에 대한 올바른 이해가 매우 중요합니다. 우리의 옛말에 '알기는 쉬워도 행하기는 어렵다'라는 말이 있습니다. 저는 이 말이 틀렸다고 생각합니다. 신앙적인 견해에서는 알기는 쉬워도 행하기는 어렵다가 아니라 '알기는 어려워도 행하기는 쉽다'가 맞습니다.

행하는 것은 자연적으로 뒤따라가는 것입니다. 바른 관점, 바른 깨달음, 이것이 요점이자 초점인 동시에 또한 어려운 것입니다.

저는 빈민촌과 농촌에서 선교하면서 고생께나 하면서 순탄하지 않은, 힘든 길을 걸어왔습니다. 가끔 제 친구나 주위 사람들이 "목사님, 그 고생을 어떻게 다 했습니까?"라는 말을 합니다. 그런데 저는 그 말을 인정하지 않습니다. 내가 좋아서, 재미있고 신바람나서 했기 때문입니다. 저는 오히려 서울의 큰 교회, 편한 목사님들을 보고 있노라면 딱한 생각이 듭니다. 도대체 무슨 재미로 저렇게 목사일을 하나 싶어서지요.

목사는 돈이나 명예나 호화로운 생활 때문에 된 것이 아닙니다. 그런 것을 위해서였더라면 사회에 나가 장사를 하는 게 훨씬 낫지, 목사할 이유가 조금도 없기 때문입니다. 그런 것을 바라고 목사를 한다면 오히려 마음에 부담이 생기고, 삶 자체가 오히려 불편하게 느껴지리라 생각합니다.

자기가 있는 자리에서 할 일을 기쁨으로 한다는 것은 큰 축복입니다. 기독교 신앙의 핵심이 그리스도 안에서의 안식에 있다는 것은 중요한 점입니다. 그래서 저는 초신자들이 너무 교회일을 열심히 하는 것을 말립니다. 예수님을 믿는데 처음부터 그렇게 설치면 좋지 않다고 애기해줍니다. 예수님은 평생 믿는 것이지, 이삼년 믿고 졸업하는 것이 아닙니다. 서서히 깨달아가면서 신앙이 깊어지는 것이지, 앞뒤 가리지 않고 교회일을 위해 설친다고 신앙이 깊어지는 것이 아닙니다. 그러다가 몇달 뒤에는 없어져버립니다. 힘이 드니까 어디론가 떠나버립니다. 아무것도 모르고 정신없이 설치니까 힘이 드는 것입니다. 알고 순종하면 순종 자체가 기쁨이고, 일 자체를 즐기게(enjoy) 되는 것입니다.

"허물로 죽은 우리를 그리스도와 함께 살리셨고(너희가 은
혜로 구원을 얻은 것이라) 또 함께 일으키사 그리스도 예수
안에서 함께 하늘에 앉히시니"(엡 2:5~6)

영적으로 우리는 하늘에 앉아 있습니다. 그런데 누구 안에서
입니까? '예수 그리스도 안에서'라고 말씀하셨습니다. 우리는
이미 안식을 얻은 사람들입니다. 그래서 성도들의 주일성수가
중요한 것입니다. 교회에서 주일성수를 강조하는 이유는 주일
을 지키는 것이 축복이기 때문입니다.

우리가 예수 그리스도 안에서 영원한 안식을 이미 얻었지만,
그렇다고 매일 먹고 놀면서 살 수는 없습니다. 그러므로 일주
일 중 일곱째 되는 한 날을 정해서 안식하는 것입니다. 그야말
로 푹 쉬는 것이지요. 저는 성경의 안식일을 글자 그대로 '평
안할 안'(安), '쉴 식'(息), 즉 '완전히 쉬어버리는 것'이라고
해석합니다. 집에서 낮잠자는 것이 아니라 그리스도 안에서 푹
쉬는 것이지요.

그런데 우리나라 교인들은 주일날이 되면 더 바빠집니다. 새
벽부터 밤중까지 교회일로 뛰어다니다 보니 월요일이 되면 몸
살을 앓습니다. 그래서 저는 그런 교회는 안식일을 잘못 지키
는 교회라고 봅니다. 교인 모두에게 골고루 일을 맡겨서 각자
한두 가지 사명받은 일을 하고 즐겁게 예배드리고, 가정에 가
서 편안하게 가족과 더불어 은혜 중에 즐기는 삶이 얼마나 소
중한 것입니까?

그것이 안식일 정신인데 오히려 안식일날 예배당에 매여서
더 지치고 피곤한 하루를 보냅니다. 그러니 몇년간이나 그렇게
하겠습니까. 평생 믿고 평생 안식할 것인데, 얼마 하지도 못하

고 제풀에 식어버리는 사람들이 있습니다. 우리가 안식일을 올바르게 지키기 위해서는 그리스도 안에서 안식한다는 안식일의 진정한 의미를 먼저 터득해야 할 것입니다.

이제 다시 본문으로 돌아가 봅시다. 느헤미야가 세번째로 취했던 행동의 요점은 역사의 본질에 대한 올바른 인식입니다. 하나님이 역사의 주인이시라는 것은 이스라엘 역사관, 우리 기독교 역사관의 특징입니다. 역사의 주인이신 하나님께 순종하면 축복을 받고 불순종하면 심판을 받습니다. 그래서 신명기 26장에는 이스라엘 사람들의 역사신조가 나옵니다. 소위 구약의 사도신경이라는 것이지요. 하나님의 일꾼들은, 그리스도의 교회는 역사의 주인이 하나님이시라는 고백을 분명히 해야 합니다. 중요한 것은 신앙고백입니다.

성령공동체로서 교회의 가장 소중한 것이 무엇입니까? 건물, 숫자 등 눈에 보이는 외형적인 것에 얽매이는 교회가 너무 많습니다. 제가 아는 어느 목사님이 시무하는 교회는 매주 예배당에 자가용이 몇대나 왔나를 헤아린다고 하더군요. 제가 그 말을 듣고 참 한심하다고 생각했습니다. 얼마나 상업적인 사고 방식입니까? 교회가 얼마나 저질화되었으면 자가용 숫자를 세고 앉았겠습니까? 그걸 보시고 예수님께서는 탄식하실 것입니다. 교회가 양적으로는 점점 팽창하면서 질적으로는 점점 저질화되어 갑니다. 영적인 깊이가 떨어져갑니다.

그러면 교회가 자랑해야 할 가장 중요한 요소는 무엇이겠습니까? 바로 신앙고백, 즉 성도들의 공통된 신앙고백입니다.

우리 활빈교회 같은 경우는 빈민촌에서 시작하는 것마다 실패했습니다. 실컷 실패만 하다가 드디어 마지막에는 성공했습니다. 그것은 분명한 신앙고백에서부터 출발했기 때문입니다.

그 수많은 실패와 좌절 끝에 분명한 신앙고백을 하게 되었습니다. 그 분명한 신앙고백은 마침내 우리를 성공의 길로 이끌어 주었습니다. 신앙고백이 중요합니다. 이스라엘 백성들은 긴긴 수난의 역사 속에서 성공한 민족입니다. 왜냐하면 구약의 사도신경이라는 신앙고백을 가졌기 때문입니다.

> "너는 또 네 하나님 여호와 앞에 아뢰기를 내 조상은 유리하는 아람 사람으로서 소수의 사람을 거느리고 애굽에 내려가서 거기 우거하여 필경은 거기서 크고 강하고 번성한 민족이 되었더니 애굽 사람이 우리를 학대하며 우리를 괴롭게 하며 우리에게 중역을 시키므로 우리가 우리 조상의 하나님 여호와께 부르짖었더니 여호와께서 우리 음성을 들으시고 우리의 고통과 신고와 압제를 하감하시고 여호와께서 강한 손과 편 팔과 큰 위엄과 이적과 기사로 우리를 애굽에서 인도하여 내시고 이곳으로 인도하사 이 땅 곧 젖과 꿀이 흐르는 땅을 주셨나이다"(신 26:5~9)

백성들이 수난 속에서 여호와께 부르짖었더니 여호와께서 그 고통을 들으시고 살피셔서 강한 손과 편 팔로 구원해주셨다는 것입니다.

이것이 이스라엘 백성들의 역사신조입니다. 조상 때부터 고난 받을 때는 여호와께 부르짖었다고 했습니다. 그랬더니 하나님께서 그 고통을 들으시고 구원해주셨단 말입니다. 구원해주시면 하나님께 감사드리고 경배하고, 경배하다가 또 타락합니다. 타락하면 하나님께서는 다시 심판하시고, 심판하시면 이스라엘 백성들은 고난 속에서 또 부르짖는 것이지요.

이것이 민수기에서 여덟번 반복됩니다. 이 반복이 이스라엘의 역사입니다. 느헤미야는 그 점에서 하나님께 쓰임받기 전에 신앙고백부터 분명히 했습니다.

오늘의 한국 교인들이 분명히 해야 할 것은 우리 교회의 주인이 그리스도이시듯이 이 민족의 주인도, 역사의 주인도 그리스도이시다는 신앙고백입니다. 그것을 분명히 해야 합니다. 이북의 주인은 공산당이 아니고 이남의 주인은 집권당 아무 대통령이 아닙니다. 이것은 역사를 모르는 세상 사람들의 생각이지요.

성경은, 이북의 김일성과 김정일의 공산당이 주인이 아니라, 이남의 민자당, 민정당이나 공화당이 주인이 아니라, 예수 그리스도가 역사의 주인이심을 분명히 말씀하고 있습니다. 그러나 예수 그리스도가 이 세상을 직접 주관하시는 것이 아닙니다. 예수님이 천국에서 엽서와 전화를 통해서 지시하는, 그런 것이 아니란 말입니다. 그러면 어떻게 역사를 주관하십니까? 바로 자기 백성들을 통해서 다스리십니다. 즉 그리스도인들을 통해서 병든 역사를 바로잡으시는 것입니다. 그것이 그리스도인의 개혁이고, 그것이 느헤미야의 개혁입니다.

저는 옛날에 중앙정보부에 가서 취조를 받은 적이 있습니다. 정보부의 6국이라면 그때 당시는 꽤 세력있는 정치담당국이었습니다. 6국 국장이면 굉장한 세도가였지요. 어느 유명한 경제인이 그 6국 국장이라는 사람 앞에서 자기 이름을 사인하는데 손이 덜덜 떨리더랍니다. 그 정도로 영향력 있는 지위였지요.

그 6국 국장이라는 사람이 밤중에 나를 불러다 놓고 취조를 하고 질문을 하다가 나중에는 짜증이 나니까, 나에게 엄포를 놓는 것이었습니다. 한국 교회가 자꾸 정권을 반대하면 한국에서 교회를 아주 없애버리겠다는 겁니다. 그 얼마나 망발입니까?

"아, 그러세요? 그거 보통 말이 아닌데요? 그게 공화당 방침입니까, 박 대통령 생각입니까, 아니면 중앙정보부의 방침입니까? 거 보통 얘기가 아닌데요? 연습으로 한번 할까요. 공화당이 먼저 없어지나, 예배당이 먼저 없어지나? 한국 교회 전체를 말할 것까지 없이, 우리 활빈교회가 먼저 없어지나, 우리나라를 다스린다고 착각하는 공화당이 먼저 없어지나 한번 해봅시다. 그 보통 말이 아닙니다. 그 발언에 책임질 수 있습니까?"

"왜, 진돗개처럼, 물고 늘어지나? 그럴 수 있다는 거 아니야!"

그래서 제가

"마르크스 레닌주의도 종교는 아편이라고, 기독교를 없앤다고 그렇게 서슬이 퍼렇게 핍박을 했지만, 지금은 공산권 하에서도 신앙부흥이 되고 있지 않습니까?"하고 대꾸해주었습니다.

공산당이 말하는 빵문제만 가지고는 영혼의 병을 치료할 수 없습니다. 인간의 본질인 영혼의 문제는 빵만 가지고 해결할 수 없다는 말입니다.

공화당이 자기들의 정권을 지키기 위해서 예배당을 없앤다고 하는 것은 말이 안 되는 것입니다. 몇년 안 됐지만 지금 공화당은 족보도 없어졌고 우리 활빈교회는 우스운 교회지만 자꾸 부흥했습니다. 활빈교회가 무슨 힘이 있어서 부흥했겠습니까? 가난한 빈민촌에서, 내 주제에 당회장이 되었으니 없어져도 진작에 없어졌겠지요. 그런데 왜 없어지지 않고 부흥이 됩니까? 예수님이 주인이시기 때문입니다. 저희가 해나가는 걸 보면 활빈교회는 벌써 족보도 없어질 일이 많았습니다. 없어질 것 같아도 예수님이 주인이시기 때문에 부흥되는 것이 교회입니다.

세상 권력은 계속 잘될 것 같아도 결국은 사라집니다.

그러므로 우리의 신앙고백이 중요한 것입니다. 느헤미야는 그것을 분명히 했습니다.

'역사의 주인은 야훼이시다. 순종하는 백성은 살아나고 불순종하는 백성은 심판받고 흩어진다.' 이것이 그의 신앙고백이었습니다.

교회에서 선교사업을 열심히 해나가다가 이상한 일이 종종 벌어집니다. 사업만 남고 선교는 빠져버리거든요. 예수님은 사라져버립니다. 마치 결혼식장에 신랑이 없는 것처럼 말이죠. 큰 교회들이 배가운동 배가운동 해서 교인들은 배가가 됐는데 예수님은 빠져버린 거지요. 선교사업이 그렇게 되기가 참 쉽습니다. 그러니 조심해야 할 것입니다.

넷째 단계로 느헤미야는 자신을 헌신했습니다.

> "주여 구하오니 귀를 기울이사 종의 기도와 주의 이름을 경외하기를 기뻐하는 종들의 기도를 들으시고 오늘날 종으로 형통하여 이 사람 앞에서 은혜를 입게 하옵소서 하였나니 그때에 내가 왕의 술 관원이 되었었느니라"(느 1:11)

이 기도는 이스라엘의 병든 역사를 고치는 일에 자기를 헌신하겠다는 기도입니다. '나를 쓰셔서, 고치는 일을 형통하게 하옵소서' 라는 기도입니다. 불쌍한 백성들의 한을 풀어주고 병든 역사를 개혁하는 일에 나를 써달라고 하는 헌신기도입니다.

저는 헌신예배 강사로 가는 것을 별로 좋아하지 않습니다. 너무 형식적인 느낌이 들어서입니다. 매달 한번씩 여전도회나 남전도회의 헌신예배에 가보면 그저 뜻없이 순서에 따라 예배

보고 헌금하고 특송하고, 그리고 끝나버립니다.

헌신이 무엇입니까? 자기 삶을 바치는 것입니다. 신다가 버리는 헌신이 아니예요. 헌신예배는 너무 자주 하는 것이 아닙니다. 일생에 몇번, 일년에 한두번 하는 것이지, 본질은 빠지고 형식만 남아있는 헌신예배는 자주 할 필요가 없습니다. 우리나라 교회는 중고등학생 때부터 헌신예배를 자주 드립니다. 어릴 때는 그렇게 헌신예배를 수십번 드리는데도 불구하고 막상 대학을 졸업하고 나면 헌신하지 않습니다. 교회를 아예 안나와버리는데 헌신이 무슨 헌신입니까? 신앙이라는 것은 본질로 깊이 들어가야지 형식에 매여버리면 껍데기만 남습니다. 그러한 점에서 느헤미야는 진실로 자기를 철저하게 헌신했습니다.

다섯째 단계로 느헤미야는 준비했습니다.

그리스도인이나 비그리스도인이나 우리나라 사람들이 제일 못하는 것이 바로 이 준비입니다. 무엇이든지 아무런 준비도 않고 손바닥 뒤집듯 너무 쉽게만 하려고 하니까 되지를 않습니다.

저는 민주주의하자고 징역도 살고 데모도 해보았습니다. 그런데 민주주의하다가 붙잡혀 같이 감옥살이하던 민주투사들이 너무 비민주적이고 독재적인 사고방식을 가지고 있는 것을 알았습니다.

정말 바른 생각과 바른 양식을 가지고 있는 사람들이 우리 사회의 지도자가 되어야 합니다. 느헤미야는 그런 점에서 준비를 철저히 했습니다. 다음에 나오는 말씀 속에서 우리는 그의 철저한 준비성을 읽을 수 있습니다.

"아닥사스다 왕 이십년 니산 월에 왕의 앞에 술이 있기로
내가 들어 왕에게 드렸는데 이전에는 내가 왕의 앞에서 수색
(愁色)이 없었더니 왕이 내게 이르시되 네가 병이 없거늘 어
찌하여 얼굴에 수색이 있느냐 이는 필연 네 마음에 근심이 있
음이로다"(느 2:1~2)

느헤미야는 바벨론 왕궁에서 술을 맡는 관원으로 발탁되었습
니다. 왕을 모시는 경호대의 술 담당 과장쯤 되는 이 자리는
굉장히 중요한 자리입니다. 옛날에는 술에 독을 넣어서 왕을
암살하는 일이 있었기 때문에 가장 믿을 수 있는 사람에게 술
과 음식을 맡겨야 했습니다. 그런 면에서 느헤미야는 믿을 수
있는 아주 성실했던 사람이었습니다.

그런데 술 맡은 관원이 된 그의 얼굴에 수색이 생겼습니다.
얼굴색이 변했단 말이지요. 왕은 왜 그런 점을 일일이 관찰합
니까? 왜냐하면 자기 밑에 술 맡은 관원이 얼굴색이 변하면 뭔
가 낌새가 이상하게 돌아간다는 뜻이거든요. 즉 자기를 독살할
수도 있다는 것입니다.

〈클레오파트라, Cleopatra〉라는 영화에 과일을 시중드는 시
녀가 칼날에 독을 묻혀서 과일을 깎아 임금께 드리는 장면이
나옵니다. 시녀의 얼굴색이 이상하게 변하는 것을 본 임금이
"네가 먼저 먹어보아라!"하고 명령하자 결국 그 시녀는 먼저
먹고 죽습니다.

그러니까 여기에 나오는 아닥사스다 왕도 얼굴을 살필 수밖
에 없지요. 느헤미야는 아닥사스다 왕이 "어찌하여 얼굴에 수
색이 있느냐?"고 물었을 때 정말 난처한 입장에 빠졌습니다.
대답을 잘못했다간 운명이 바뀌고, 그렇다고 거짓말을 할 수도

없잖습니까?

사실대로 "예루살렘이 황폐해서 걱정하고 있습니다"라고 대답하면 느헤미야는 반역죄에 걸리게 됩니다. 왜냐하면 바벨론 왕이 예루살렘을 멸망시켰는데, 왕의 신하로 있으면서 왕이 멸망시킨 성을 걱정하고 있다는 것 자체가 반역죄이거든요. 그렇다고 거짓말 할 수도 없지 않습니까?

그러나 느헤미야는 지혜로운 사람이었습니다. 그는 거짓말을 안 하면서도 왕의 마음을 건드리지 않는 대답을 알고 있었습니다. 느헤미야가 어떻게 대답합니까?

> "왕께 대답하되 왕은 만세수를 하옵소서 나의 열조의 묘실 있는 성읍이 이제까지 황무하고 성문이 소화되었사오니 내가 어찌 얼굴에 수색이 없사오리이까"(느 2:3)

이것이 느헤미야의 지혜입니다. 성경말씀을 읽으면서 느헤미야의 이런 지혜를 판단할 수 있는 분별력을 가져야 합니다. 말씀을 읽다가 이 부분을 그냥 지나가버린다면 성경을 읽는 눈이 아직 안 뜨인 것이지요. 실컷 읽고 뭐가 뭔지 모르니까 잠만 오는 겁니다.

3절 속에 나타난 느헤미야의 지혜가 무엇입니까?

"내가 예루살렘 성이 황무해서 얼굴에 수색이 있습니다"라고 대답하면 반역죄에 걸리고, 그렇다고 "몸에 감기 기운이 있습니다" 할 수도 없지 않습니까? 그런데 느헤미야는 어떻게 지혜롭게 대답하고 있습니까?

모든 사람이 가지고 있는 공통된 합치점인 부모에 대한 효성, 즉 자식된 도리에 대해 말하고 있습니다.

"내 조상의 무덤이 있는 그 성이 황폐해져서 제가 지금 수심
에 쌓여 있습니다." 얼마나 지혜로운 대답입니까? 왕이 '참 효
자로구나!'라고 생각했을 것입니다.

'내 조상의 무덤이 있는 성', 그것이 무슨 성입니까? 바로
예루살렘 성입니다. 그 당시 예루살렘 성은 바빌론에게 아주
골칫거리였습니다. 그런 상황에서 예루살렘 성이 황폐했다고
말한다면 당장 그 자리에서 쫓겨나게 될 것입니다. 느헤미야가
단순한 효자 같았으면 "내 조상의 무덤이 황폐해졌습니다"로
끝났을 텐데 그는 할 말을 다 합니다.

느헤미야가 말하고자 했던 문제의 초점은 예루살렘의 무덤이
아니라 바로 '예루살렘 성'이었기 때문입니다. 그 당시의 성은
역사 자체와 국권 자체를 상징하는 중요한 의미를 지녔습니다.
그래서 느헤미야는 지혜를 발휘하여 "조상의 무덤이 있는 성이
황폐해졌습니다"라고 말했던 것입니다. 왕이 그 말에, 그 지혜
에 걸려 들었습니다. 왕이 무엇이라고 합니까?

> "왕이 내게 이르시되 그러면 네가 무엇을 원하느냐"
> (느 2:4)

"내가 무엇을 도와줄까?"라고 묻습니다. 느헤미야의 지극한
효성이 왕의 마음을 움직인 것입니다. 대답 한마디에 이스라엘
의 역사가 왔다갔다 합니다. 그런 것을 결정적인 찬스라고 하
지요.

인생을 살아가면서 그런 결정적인 찬스가 몇번 옵니다. 그런
결정적인 찬스를 어떻게 이용하는가가 매우 중요합니다.

이것이 느헤미야의 특징입니다. 이것이 느헤미야가 이스라엘의 역사를 개혁하는 데 성공할 수 있었던 가장 큰 원동력입니다.

우리가 성공하기 위해 느헤미야에게 배워야 할 세 가지 교훈이 있습니다.

첫번째는 철두철미한 ‘기도’입니다.

두번째는 빈틈없는 ‘준비’입니다.

세번째는 하나님께서 응답하시는 그 시간까지 기다리는 ‘끈기’입니다.

저는 시위하는 학생들에게 종종 이렇게 얘기합니다.

“자네들 데모하지 말게. 데모하지 말고 삼십년 뒤의 역사를 준비하게. 역사의 주인은 데모하는 사람이 아니라 준비하는 사람이네.”

이것이 저의 개인적인 신념입니다. 역사는 데모하는 사람의 것이 아니라 준비하는 사람의 것입니다.

젊은 시절, 학생시절에 준비하는 사람이 되어야 합니다. 우리나라에는 우리 민족과 역사를 위해 데모하는 사람이 없는 것이 아니라 준비하는 사람이 없습니다. 그리스도인들은 하나님의 쓰임을 받기 위해서 준비하는 사람이 되어야 합니다. 그런데 우리는 너무 급한 감이 있습니다. 은혜 받으면 당장 나가서 뭘 한다고 하지요. 하지만 긴 시간 동안에 하나님께서 쓰실 수 있도록 착실히 준비하는 것이 더 중요한 것입니다.

작은 일이건 큰 일이건, 조그만 가게를 경영하건 큰 기업을 경영하건 사전에 충분한 준비를 하지 않으면 결정적인 순간에 가서 실패합니다. 별거 아닌 몇 가지 준비 때문에 기회를 놓치는 경우가 많습니다. 하나님의 일에 쓰임받기 원하는 사람은 자기 인생을 걸고 준비하는 사람이 되어야 합니다.

느헤미야는 그 점에 있어서 철저했던 사람이었습니다. 왕이 그에게 "네가 무엇을 원하느냐?"고 물었을 때 그는 무엇부터 했습니까? '곧 하늘의 하나님께 묵도하고', 왕 앞에서 소리내어 기도할 수 없지 않습니까? 길어도 수상하니까 마음 속으로 짧게 '주님, 결정적인 순간입니다. 제게 지혜를 주시옵소서' 또는 '내 생각과 입술을 지켜주시옵소서'라는 기도를 했겠지요. 그리고나서 왕의 물음에 뭐라고 대답합니까?

> "왕에게 고하되 왕이 만일 즐겨하시고 종이 왕의 목전에서 은혜를 얻었사오면 나를 유다 땅 나의 열조의 묘실 있는 성읍에 보내어 그 성을 중건하게 하옵소서 하였는데"(느 2:5)

사실은 자기가 하고 싶은 것인데 마치 왕이 하고 싶은 것처럼 하여 '왕이 원하시면'이라는 표현을 써서 가장 부드러운 음성으로 예의를 갖추어서 대답하고 있습니다. 이 말은 따지고 보면 가장 과격한 표현입니다.

우리 사회가 한참 시끄럽던 1987년 6월, 전두환 대통령이 김수환 추기경과 개신교 목사 두분을 만나 대화를 나눈 적이 있습니다. 그때 제가 무슨 얘기들을 하나 자세히 살펴보았지요.

김수환 추기경은 전두환 대통령에게

"직선제를 해야 시국이 풀어집니다"라고 분명히 얘기하더군요.

그분은 제3세계 추기경 지도자급에 속하는 대단히 똑똑하신 분입니다. 세계 추기경 중에서도 아주 발언권이 강한 훌륭한 분으로 인정받고 있습니다.

그러한 김수환 추기경이 전 대통령을 만나서

"직선제를 실시해야 합니다. 명동성당 부근에 최루탄이 많이 터져 고통을 많이 받았습니다. 인체에 해롭지 않은 최루탄을 만들 수는 없는지요?"하고 얘기했습니다.

이 말은 완전히 엿먹이는 말이지요. "그 최루탄 아니면 못해 먹나?"라는 말과 같은 것이거든요.

전 대통령이 참 석두(石頭)입니다. 석두. 그 사람 참, 어떻게 그동안 그 자리에 앉아 있었는지, 그만큼 둔하기도 어려워요. 순전히 국민들이 착한 탓에 그 자리를 지킬 수 있었지요.

전 대통령이 "죄송스럽네요" 이렇게 나오면 면목이 섰을 텐데,

"선진국에는 데모를 무기로 막고 폭력을 가하지만 우리는 그렇게 하지 않습니다"하고 말도 안 되는 소리를 지껄였습니다.

말을 해도 유분수지, 그게 무슨 소리입니까? 고문한다, 뭐한다, 하면서 별짓을 다 해놓고서는 "선진국은 무기로 막지만 우리는 인명을 다치지 않기 위해서 폭력을 쓰지 않습니다"라는 것입니다. 자기 혼자 구름 속에서 노는 거지요. 나라가 안 되려면 소인배가 높은 자리에 앉는 법입니다.

그런데 그것보다 한술 더 뜨는 사람이 있었습니다. 거기에 나온 개신교 목사가 전두환 대통령을 만나 뭐라고 말했는지 아십니까?

"우리 온 국민이 각하를 존경하는 것은…"

텔레비전에 전대통령이 나오면 꺼버리는 사람이 얼마나 많은

비전있는 교회의 개혁운동

데 태연스레 "온 국민이 각하를 존경하는 것은…"이라는 말을
합니까?

국민들이 그것을 보고 얼마나 한심했겠습니까? 참 답답한 문
제입니다. 지혜라는 것이 무엇입니까? 국민들의 마음을 바로
읽어서 백성들의 아픔과 한을 바로 잡아주는 것이 성직자들이
가져야할 지혜이고 역할 아닙니까? 개신교 지도자의 공백이 지
금 심각한 문제입니다. 우리가 개신교의 탁월성을 살려 제대로
교회답게 되어야 우리 민족의 활로가 활짝 열리게 될 것입니
다. 우리 개신교의 지도자들이 얼마만큼 탁월성을 가지고 예언
자적인 비전을 제시하며 백성들을 이끌어 나가느냐에 우리 민
족의 국운이 달려 있습니다. 우리 민족이 밑으로 가라앉느냐
위로 솟느냐 하는 문제는 개신교 성직자들의 탁월성에 달려 있
는 것입니다. 그 지혜라는 것이 어디서 옵니까?

> "너희 중에 누구든지 지혜가 부족하거든 모든 사람에게 후
> 히 주시고 꾸짖지 아니하시는 하나님께 구하라 그리하면 주시
> 리라"(약 1:5)

지혜가 부족하거든 구하고 기도하라고 했습니다. 지식은 학
문을 통하여 얻는 것이고 지혜는 기도해서 얻는 것입니다. 경
건한 생활과 기도생활, 이 두 가지가 지혜를 얻는 비결입니다.

우리들의 자녀들이 학교에서는 지식을, 교회에서는 지혜를
얻도록 길러야 할 것입니다. 양쪽을 겸해야 이 시대에 요셉과
다니엘 같은, 사무엘과 느헤미야 같은 인재가 배출될 수 있습
니다.

느헤미야는 항상 결정적인 순간에 기도했습니다. 그런데 우리는 너무 급해서 '찬스다' 생각되면 말부터 나오는 버릇이 있습니다. 기껏 다 말해놓고는 '아, 이게 아니라 다른 좋은 말이 있었는데…' 하며 후회합니다. '아차' 싶을 때 벌써 차는 지나가는 겁니다. 느헤미야처럼 먼저 기도를 해야 합니다. 남편과 다투어 가정에 불화가 생겨도 먼저 기도부터 해야 합니다.

"주님, 부부싸움을 해도 은혜롭게 하도록 해주십시오."

이것이 훈련입니다. 느헤미야는 기도가 생활화되어 있었습니다. 생활화된다는 것은 무척 중요한 것입니다. 경건이 체질화된다는 것이지요.

> "왕에게 고하되 왕이 만일 즐겨하시고 종이 왕의 목전에서 은혜를 얻었사오면 나를 유다 땅 나의 열조의 묘실 있는 성읍에 보내어 그 성을 중건하게 하옵소서 하였는데 그때에 왕후도 왕의 곁에 앉았더라"(느 2:5~6)

왕에게 "내 조상의 묘실 있는 성, 예루살렘 성을 다시 세우게 하여 주십시오"라고 말했을 때 왕의 곁에 누가 앉아 있었습니까? '그때에 왕후도 왕의 곁에 앉았더라' 왕이 자기 부인도 옆에 앉아 있고 하니까 후하게 들어주고 싶은 생각이 들었을 겁니다. 왕후에게도 친정이 있고 왕에게도 자기 아버지, 자기 할아버지가 있지 않았겠습니까?

특별히 중동지역은 묘실을 대단히 중요하게 생각했습니다. 그것은 피라미드를 보면 쉽게 알 수 있습니다. 옛날에는 조상의 묘실을 국력을 기울여서 만들었습니다. 그러한 시대적인 풍습 속에서 느헤미야의 대답은 왕에게 설득력 있게 받아들여졌

비전있는 교회의 개혁운동

을 것입니다. 그러니 왕이 쉽게 허락을 해주는 것이지요.

"네가 가서 그 일을 행하고 오너라"하고 드디어 왕이 기쁘게 허락해주었는데, 또 느헤미야는 뭐라고 말합니까?

느헤미야의 세번째 특징이 끈기라고 했습니다. 그 허락을 받아 그냥 가는 것이 아니라 느헤미야는 그 자리에서 자기가 받아낼 수 있는 마지막 것까지 다 받아냅니다.

> "내가 또 왕에게 아뢰되 왕이 만일 즐겨하시거든 강 서편 총독들에게 내리시는 조서(詔書)를 내게 주사 저희로 나를 용납하여 유다까지 통과하게 하시고"(느 2:7)

자, 예루살렘까지 가는 길은 열렸는데 거기까지 실제로 가는 과정이 문제였습니다. 그 과정에서 다른 왕들이나 권력자들이 막아버리면 아무리 왕이 허락했더라도 통과할 수가 없었습니다. 그래서 느헤미야는 그 과정을 무사하게 통과할 수 있도록 안전하고 확실하게 해놓습니다. 우리가 대체로 목표는 분명하게 잘 알지만 목표에 도달하는 길은 잘 모릅니다. 성공하는 사람들은 대체로 목표를 분명히 정해놓고 거기에 따르는 과정을 잘 터득하여 제대로 밟아갑니다.

기업을 경영하는 사람들이 다 재산을 모으려고 애쓰는데 왜 대부분의 사람들이 그 꿈을 이루지 못합니까? 그것은 재산을 모으려는 목적을 달성하는 과정, 즉 관리며, 행정이며 때에 따라 투자하고 회수하는 일을 잘 모르기 때문입니다. 대체로 우리 국민들은 과정에 약합니다. 반면에 일본 사람들은 과정에 강합니다. 한국 사람들은 대체로 뜻은 좋은데, 과정을 잘 터득하여 제대로 밟아가지를 못합니다. 이 점이 한국 사람들의 문제입니다.

느헤미야는 목표를 중요시한 만큼 과정 자체를 중요시했습니다. 과정을 밟아 나가는 데 장해가 되는 요소를 미리미리 다 제거하고 나갔습니다. 요즘 말로 하자면 각 국경을 통과하는 비자를 미리 다 확보해놓는 것이지요. 즉 통과증을 미리 왕에게 다 얻어놓는 것입니다.

그 다음으로 나오는 말씀은 느헤미야의 자질인 준비의 클라이막스에 해당하는 말씀입니다.

이 말씀이 바로 느헤미야가 보통 사람이 아니라는 증거입니다. 우리가 자녀들이나 주위의 사람들에게 느헤미야서를 가르칠 때 이것을 가르쳐주어야 합니다.

꿈을 가진 사람은 그 꿈을 이루기 위해서 5년 전, 10년 전에 미리 준비해야 합니다. 그것을 준비하는 사람이 10년 뒤의 주인입니다. 이러한 자세를 가지고 살아가는 그리스도인들이 영감있고, 통찰력있는 예수의 사람들이지요. 오직 성령받은 사람만이 이러한 준비를 할 수 있습니다.

성령받은 사람들은 우리 사회가, 우리 교회가 앞으로 2000년에 무엇이 필요하고 2010년에 무엇이 필요한지를 볼 수 있게 되어 미리 준비를 할 수 있는 것입니다. 앞으로의 시대를 내다볼 수 있는 통찰력이 생기는 것이지요. 그러한 통찰력이 생기는 이유는 성경 자체가 항상 미래를 약속하고 예언하고 보여주는 책이기 때문입니다.

성경의 특징은 예언입니다. 1백년, 5백년, 1천년, 영원의 세계까지 미래를 보여주고 약속해주는 것이 성경입니다. 그래서 성경을 읽는 사람들은 미래를 미리 보고 준비할 수 있습니다. 우리 자녀들에게 30년 뒤를 미리 보게 하고 먼저 준비하도록 바른 안목을 길러주어야 합니다.

성령받고 지혜를 얻어 준비된 사람이 나라의 지도자로서 힘을 발휘할 수 있도록 해야 합니다. 뜻있는 목회자들이 청년들을 훈련시키고 비전을 주며 미리 준비시켜야 합니다.

그러면 느헤미야서 전체의 핵심이 되는 그 말씀을 살펴보겠습니다.

> "후에 저희에게 이르기를 우리의 당한 곤경은 너희도 목도하는 바라 예루살렘이 황무하고 성문이 소화되었으니 자, 예루살렘 성을 중건하여 다시 수치를 받지 말자 하고"(느 2:17)

느헤미야는 예루살렘 총독으로 부임하여 일을 진행시키는 과정 속에서 절대 서두르거나 가볍게 움직이지 않았습니다. 삼일 동안 가만히 침묵하고 정세를 살핀 뒤, 그는 예루살렘 백성들을 전부 한곳에 모이게 했습니다. 그리고 단 한번의 연설에 대세를 완전히 바꾸어놓았습니다. 느헤미야의 탁월성이 여기서 드러납니다. 단번에 한 자리에서 모든 백성들의 마음을 완전히 사로잡아버린 것입니다. 그리하여 느헤미야는 개혁의 기초를 닦아 놓습니다.

백성들 앞에 느헤미야는 연설을 시작합니다.

"여러분, 우리 민족이 당한 곤경은 눈으로 보는 바 올시다"

이스라엘 민족이 당한 곤경에 대해서는 더 이상 설명이 필요 없다는 것입니다. 그 자리에 모인 사람들은 똑똑한 사람, 어리석은 사람, 가진 사람, 못 가진 사람, 각계각층의 사람들로서 모두 이해관계를 달리하고 있는 사람들이었습니다. 무엇으로 국론을 한곳으로 통일시킬 수 있겠습니까? 이것이 큰 문제였습니다.

10·26사태 뒤에 학생들이 데모를 폭발적으로 한 적이 있습니다. 그때 문교부장관이 김옥길 여사였는데 참 좋은 분이었지요.

그분이 시위하는 학생들 앞에 가서 "여러분, 데모하지 마십시오. 지금 시국에 여러분이 데모하면 얻어놓은 자유마저 잃어버리게 됩니다"하며 호소했습니다.

사실 당시 군인들은 학생들로 하여금 자꾸 시위를 하도록 부추겼습니다. 학생들이 시위를 해줘야 혼란을 핑계삼아 군인들이 정권을 잡을 수 있었거든요.

김옥길 총장은 그것을 간파하고 "여러분, 데모하지 마십시오"하고 간절히 호소했는데 아무것도 모르던 학생들은 "할머니, 내려오세요. 장관하더니 헷갈렸어요?"라며 욕을 해댔습니다. 그러다가 결국 군인들이 정권을 다 잡아버렸지요. 김옥길 여사가 미리 알고 바른 소리를 잘하니까 군인들은 그분을 눈엣가시같이 싫어했습니다. 시위도 상황판단을 잘해서 해야 합니다.

이렇게 정세를 잘 파악할 수 있는, 대중의 눈이 날카로운 사회는 정치문화가 발달한 사회입니다. 대중들의 성숙도가 높은 사회이지요. 느헤미야는 상황판단을 잘했습니다. 한쪽이 주장하면 저쪽이 싫어할 것이고 저쪽이 주장하면 이쪽이 싫어할 것을 미리 알고 있던 느헤미야는 모두를 공감시킬 수 있는 것이 무엇인가를 찾았습니다. 그것은 바로 이스라엘의 영적인 민족주의였습니다.

"여러분, 우리가 이래서야 되겠습니까? 민족적인 수치를 갖지 맙시다."

이렇게 민족이란 이름을 걸고 나오니 이스라엘 백성들의 관심이 다 한곳으로 모아질 수밖에 없었습니다.

그후 느헤미야가 취한 행동은 무엇입니까?

"또 저희에게 하나님의 선한 손이 나를 도우신 일과 왕이
내게 이른 말씀을 고하였더니 저희의 말이 일어나 건축하자
하고 모두 힘을 내어 이 선한 일을 하려 하매"(느 2:18)

민족심에 호소한 뒤 느헤미야는 하나님의 말씀을 전했습니다. 우리 민족이 살려면 나에게 역사했던 하나님의 손길을 의지해야 합니다. 그래서 느헤미야도 여호와의 선한 손이 자기에게 어떻게 역사했는가를 간증하는 것이지요. 그리고 하나님의 말씀을 백성들에게 전하는 것입니다.

이스라엘 백성들은 하나님의 말씀을 듣고 가슴이 뜨거워졌을 것입니다. 느헤미야의 성공 비결은 바로 하나님의 말씀에 있었던 것입니다.

"하나님의 율법책을 낭독하고 그 뜻을 해석하여 백성으로
그 낭독하는 것을 다 깨닫게 하매 백성이 율법의 말씀을 듣고
다 우는지라"(느 8:8~9)

백성들이 일제히 모인 자리에서 하나님의 율법책을 낭독하고 뜻을 풀어서 백성으로 그 낭독하는 것을 깨닫게 했습니다.

요즘 말로 하자면 사경회를 했다는 것이지요. 성경말씀을 찬찬히 풀어서 가르쳐주었더니 백성들이 그 말씀을 듣고 감동해서 울었습니다. 백성들이 울며 회개하는 가운데 하나가 되었습

니다. 그리고 하나님 앞에 회개를 한 이스라엘 백성들은 나라를 재건하기 시작했습니다.

사회를 개혁하고 정치풍토를 쇄신하며 도덕과 정신의 기풍을 바로잡고 무너진 역사를 다시 쌓아나가는 데 느헤미야는 성공했습니다. 오늘날도 마찬가지입니다. 우리 한국 교회 성도들이 진실로 회개하여 말씀으로 하나가 되고 그 토대 위에 우리 사회의 각계각층으로 뻗어나간다면 반드시 우리나라는 큰 민족적인 발전을 가져오게 될 것입니다.

우리 기독교에는 세 가지의 신앙형태가 있습니다. 사람도 체격이 다르고 성격이 다르듯이 신앙도 그 형태가 각기 다릅니다.

첫번째 형태는 체험 중심의 신앙입니다. 순복음교회나 오순절교회 등이 주로 이 형태에 속하지요. 이 체험 중심 신앙의 장점은 열심이 있다는 것입니다. 자기가 직접 체험했으므로 열심이 있습니다. 순복음교회 교인들이 얼마나 열심이 있습니까? 장로교 교인들은 그 열심을 배워야 합니다. 순복음교회 교구 구역장쯤 되는 분들의 열심을 보면 누구나 탄복을 금치 못할 것입니다. 하여튼 조용기 목사님은 백년에 한번 나올까 말까한 천재입니다. 자신의 교구 구역장들에게 어떻게 그처럼 열심을 붙여놓았는지, 아무튼 장로 교회 목사들보다 나은 것 같습니다. 그러한 열심은 그렇게 쉽게 얻어지는 것이 아닙니다.

그러나 체험 중심 신앙에는 단점이 있습니다. 말씀의 바탕이 약하니까 너무 주관적으로 흐른다는 것입니다. 개인 체험으로 열심이 있고 뜨거운 데 반해 실수가 많습니다. 믿음의 기준이 애매모호합니다.

두번째 형태는 교회 중심의 신앙입니다. 가톨릭 교회가 여기에 속하지요. 이 형태의 신앙에서도 우리가 배울 것이 많습니다. 싸우지 않고 갈라지지 않는 점은 우리가 배워야 할 것입니다. 한국 가톨릭 교회가 얼마나 잘해나갑니까. 교회 중심으로 일사분란하게 움직입니다.

그렇지만 가톨릭 교회가 다 좋은 것만은 아닙니다. 마리아를 높인다든지, 연옥설을 든다든지, 교황을 너무 내세운다든지, 가만히 보면 성경에 없는 얘기를 너무 많이 하거든요. 우리가 볼 때는 교황이나 저나 다같은 성직자인데 뭘 그렇게 높이나 하는 생각이 듭니다.

세번째 형태는 말씀 중심의 신앙입니다. 우리 개신교가 이에 속하지요.

체험 중심의 신앙을 우리는 아브라함 형태의 신앙이라고 말합니다. 왜냐하면 창세기 12장에서부터 아브라함의 얘기가 나오는데 그때는 교회도 없고 제사장도 없었으므로 여호와께서 아브라함에게 직접 말씀하셨거든요.

'여호와께서 아브라함에게 일러 가라사대', 즉 아브라함은 개인적인 체험을 한 것입니다. 이것이 바로 체험 중심의 신앙이라는 것이지요.

교회 중심의 신앙은 모세 형태의 신앙이라고 합니다. 왜냐하면 모세 시대에는 민족공동체 중심의 신앙생활을 했거든요. 그래서 그 당시엔 이스라엘 민족공동체에 순종해야지, 개인적인 체험을 가지고 개인적인 주장만 내세우면 그것이 죄가 되었습니다. 그래서 교회 중심의 신앙을 모세 형태의 신앙이라고 말합니다.

마지막으로 말씀 중심의 신앙은 에스라나 느헤미야 형태의 신앙이라고 합니다. 에스라와 느헤미야의 포로기에는 성전도,

제사장도 없었으므로 말씀 중심으로 신앙생활을 했습니다. 이 말씀 중심의 신앙이 우리 개신교의 신앙형태입니다.

초대 교회 시대에는 세곳의 교회 중심지가 있었습니다. 주로 안디옥, 알렉산드리아, 로마, 이 세 지역을 중심으로 하여 세 가지의 신앙형태가 생겨났습니다.

로마는 교회 중심의 신앙, 즉 로마 가톨릭이 발전되어 나갔고, 알렉산드리아는 주로 개인 체험 중심의 신앙이 발전되어 나갔습니다.

또한 안디옥은 말씀 중심의 신앙이 발전되어 개신교의 전통을 이루어왔습니다. 침례교, 감리교, 장로교가 다 말씀 중심의 신앙형태에 속한다고 할 수 있습니다. 느헤미야는 말씀 중심으로 이스라엘 민족의 역사를 개혁시켰습니다. 저는 우리 민족이 축복받고 바르게 성장하기 위해서는 이 말씀 중심의 신앙을 잘 지켜나가야 한다고 생각합니다.

저는 장로교 목사인데 저희 장로교는 이 말씀 중심의 신앙을 계속 고수하며 성장해왔습니다. 개인적으로 저는 장로교가 훌륭한 교단임을 자부하며, 긍지를 가지고 있습니다. 그런데 어떤 장로교 교인들은 장로교가 어떠한 교단인지 잘 모르는 것 같습니다. 그것은 장로교에서 장로교의 탁월성을 교인들에게 바로 보여주지 못했기 때문입니다. 장로교가 바로 전해지고 활동하여 국민정신을 이끌어 나가는 척추 역할을 하게 되면 그 사회는 반드시 민주주의가 발전하고 산업이 발달하게 됩니다. 그러므로 우리나라가 앞으로 부흥되려면 장로교 신앙이 제대로 커가야 한다고 생각합니다.

제가 속한 교단은 통합 교단인데 우리 목사, 장로님들도 장로교의 탁월성에 대해 잘 모르는 것 같습니다.

　얼마전에 장로님과 목사님들이 서로 한참 싸우길래 그 이유를 물어보았더니 교회에서 장로가 더 높으냐 목사가 더 높으냐를 가지고 싸우는 것이었습니다. 그것을 보니 얼마나 한심한 생각이 들던지요. 그래서 제가 "아이구 그렇게 싸울 게 없소? 진짜 도토리 키재기지. 높아 봐야 얼마나 더 높겠소?"라고 한 마디 해주었습니다.

　성경적으로 장로교의 전통을 잘 살리려면 '누가 더 낮은가'라는 문제로 다투어야 합니다. 예수님이 낮아졌듯이 장로가 더 낮아지려고 하고 목사가 더 낮아지려고 해야 합니다. 그렇게만 한다면 교회가 얼마나 은혜로워지고 바른 교회상을 제시할 수 있겠습니까?

　느헤미야서 8장에는 느헤미야가 말씀으로 그 백성들의 정신적, 도덕적인 면을 개혁한 사실과 이스라엘 민족의 영적인 기초를 닦는 얘기가 나옵니다.

> "또 저희에게 하나님의 선한 손이 나를 도우신 일과 왕이 내게 이른 말씀을 고하였더니 저희의 말이 일어나 건축하자 하고"(느 2:18)

　느헤미야가 전하는 하나님의 말씀을 듣고 예루살렘 백성들의 가슴은 뜨거워졌습니다.

　"일어나서 건축하자! 우리의 나라, 우리의 성을 그 누구에게 맡기겠는가? 우리의 나라, 우리의 성을 우리가 세우자!"

　이러한 역사를 현대 용어로 '의식화되었다'라고 합니다. 그 전에는 반목하고 타락하고 탄식하고 불평하던 백성들이었습니다. 그런데 하나님의 사람이 나타나 하나님의 말씀을 정확하고 분명하게 선포하였더니 그것이 그들의 가슴을 울리고 깨닫게 하여, 그들 스스로 "일어나 건축하자! 우리의 역사를 우리가 세우자"라고 합니다. 이것이 바로 의식화된 증거입니다.

학생들도, 민자당에서도 의식화라는 용어를 씁니다. 학생들이 말하는 의식화는 좌경화된 의식화, 즉 왼쪽으로 쏠린 의식화라 하고 민자당이 말하는 의식화는 우경화된 의식화, 즉 오른쪽으로 쏠린 의식화라고 합니다.

그러나 진정한 의식화는 누가 해야 합니까? 좌도 우도 아닌 진정한 우리 민족의 의식화는 교회가 맡아야 할 사명입니다. 그 의식화의 성공적인 예는 느헤미야의 경우에서 찾아볼 수 있습니다. 그러면 무엇으로만이 진정한 의식화가 가능합니까?

하나님의 말씀으로, 살아있고 운동력이 있는 하나님의 말씀으로만 가능합니다.

안타깝게도 한국 교회는 말씀의 운동력을 상실했습니다. 교회와 건물이 커지면서 운동성을 상실해버렸습니다. 말씀의 운동성은 대단히 중요한 것입니다. 이 시대 백성들의 아픔과 병을 고쳐줄 수 있는 것은 운동력있는 말씀뿐입니다.

느헤미야는 그 운동력 있는 말씀을 가지고 백성들을 뒤집어 놓았습니다. 하나님의 운동력 있는 말씀으로 백성들의 의식이 완전히 변화되었고 이전에는 불가능했던 일이 가능으로 바뀌어졌습니다. 이것이 개혁입니다.

저는 개인적으로 느헤미야 2장 17절에서 18절의 말씀과 관련이 있습니다. 제게는 아들이 둘 있는데 큰아들의 이름은 민혁(民革)이고 작은아들의 이름은 애민(愛民)이입니다. 바로 두 아들의 이름이 느헤미야에서 나온 것입니다.

여러 해 전, 제가 감옥살이할 때 몸이 아파서 음식을 제대로

비전있는 교회의 개혁운동

못 먹은 적이 있습니다. 이빨이 전부 흔들거리고 시큰거려서 콩을 씹을 수가 있어야죠. 그래서 끼니 때마다 콩을 내버리게 되었습니다. 그런데 끼니 때마다 콩을 전부 내버릴려니 아까운 생각이 들었습니다. 그래서 콩만 모두 골라 모아놓았습니다.

어느날 감옥의 쇠창살 밖을 보니 비둘기들이 한가로이 놀고 있었습니다. 그것을 보니 콩으로 비둘기들을 기르고 싶어졌습니다. 그래서 쇠창살 밖의 벽돌 위에 콩을 한줄로 죽 늘어놓고 몸을 가만히 숨기고 비둘기들이 오기를 기다렸습니다. 그랬더니 비둘기들이 와서 그 콩을 먹는 것이었습니다. 그 다음에는 콩을 방쪽으로 조금 더 끌어 당기고 내가 비둘기 쪽으로 조금 더 나갔습니다. 그러면서 비둘기에게 열심히 정성을 쏟았더니 나중에는 비둘기들이 저를 신뢰하게 되었습니다. 제가 옆에 서 있어도 비둘기들이 태평하게 콩을 먹고 노는 것이었습니다.

그중에 특히 한쌍의 비둘기가 저하고 아주 친해졌습니다. 손바닥에 콩을 얹어놓고 "구구"하고 부르면 저에게 날아와 손바닥에 있는 것을 평안하게 먹을 정도였습니다. 그 비둘기들이 손바닥에 있는 콩을 먹을 동안 제가 말을 걸었습니다.

"비둘기야, 내 대신 우리 교회 심방 좀 갔다올래? 아무개 집사, 병원에 갔다왔는지, 좀 알아다 주렴. 남편 비둘기는 목사하고 부인 비둘기는 여전도사나 사모님해서 심방 좀 갔다와 주렴."

그러면 비둘기들이 꼭 알아듣는 것처럼 제 말이 끝나자마자 "구구구구"합니다. 그러면 "아, 갔다 오겠다는 말이구나, 그럼 갔다오렴"하고 제가 보냅니다. 몇 시간 후에 성경 보다가 눈이 아프면 다시 일어나 비둘기를 불러 또 얘기합니다.

"비둘기야, 잘 다녀왔니?"

그런데 계속 "비둘기"라고 부르니까 어색한 느낌이 들었습니다. 이름을 지어주어야겠다고 생각했지요. 그래서 지은 수비둘기 이름이 '백성 민(民)'자, '고칠 혁(革)'자, 민혁입니다. 암비둘기는 여자 이름답게 '백성 민(民)'자, '사랑 애(愛)'자, 민애라고 지어주었습니다. 그리고 비둘기도 성이 있어야 하겠기에 제 성을 따라 '경주 김'씨를 붙여주며 그 비둘기들에게 말했습니다.

"우리 가정은 이제 세 식구다. 김진홍, 김민혁, 김민애"

제가 민혁이와 민애로 이름을 지은 이유가 있습니다. 그 당시 저는 건강이 아주 안 좋아, 살아서 나갈지도 의문이었습니다. 사람이 죽느냐 사느냐의 단계에 들어가면 본질적인 것을 생각하게 됩니다. 시시한 생각은 없어지고 가장 중요하고 핵심적인 것만 생각하게 됩니다. 그때 저는 '주님께서 제게 한번 더 기회를 주셔서 세상에 나갈 수 있도록 해준다면 어떻게 일생을 살아야 할까'를 곰곰히 생각하게 되었습니다.

그래서 그것의 결론이 '민애(民愛)'였던 것입니다. 백성들을 사랑하는 것입니다. 주님이 나를 위해서 십자가에 못박혀 죽기까지 사랑하셨으니 구원받은 나도 백성들을 사랑해야겠다고 생각했습니다.

한국 교회가 이 땅에서 해야 할 일이 '민애'입니다. 문제는 '어떻게 백성들을 사랑하는 것이 바로 사랑하는 것인가?' 하는 것입니다. 저는 빈민촌에서 밀가루도 갖다줘보고 병원도 데려가보고 하면서 열심히 구제를 해봤는데 구제라는 것이 문제가 있습니다. 반드시 함정이 따르기 마련입니다. 까딱 잘못하면 구제받는 사람들을 거지로 만들기 쉽고, 삐뚤어지게 하기 쉽고, 비굴하게 만들기 십상입니다. 그렇다고 구제를 안할 수도 없고 말입니다. '무엇을, 어떻게 하는 것이 백성들을 바로 사랑하는 길인가?' 하는 것이 문제입니다.

제 경험에 의하면 그 대답은 느헤미야 2장 18절 말씀에 있습니다. 백성들에게 주님의 말씀을 가르쳐주어야 거듭나게 하고, 깨닫게 하고, 자기 인생을 스스로 주님 앞에서 당당하게 살아나가도록 해주는 것입니다. 그것이 바로 '민혁(民革)' 입니다. 백성들을 바로 깨닫게 하는 것입니다. 백성들의 생각과 의식이 바뀌어져야 합니다. 이것이 '의식의 혁명' 입니다. 백성들과 함께 호미 들고 쇠스랑 들고 데모하자는 것이 아닙니다.

백성들의 생각이 바르게 바뀌어지고 의식의 혁명이 이루어지면 민주주의나 나라의 부강은 자연히 이루어지게 됩니다. 모든 문제의 해결은 말씀에 의한 의식의 혁신으로부터 되는 것입니다. 그것이 민혁입니다. 제가 이러한 생각을 늘 했기 때문에 비둘기 이름을 '민혁' 과 '민애' 로 지었던 것입니다. 그후 석방되고 지금까지 농민선교를 하면서도 늘 그 생각을 해왔습니다.

오늘 우리 국민들은 주님의 말씀 속에, 성령의 은혜 속에 아이가 자라듯 성장해야 합니다. 20년, 30년, 80년, 1백년의 긴 세월을 지나면서 성령의 능력으로 깨어나 하나님의 참 백성이 되어 이 시대의 역사를 이끌어가야 합니다. 그래서 세계의 다른 민족들이 앞을 다투어 "한국 땅에 예수님을 배우러 가자! 한국 땅에 진리를 배우러 가자!"하며 오도록 해야 합니다.

금강산을 구경하기 위해 오는 것이 아니고 기생관광하기 위해 오는 것이 아니란 말입니다.

말이 났으니 말입니다만 기생관광이라니, 이 얼마나 부끄러운 말입니까? 우리 한국의 딸들이 외국의 관광객들에게 돈을 벌기 위해 몸을 판다는 것이 될 일입니까? 일본 노동자들에게 제일 인기있는 것이 한국의 기생관광이라더군요.

한국 여성들을 옛날에는 정신대로 강제로 끌어가더니 이제는 돈으로 우리 누님들을, 동생들을 그렇게 유린합니다.

지난번 박정희 정권 때의 문교부장관이라고 하는 양반이 일본에 가서 이런 말을 한 적이 있습니다.

"우리 한국은 여성들도 달러를 벌어들여 애국을 하고 있습니다."

그것이 일본 신문에 났더군요. 소위 문교부장관이라 하는 자가 그런 말을 서슴없이 하다니, 정말 나라망신도 그런 망신이 없습니다.

우리 백성들이 똑똑하지 못하고 깨닫지 못하여 나라의 어른들이 그러고 다니는 것입니다. 우리 교회가 민애하고 민혁하여 백성들이 깨우치게 되고 주님을 섬기게 된다면 우매한 행동이 통할 리가 있겠습니까?

느헤미야의 개혁이 오늘날 우리 한국 교회에도 일어나 이 땅에 진정한 하나님의 뜻이 실현되기를 바랍니다.

3 비전있는 교회의 모습

"그러나 교회에서 네가 남을 가르치
기 위하여 깨달은 마음으로 다섯 마
디 말을 하는 것이 일만 마디 방언
으로 말하는 것보다 나으리라"

성령 세례

만일 너희 속에 하나님의 영이 거하시면 너희가 육신에 있지 아니하고 영에 있나니 누구든지 그리스도의 영이 없으면 그리스도의 사람이 아니라 또 그리스도께서 너희 안에 계시면 몸은 죄로 인하여 죽은 것이나 영은 의를 인하여 산 것이니라 (롬 8:9~11)

누구든지 그리스도의 영이 없으면 그리스도의 사람이 아니라고 했습니다. 여기서 '그리스도의 영'이란 '성령'을 뜻하는 것입니다. 성령 안에 있지 않으면 그리스도인이 아니라는 말입니다. 예수님을 믿는 자, 즉 그리스도인이라는 말은 그리스도의 영, 성령께서 우리 속에 계시다는 뜻입니다. 성령을 받지 않았다면 그리스도인이 아닌 것입니다. 이것은 매우 중요한 사실입니다. '그리스도인이냐, 아니냐?'의 기준은 '성령을 받았느냐, 못 받았느냐?'에 있습니다. 로마서 8장 9절부터의 말씀은 이 사실을 잘 말해주고 있습니다. 성령이 우리 가운데 거하여야만 그리스도인이 된다는 말씀입니다.

성령문제에 대해서 혼선과 오해가 많기 때문에 저는 성령님에 대한 성경상의 가장 기초적인 애기를 하고자 합니다. 신앙생활에는 기초가 매우 중요합니다. 공부함에 있어서도 석사가 되든, 박사가 되든 가장 중요한 사실은, 기초부터 시작해야 한다는 것입니다. 석사가 되든 박사가 되든 반드시 국민학교에서 기역 니은부터 시작하지 않으면 안 되는 것과 마찬가지로 신앙생활도 기초가 제대로 닦여 있지 않으면 위로 올라갈 수가 없습니다. 우리가 성령충만한 체험과 증거를 사모하기 전에, 먼저 점검해야 할 일은 기초문제, 즉 '내가 도대체 성령을 받은 사람인가, 못 받은 사람인가?' 부터 확인하는 것입니다.

이 문제는 성경말씀을 통하여 확실히 알 수 있는 부분인데도 우리는 대수롭지 않게 여기고 그냥 넘어갑니다. 특별히 장로교 교인들이나 감리교 교인들이 이 점에 대해 퍽 애매한 생각을 가지고 있는 것 같습니다. 실컷 믿어놓고 무엇을 믿었는지 잘 모릅니다.

마치 밤새 울어놓고 "뉘 죽었노?"하는 것과 같습니다. 초상집에 가서 모두 우니까 덩달아 같이 울어놓고, 새벽이 되어 목은 쉬었는데 "누가 죽어서 우리가 울고 있지?"하고 묻는다는 것이지요. 10년, 20십년, 신앙생활을 한 뒤에, '내가 뭘 믿는가? 성령을 받았는가, 못 받았는가?' 아리송하기만 하고, 누가 옆에 와서 "당신은 거듭났습니까?"하고 옆구리라도 콱 찌르면 가슴이 철렁해서 "글쎄요"하며 확신하지를 못합니다.

제가 어떤 권사님에게 이런 질문을 한 적이 있습니다.

"권사님은 예수님의 피 공로로 죄사함 받았음을 믿습니까?"

"아이고, 목사님. 제가 아직도 부족해서요. 믿도록 힘써야지요."

이러한 것은 참으로 골치 아픈 문제입니다. 이것은 세례받을 때에 다 해결이 되었어야 할 문제입니다. 교회에서 권사라는 직책은 꽤 비중있는 자리인데 아직도 죄사함을 받았는지, 안 받았는지조차 모른다는 것은 심각한 문제입니다. "힘써야지요" 라고 대답하는 것은 성의는 있어서 좋을지 모르지만, 학습교인의 수준만도 못한 것입니다. 세례교인 같으면 당연히 "예, 믿습니다. 저는 부족하지만 예수님께서 이미 십자가에 흘려놓으신, 그 피 공로를 믿음으로 구원을 받았지요"라고 해야 할 것입니다. 저는 이 문제에 대해서 우리 모두가 다시 한번 진지하게 살펴보아야 한다고 생각합니다.

우리가 성령님에 대한 이해를 바로잡기 위해 꼭 읽어야 할 말씀이 신약성서에 세 군데 나와 있습니다.

첫번째는 고린도전서 12장에서 16장까지, 두번째는 요한복음 14장에서 17장까지, 그리고 세번째는 로마서 8장입니다.

먼저 고린도전서의 말씀부터 살펴보겠습니다.

> "형제들아 신령한 것에 대하여는 내가 너희의 알지 못하기를 원치 아니하노니"(고전 12:1)

바울은 '신령한 것'들에 대해서 알아야 한다고 말합니다. 신령한 것, 영적인 생활이란 어떠한 것을 말합니까? 그것은 성령 안에 사는 생활을 뜻합니다. 우리 신앙인들은 신령한 체험, 은사, 열매 등 신령한 것들에 대해서 알아야 합니다. 우리 속담에 '알기는 쉬워도 행하기는 어렵다'라는 말이 있지요. 그런데 신앙적으로는 그 말이 맞지 않습니다. '행하기는 쉬워도 알기는 어렵다'가 신앙적으로 맞습니다. 먼저 바로 알아야 합니다. 영적인 일에 바로 알지 못하고 서두르면 열매가 없습니다. 애는 썼는데도 거룩한 열매가 없습니다. 바로 알고 믿어야 빛나

가지 않고 열매를 거두게 됩니다.

　다음의 말씀은 매우 중요합니다. 이 말씀은 자신이 성령받은 사람인지, 아닌지를 분명히 알게 해줍니다.

> "그러므로 내가 너희에게 알게 하노니 하나님의 영으로 말하는 자는 누구든지 예수를 저주할 자라 하지 않고 또 성령으로 아니하고는 누구든지 예수를 주시라 할 수 없느니라"
> (고전 12:3)

　기독교 신앙에 있어서 '그러므로'란 말은 아주 중요합니다. 불교나 유교에서는 '그러므로'가 없습니다. 기독교에서만 가지는 특별한 단어가 '그러므로'입니다. '그러므로' 앞에 신앙고백의 내용이 먼저 나타납니다. 예수님께서 내 죄로 인하여 십자가에 죽으셨으므로, '그러므로'입니다. '그러므로' 앞에 우리의 신앙고백이 있어야만 비로소 거듭난 그리스도인입니다.

　거듭났다(born again)는 말은 구원받았다, 중생했다, 새로 태어났다 등 다른 여러가지 표현으로도 쓰이지요. 그 거듭난 신앙인의 고백은 항상 '그러므로' 앞에 나오기 마련입니다. 주님이 나를 위해서 죽으시고 묻히시고 부활하셨으므로, 부활하신 주님께서 성령님을 보내셔서 내가 성령 안에서 날마다 살고 있으므로, '그러므로'입니다. 그래서 기독교를 '그러므로'의 종교라고도 부릅니다.

　'하나님의 영으로', 하나님의 영은 누구를 가리킵니까? 바로 성령을 의미합니다. 그리스도의 영, 하나님의 영, 거룩한 영이라고도 하지요.

　'또 성령으로 아니하고는 누구든지 예수를 주시라 할 수 없

느니라'

　이 말씀은, 마음으로 믿고 그 믿는 바를 입으로 시인할 수 있다는 것이 바로 성령이 나에게 임하신 증거라는 뜻입니다. 대단히 중요한 말씀입니다. 성령을 받았느냐, 못 받았느냐를 확인할 수 있는 말씀입니다. 내가 예수님을, 죄와 죽음과 심판에서 나를 구원하신 내 영혼의 주인으로 믿고 시인하는 것, 바로 그것이 성령을 받았다는 증거입니다.

　만약 내가 예수를 나의 구주로 고백할 수 없다면, 중생하여 성령받은 성도의 자리까지 나아가지 못한 것입니다. 교인과 그리스도인은 구별되어야 합니다. 처음 교회에 발을 들여놔도 등록만 하면 교인이 됩니다. 그러나 그리스도인이란 영적으로 거듭난 성령이 함께 하시는 사람을 말합니다. '예수께서 나를 죄와 죽음과 심판에서 구원하신 구주이시다' 라는 사실을 마음으로 믿고 입으로 시인하는 것, 그것이 바로 성령받은 그리스도인이라는 증거입니다.

　저희 교회 여성도님 두분이 지난 여름, 서울의 어떤 기도원에서 하는 은사집회에 갔다 왔습니다. 같이 간 성도님 중, 교회 다닌 지 얼마 안된 분이 첫날 저녁에 방언은사를 받았습니다. 그런데 그 자매님을 데리고 갔던 여집사님은 마지막 날까지 방언은사를 받기 위해 소나무까지 붙들어가며 그렇게 간구를 했는데도 결국 받지 못하고 낙심천만하여 저를 찾아왔습니다.

　"목사님, 저는 예수를 헛믿었나봐요."

　"아니, 무슨 얘기예요? 그간에 신앙생활 잘 해서 집사까지 됐는데 예수를 헛믿었다니요?"

　"성령도 못 받은 걸요."

“예? 왜 성령을 못 받았어요?”

“방언을 못하니 성령을 못 받은 거지요.”

그래서 좀 이상한 말이라고 생각했지요. 방언은사는 물론 귀중한 것입니다. 그러나 방언을 못 받았다고 해서 성령을 못 받았다고 한다면, 이것은 성경에서 빗나가는 얘기입니다.

“아니, 방언은사를 못 받았다고 해서 곧 성령을 못 받았다고 하는 것은 성경적이 아닌데요.”

“이번 집회에서 강사님이 그랬는걸요, 강아지 외에는 다 방언한대요. 방언 못하면 성령 못 받는 거래요.”

“글쎄, 강아지는 다 방언하는가 몰라도 성도는 다 방언하는 게 아닌데…. 강아지는 강아지의 방언을 다 하겠지만 예수 믿는 사람이라고 다 방언하는 건 아니지요.”

“강사님이 그러시던데요?”

“강사, 강사하지 마소, 나도 나가면 강사인데, 왜 자꾸 다른 강사만 내세우시오?”

“목사님, 분명히 강사님이 첫 시간에 방언 못하는 사람은 성령 못 받은 거니까, 그리 알고 이번 집회 때 목숨걸고 방언받아야 한다고 그랬습니다. 그래서 제가 방언하려고 마지막 날까지 그렇게 솔숲에 엎드려서 애를 썼어요. 믿은 지 몇달 안 되는 아무개 엄마는 첫날 저녁을 방언을 받던데, 나는 마지막 날까지 어릴 때 죄부터 시작하여 기억 안 나는 죄까지 기억할려고 하며, 그렇게 애를 쓰고 회개했는데도 못 받았으니 나는 구원에서 제외됐나보다 하는 생각이 들 수밖에요.”

“그건, 강사님이 방언시킬려고 애쓰다보니 조금 빗나갔구먼요.”

이런 것을 '내가복음' 이라고 합니다. 누가복음도, 마가복음도 아니고 내가 생각하는 대로 가르치는 복음이지요. 성경에 있는 복음이 아니란 말입니다. 고린도전서나 사도행전을 보면 분명히 방언은사에 대해 나와 있습니다. 방언은사는 자기의 신앙생활에 덕을 끼친다고 분명히 나와 있습니다.

"방언을 말하는 자는 자기의 덕을 세우고"(고전 14:4)

방언은 방언하는 사람의 믿음에 덕을 세웁니다. 예를 들어서 믿음에 의심이 많고 확증이 없던 사람이 방언은사를 받게 되면 하나님의 살아계심을 확실히 믿게 됩니다. 그러니 '자기의 덕을 세우고' 라고 했지요.

"나는 너희가 다 방언 말하기를 원하나 특별히 예언하기를
원하노라 방언을 말하는 자가 만일 교회의 덕을 세우기 위하
여 통역하지 아니하면 예언하는 자만 못하니라"(고전 14:5)

사도 바울은 고린도 교회 성도들이 다 방언을 했으면 좋겠다고 했습니다.

"내가 너희 모든 사람보다 방언을 더 말하므로 하나님께 감
사하노라"(고전 14:18)

사도 바울은 방언기도를 깊이 했고 또 그것에 대해 자부심을 가지고 있었습니다. 내가 너희보다 방언을 더 말하기 때문에 감사한다고 했습니다. 그런데 중요한 것은 다음의 말씀입니다.

다른 사람의 영혼을 구원하기 위하여, 주님의 영광을 나타내
기 위하여 깨달은 마음으로 다섯 마디 말하는 것이 밤새도록
방언하는 것보다 더 중요하다고 했습니다. 그러면 ‘그리스도인
이면 다 방언해야 하는가, 방언을 못하면 성령을 못 받은 것인
가?’ 라는 문제가 대두됩니다. 그것에 대한 대답은 다음의 말씀
에 나와 있습니다.

분명히 위 말씀에는 다 방언하는 것이 아니고 다 병 고치는
것이 아니라고 했습니다. 성령께서 친히 각자각자를 은사에 따
라 교회의 다른 지체로 세웠습니다. 그중에 제일 큰 은사는 무
엇이라고 했습니까? 사도 바울은 고린도전서 13장에서 ‘사랑’
이라고 했습니다. 사랑의 은사가 모든 은사를 전부 커버
(cover)하는 최고의 은사라고 했습니다. 이렇게 볼 때 방언을
다 해야 한다는 것은 비성경적입니다. 방언 못 받은 것을 성령
못 받은 것으로 단정해버리는 것은 결국 ‘내가복음’ 일 수밖에

없습니다.

또 이런 분들이 있습니다. 방언받은 사람들이 오히려 교회에서 역기능을 하게 되니까 방언은사에 대해 너무 부정적으로 얘기하는 분들이 있습니다.

"방언은사는 필요없는 거다. 그건 사도행전 시대에나 있었던 것이지, 현대에 무슨 방언이 있느냐? 그건 다 헛소리다."

저는 이러한 의견에도 반대합니다. 자신은 방언은사를 못 받았을지라도 다른 성도님들이 방언하는 것을 존중해주고 인정해주어야지, 필요없는 것이라고 단정하는 것은 좀 지나친 생각이 아닌가 합니다. 그런 것을 가리켜 '지가복음'이라 부릅니다.

자기가 생각하는 것이지, 성경에서 말씀하시는 것이 아니기 때문입니다. 자기의 비위에 안 맞더라도, 성경에 있는 것이면 순수하게 인정해야 합당하다고 생각합니다.

방언에 대한 목회자의 부정적인 시각 때문에 성도님들 중에 상처를 받는 분들이 있습니다. 성도님들은 은사집회나 기도원에 가서 방언은사를 받아, 믿음도 확실해지고 덕도 세우고 있는데, 목사님들은 강대상에서 "그건 쓸데없는 것입니다. 잘못되면 큰일나니 방언하지 마십시요"하면서 자꾸 부담을 줍니다. 방언은사를 통해 시련을 이겨나가고 마음에 평화도 얻고 있는데, 본 교회에서 무턱대고 부정적인 태도를 보이면 마음 약한 성도님들은 상처를 받을 수밖에 없습니다. 그래서 교회를 옮기는 경우도 많습니다.

특히 장로교에서는 방언은사에 대해 못마땅하게 생각하며 방언하는 교인들을 나무라니까 할 수 없이 순복음교회로 옮기는 분들도 있습니다. 순복음교회에서는 방언을 권장하고 환영하므로 그리로 옮기긴 옮겼는데, 장로교에서만 자란 분이 그런 곳에서 적응하기란 여간 어렵지 않습니다.

어찌나 도깨비시장 같은지, 예배시간이 꼭 동대문시장에 온 것 같고, 통성기도하면 골치가 지끈지끈 아프고, '참, 별난 성령도 다 있다' 싶습니다. 그래서 생각 외로 여기도 못 가고 저기도 못 가는 엉거주춤한 교인들이 많습니다. 이 방언문제에 대해서는, 성경에 있는 대로 순수하게 받아들였으면 좋겠습니다. 순복음교회에서는 방언은사에 대해 너무 지나치게 강조하는 경향이 있습니다.

한번은 제가 순복음교회에서 방언을 연습시키는 장면을 보았습니다. "방언은사를 받기 원하는 분, 다 이리로 오십시요"하더니 사람들을 한줄로 죽 세워놓고는 사회하는 분이 마이크를 입에 딱 갖다 댑니다. 그리고 손바닥으로 강대상을 '탕탕탕탕' 치면서 할렐루야를 수십번 반복합니다. 마이크로 한껏 열을 올리면서 수백명이 "할렐루야, 할렐루야"하는 소리를 급하게 지르니까 꼭 개구리 울음소리 같더군요. "할렐루야, 할렐루야, 할렐루야"하며 수십번, 수백번 반복하니까 나중에는 혀가 뻣뻣해집니다. 그러다 "어어어"하니까 "아, 할렐루야! 받았습니다. 귀한 은사를 받았으니 감사헌금 내야지요"하며 헌금 바구니를 돌리더군요.

그것을 보고 제 마음 속에 '야 참, 떼 병신 났구나, 떼 병신 났어!'하는 한심한 생각이 들었습니다. 은사를 연습해서 받는다는 그 발상 자체가 벌써 이상합니다.

성령의 '은사'라는 말을 영어로는 '기프트'(gift)라고 합니다. 거져주시는 선물이란 말이지요. 하나님으로부터 받는 선물을 연습해서 받는다는 것은 그야말로 어불성설(語不成說)입니다. '연습하라'는 말씀은 디모데전서에 있습니다. '경건에 이르기를 연습하라', 경건한 생활, 경건한 삶은 연습해야 되지만 은사는 연습하는 것이 아닙니다. 주시는 것을 그냥 감사하는 마음으로 받으면 되는 것입니다.

지도자들이 그것을 연습해서 받을 수 있다고 가르치는 것은 성도들을 오도하는 것입니다. 그것은 성경의 기본적인 말씀에 대해 지도자들이 무지한 탓입니다. 그것은 사람의 열심이 하나님의 말씀보다 지나쳐버렸기 때문입니다. 사람의 열심이 말씀보다 정도가 지나치면 무엇인가 잘못에 처할 위험이 따릅니다.

이스라엘 백성들이 하나님을 섬기고자 하는 열심은 대단했지만 그 열심이 그만 하나님의 뜻보다 앞서버렸습니다. 그래서 이스라엘 백성들은 지금까지도 복음을 알지 못하고, 아직도 메시야가 오시길 기다리고 있습니다. 오신 지가 이미 2000년이 지났는데,. 지금도 열심을 가지고 간절히 기다리고 있습니다. 그들이 지금도 깨닫지 못하는 이유는 하나님의 속생각은 제쳐놓고 자기들의 열심으로만 하기 때문입니다. 무엇인가 뜨거운 것 같고 굉장한 것 같은데, 세월이 가도 아무런 열매가 없습니다.

> "형제들아 내 마음에 원하는 바와 하나님께 구하는 바는 이
> 스라엘을 위함이니 곧 저희로 구원을 얻게 함이라"(롬 10:1)

사도 바울이 자기 민족, 이스라엘의 구원을 위해서 간절한 마음으로 얘기하고 있습니다. 사도 바울은 애국자였습니다. 자기 민족이 구원받기를 간절히 염원했습니다. 그런데 이스라엘 민족은 목이 곧아서 하나님의 뜻을 저버리고 자기들의 고집대로만 열심을 냈습니다.

　　"내가 증거하노니 저희가 하나님께 열심이 있으나 지식을
　　좇은 것이 아니라" (롬 10:2)

　'하나님께 열심이 있으나' 라고 했습니다. 이스라엘 사람들의
열심은 대단합니다. 안식일 잘 지키고, 십일조 잘 내고, 금식
기도 잘하고, 하여튼 굉장합니다. 그러나 '저희가 열심이 있으
나 지식을 좇은 것이 아니라'고 했습니다. 무슨 지식입니까?
우리 영혼을 구원에 이르게 하는, 하나님께서 주신 지식을 말
합니다. 바로 그러한 지식을 좇은 것이 아니라고 했습니다.

　　"하나님의 의를 모르고 자기 의를 세우려고 힘써 하나님의
　　의를 복종치 아니하였느니라" (롬 10:3)

　우리가 신앙생활을 시작할 때 성서에 입각하여 바른길로 들
어가야지, 우리의 열심을 너무 앞세우면 처음에는 뭔가 받은
신앙인 듯하다가 10년, 20년 세월이 지날수록 별것 아닌 것으
로 여겨집니다. 참은혜는, 처음 받을 때는 별것 아닌 것 같아
도, 세월이 지날수록 참맛이 나고 깊어지는 것입니다. 가짜일
수록 처음에는 요란합니다. 항상 가짜는 진짜보다 더 진짜 같
고 진짜는 가짜 같이 보입니다.
　제가 살고 있는 우리 남양만에는 두레마을 농장이 있습니다.
그곳 뒷산에는 제가 기도하는 장소가 한군데 있는데, 그 산을
오르락내리락 하노라면 버섯이 많이 눈에 띕니다. 저는 버섯에
대해서 별로 아는 바가 없지만 진짜인지, 가짜인지는 금방 알
수 있습니다. 빛깔이 좋고 화려한 버섯은 가짜입니다. 보기에
아주 좋으면 '아아, 이건 독이 있는 거로구나' 라고 생각하면

됩니다. 그러나 수수하면서, 아주 볼품없이 보이는 버섯은 우리 몸에 좋은 것입니다. 진짜는 대개 처음에는 시시하게 보이고 별것 아닌 것처럼 보입니다.

처음에는 시들하게 시작되지만, 세월이 갈수록 기쁨과 은혜가 충만해지는 참믿음을 우리는 처음 믿을 때부터 잘 분별해야 합니다.

누가복음 11장을 보면 '성령을 받지 못한 분들은 어떻게 해야 할 것인가?'에 대한 대답이 나와 있습니다. 성령을 받지 못했다고 하여 "아이고, 나는 구원도 못 받고 이제는 희망이 없구나"하며 낙심해버리면 안 됩니다. 그것은 영적인 자세가 아닙니다.

"내가 또 너희에게 이르노니 구하라 그러면 너희에게 주실 것이요 찾으라 그러면 찾을 것이요 문을 두드리라 그러면 너희에게 열릴 것이니 구하는 이마다 받을 것이요 찾는 이가 찾을 것이요 두드리는 이에게 열릴 것이니라 너희 중에 아비된 자 누가 아들이 생선을 달라 하면 생선 대신에 뱀을 주며 알을 달라 하면 전갈을 주겠느냐 너희가 악할지라도 좋은 것을 자식에게 줄 줄 알거든 하물며 너희 천부께서 구하는 자에게 성령을 주시지 않겠느냐 하시니라"(눅 11:9~13)

'너희가 악할지라도', 즉 너희가 시원찮은 사람일지라도, 자식이 달라 하면 좋은 것을 줄 줄 안다고 했습니다.

'하물며', 하물며가 무슨 뜻입니까? 두말할 것도 없다는 얘기지요. '하물며 너희 하늘에 계신 아버지께서 구하는 자에게 성령을 주시지 않을 까닭이 있겠느냐?' 하는 것입니다. 성령은 구하는 자에게 임합니다. 확신을 가지고 말씀을 믿어야 합니다.

말씀, 약속의 말씀을 신뢰해야지, 자기 체험이나 느낌을 신
뢰해서는 안 됩니다. 자기 체험은 변합니다. 별난 꿈을 꿔놓고
성령의 계시를 받았다고 하는 사람들이 있습니다. 자기 체험을
너무 내세우다가 시험드는 사람이 많습니다. 자기가 느꼈든지
못 느꼈든지 간에 약속의 말씀을 신뢰하는 것이 신앙생활에 있
어서 가장 중요합니다. 성경말씀에, 구하는 자에게 성령을 주
신다고 했습니다. 이 말씀을 의심없이 믿어버리십시오. 그것이
신앙의 기초입니다.

성령세례를 받았다는 증거는 예수님을 구주로 믿고 시인하는
것입니다. 그러나 성령세례 외에 '성령충만'이란 것이 또 있습
니다. 성령세례와 성령충만 사이에는 차이점이 있습니다. 우리
성도님들 중에는 성령충만하지 못한 것을 성령세례 받지 못한
것으로 오해하는 분들이 많은 것 같습니다. 성령세례를 받은
후 성령충만한 자리에까지 이르려면 세월이 필요합니다. 어떤
분들에게는 5년이, 어떤 분들에게는 10년이 걸릴 수가 있습니
다. 사람마다 다르고 교회마다 다른 것입니다.

성령세례를 받아 예수님을 구주로 고백하고 구원받은 확신을
갖게 되어 성도로서 신앙골격을 갖추고 있음에도 불구하고, 성
령충만한 데까지 나아가는 사람은 많지 않습니다. 성령충만을
받으려면 열심히 기도하면서 기다려야 합니다. 성령충만하지
못한 것을 너무 지나치게 해석하여 성령세례를 받지 못한 것으
로 착각하면 곤란합니다.

다음의 말씀을 살펴보면 그 점이 확실히 드러납니다.

"내가 아버지께 구하겠으니 그가 또 다른 보혜사를 너희에
게 주사 영원토록 너희와 함께 있게 하시리니"(요 14:16)

비전있는 교회

예수께서 아버지께로 가서 다른 보혜사를 보내도록 하시겠다고 말씀하십니다. 보혜사는 누구를 가리킵니까? 보혜사는 성령의 별명입니다. 보혜사 성령의 역할에는 다음의 3가지가 있습니다.

첫째, 보혜사 성령께서는 가르치시고 생각나게 하시는 역할을 합니다.

> "보혜사 곧 내 아버지께서 내 이름으로 보내실 성령 그가 너희에게 모든 것을 가르치시고 내가 너희에게 말한 모든 것을 생각나게 하시리라"(요 14:26)

보혜사 성령을 가정교사로 번역하는 사람도 있습니다. 모든 것을 가르쳐주시는 분이 바로 보혜사 성령입니다. 학벌이 중요한 것이 아니라, 보혜사 성령이 깨우쳐주시는 지혜가 중요한 것입니다.

신학교 후배들이나 교회 청년들이 가끔 저에게 이런 상담을 해옵니다.

"어떤 사람하고 결혼해야 되겠습니까? 한 사람은 대학 출신이고 한 사람은 고등학교 출신인데…." 이런저런 점을 비교하면서 "목사님, 어떤 여자가 저하고 맞을까요?"하고 묻습니다.

그러면 저는, "학력은 잊어버려라. 보혜사 성령님이 주시는 지혜가 있는 사람이어야 한다"라고 대답해줍니다.

그러면 보혜사 성령의 지혜는 어떤 사람에게 주십니까? 첫번째는 경건한 생활, 기도생활, 말씀묵상하는 생활을 하는 사람에게 주십니다. 그리고 두번째는 자기 신앙고백을 항상 실천하는 사람에게 주십니다.

두 가지를 긴 세월에 걸쳐 충실하게 하는 것이 중요합니다. 은혜받고 확 뒤집어졌다, 충만해졌다 하는 것을 너무 내세우면 안 됩니다. 오히려 그런 것은 조심해야 할 사항입니다. 우리 신앙생활에는 긴 세월이 중요합니다. 어려서부터 경건한 생활 가운데서 교육받고 자라온 세월이 중요한 것입니다. 이것이 보혜사 성령의 지혜를 받기 위한 중요한 요소입니다. 갑자기 성령받고 은혜가 쏟아진다고 하는 것은 변하기 쉽습니다. 어릴 때부터 꾸준히 성숙해나가는 신앙의 과정이 중요한 것입니다.

둘째, 보혜사 성령께서는 죄에 대하여, 의에 대하여, 심판에 대하여, 세상을 책망하시는 역할을 합니다.

> "그러하나 내가 너희에게 실상을 말하노니 내가 떠나가는 것이 너희에게 유익이라 내가 떠나가지 아니하면 보혜사가 너희에게로 오시지 아니할 것이요 가면 내가 그를 너희에게로 보내리니 그가 와서 죄에 대하여, 의에 대하여, 심판에 대하여 세상을 책망하시리라"(요 16:7~8)

우리가 죄를 지으면 마음에 죄책감이 생기지요. '아, 잘못했구나, 내가 또 가룟유다의 역할을 했구나'라고 생각하게 하는 것은 보혜사 성령의 역할입니다. 그럴 때는 어떻게 해야 합니까? 예수 그리스도의 이름으로 자백기도를 해야 합니다. 자백기도를 하면 죄를 사해주신다고 요한일서 1장 9절 말씀에서 약속하셨습니다. 성도가 죄를 범했을 때 자백기도를 하도록 책망하시는 분이 바로 보혜사 성령인 것입니다.

셋째, 보혜사 성령께서는 우리의 연약함을 도우시는 역할을 합니다.

“이와 같이 성령도 우리 연약함을 도우시나니 우리가 마땅
히 빌 바를 알지 못하나 오직 성령이 말할 수 없는 탄식으로
우리를 위하여 친히 간구하시느니라”(롬 8:26)

마음은 원하는데 육신이 약할 때, 영적으로 불순종하게 되어
흔들리고 넘어질 때 보혜사 성령께서 도와주십니다. 말할 수
없는 탄식으로 우리를 위해 친히 간구하신다고 합니다. 우리가
시험에 들고 약할 때에 보혜사 성령님의 도우심을 구해야 합니
다.

“내가 아버지께 구하겠으니 그가 또 다른 보혜사를 너희에
게 주사 영원토록 너희와 함께 있게 하시리니”(요 14:16)

보혜사 성령님의 특징이 무엇입니까? 그것은 영원토록 우리
와 함께 계시는 것입니다. 신앙인들이 성령님에 대해서 잘못
인식하기 쉬운 부분이 바로 이 부분입니다. 기분이 좋을 때에
는 보혜사 성령님이 나와 같이 계시고 낙심하고 짜증날 때는
보혜사 성령님이 나에게서 떠난 것으로 오해합니다.
아침에 나올 때는 성령님이 같이 계셨는데 몇번 친구 흉보고
짜증내고 했더니 보혜사 성령님이 가버리신 걸로 착각합니다.
그러나 ‘영원토록 너희와 함께 있게 하시리라’는 그 말씀을 그
대로 믿으십시오. ‘아멘’으로 믿어야 합니다. 슬플 때나 기쁠
때나 보혜사 성령님이 우리와 함께 영원토록 계시다는 것을 인
정하고 믿어야 합니다.

“저는 진리의 영이라”(요 14:17)

보혜사 성령은 진리의 영입니다. 그래서 성령받은 사람들은 진실해야 합니다. 보혜사 성령님은 거짓의 영이 아니라 진리의 영이기 때문입니다.

> "세상은 능히 저를 받지 못하나니 이는 저를 보지도 못하고 알지도 못함이라 그러나 너희는 저를 아나니 저는 너희와 함께 거하심이요 또 너희 속에 계시겠음이라"(요 14:17)

우리가 어떻게 성령을 알 수 있습니까? 그것은 성령께서 우리와 함께 하시며 우리 속에 거하심으로 알 수 있습니다. 위 말씀에서는 두 가지 중요한 사실을 언급하고 있습니다. 즉 성령께서 우리와 함께 하시고 우리 속에 거하신다는 사실입니다.

영어 성경에서는 '너희와 함께 계시는 성령'을 'Holy Spirit upon you', 혹은 'Holy Spirit with you'로, '너희 속에 계시는 성령'을 'Holy Spirit in you'라고 했습니다. 이것은 성령님을 이해하는 데 있어서 매우 중요한 말씀입니다. 너희 속에 계시는 성령을 '성령의 내적인 역사'라 하고 너희와 함께 계시는 성령을 '성령의 외적인 권능'이라고 합니다.

그러면 성령의 내적인 역사란 무엇을 말합니까?

> "오직 성령의 열매는 사랑과 희락과 화평과 오래 참음과 자비와 양선과 충성과 온유와 절제니 이같은 것을 금지할 법이 없느니라"(갈 5:22~23)

한국 교회 목회자들에게는 한 가지 병이 있습니다. 바로 '교회성장병'이란 것입니다. 해마다 '배가운동, 배가운동' 하면서 교회가 커지는 것에만 신경을 쓰지, 이미 있는 교인들의 영적인 성숙에 대해서는 등한시합니다. 그래서 교인 수는 5백명, 1천명, 2천명, 자꾸 늘어나는데, 교인들 각자는 영적으로 만족해하질 못합니다.

교인 수는 늘어나고 건물은 비대해지고 할 일은 점점 불어나는데도 교인들은 영적인 기근이 들어 골골해집니다. 교인들이 영적으로 점점 메말라가고 있습니다. 그러니까 교회 안에 시비가 생기고 원망이 생기고 문제가 터집니다. 영적인 성숙을 가져오는 성령의 열매는 등한시하고 외적인 권능, 외적으로 커지는 것만 생각했기 때문입니다. 그렇다면 성령의 열매에는 어떤 것들이 있을까요?

첫번째 열매는 '사랑'입니다. 사랑에서 시작해서 절제로 끝나는 성령의 열매는 9가지입니다. 고린도전서 12장에는 성령의 은사가 나오는데, 성령의 은사는 지혜의 은사로 시작해서 사랑으로 끝납니다. 성령의 열매는 사랑에서 시작해서 절제로 끝나는데 성령의 은사는 지혜에서 시작해서 사랑으로 끝이 납니다. 하지만 성령의 열매든지, 성령의 은사든지, 결국은 전부 사랑을 말하고 있습니다.

두번째 열매는 '희락'입니다. 희락은 영어로 기쁘다는 뜻의 '조이'(joy)입니다. 기쁘다는 것이 바로 희락입니다. 예배드리고 난 뒤에 마음이 시원한 것도 성령의 기쁨의 열매가 맺어졌기 때문입니다. 은혜를 받은 것입니다. 그래서 기쁨이라는 말과 은혜란 말이 성경 원전에서는 같은 단어입니다. 헬라어로 기쁨도, 은혜도 '카라'($\chi\alpha\rho\alpha$)입니다. 그래서 신앙생활은 항상 기쁘게 해야 합니다. 예수 믿는 것이 기뻐야 합니다. 이것이 성령의 열매입니다. 예수 믿는 것이 짜증나고 지겨우면 무엇인가 이상이 있는 것입니다. 기쁨의 열매가 없는 것입니다.

비전있는 교회의 모습

세번째 열매는 '화평'입니다. 화평은 히브리어로 '샬롬'이라고 하는데 이 말은 기독교 성경에만 나오는 단어입니다. 어떤 종교, 어떤 철학에도 이 '샬롬'이라는 단어는 찾아볼 수 없습니다. 기독교 복음만이 가지는 특별한 단어가 바로 '샬롬'입니다.

화평은 두 가지 조건이 있어야 이루어집니다. 우선 하나님과 나 사이에 있는 죄의 문제가 해결되어야 합니다. 하나님과 나 사이에 죄가 들어 있으면 샬롬이 사라집니다. 또한 인간관계가 원만히 해결되어야 샬롬이 옵니다. 부부가 서로 미워하면 그 가정에 화평이 없습니다. 교인 중에는 자기가 싫어하는 사람이 옆에 앉으면 기도가 잘 안된다는 분들이 간혹 있습니다.

언제인가 제가 설교할 때 별로 좋아하지 않는 사람이 앞자리에 앉은 걸 보고 설교내용을 갑자기 잊어버린 적이 있습니다. 저는 항상 원고 없이 설교를 하거든요.

그 사람은 오래전에 저에게 아주 수모를 주었던 분이었습니다. 예전에 제가 어떤 식당에서 그분을 만나 "김진홍 목사입니다"하고 인사를 했더니 그 양반이 고개를 돌리고 인사를 안 받아주는 것이었습니다. 그래서 제가 이상하다고 생각하며 두번째 정식으로 인사를 했습니다. "제가 김진홍 목사입니다. 인사드립니다" 그랬는데도 영 못들은 체 하는 것이예요. 그래서 제가 옛날에 좀 놀던 기질이 있어 단번에 나쁜 소리가 나오려는 것을 간신히 참았습니다. 그 자리에서 그냥 가만히 물러섰었는데, 이것이 제 마음에 계속 응어리가 졌었던가 봅니다.

그러한 일이 있은 후 어떤 도시에 초청을 받아 갔었는데, 막상 가서 보니 저를 초청한 대표가 바로 그 어른이었습니다. 처음부터 제가 이 사실을 알았다면 아마 가지 않았을 것입니다.

설교를 시작하는데 하필 그 어른이 제일 앞자리에 앉아서 듣는 것이었어요. 옛날의 그일이 자꾸만 걸려서 도무지 설교가 제대로 되지 않았습니다. 그래서 마음 속으로 이렇게 기도했습니다. '주님, 제가 저 어른에게 화났던 것을 풀어주시든지, 아니면 저 양반이 좀 나가도록 해주십시오' 그런데 기도하고 10초나 15초쯤 지나자 그 양반이 슬쩍 나가버리는 것이었습니다. 화났던 것이 확 풀어졌으면 더 좋았을 텐데 말입니다.

이렇듯 인간관계가 막히면 샬롬이 임하질 않습니다. 화평이 없습니다. 인간관계가 막혀서 아버지를 미워한다든지 어머니를 싫어하게 되고 이 때문에 평생을 정신질환에 걸려 헤매는 자녀들이 있습니다. 어린 시절에 선생님이 너무 억울하게 때리고 꾸지람을 준 기억 때문에 일생을 노이로제로 고생하는 안타까운 사람들도 있습니다. 인간과 인간 사이의 관계가 막혀버리면 일들이 제대로 되지 않습니다.

그러므로 우리가 신앙생활을 제대로 하려면, 성령이 열매를 잘 맺으려면, 인간과 인간 사이에 미워하는 것, 부딪치는 것들을 풀어야 합니다. 기분이 나쁘고 자존심이 상하더라도, 먼저 가서 풀어야 합니다. 이런 것들이 영적인 사람입니다. 그래서 사랑과 희락과 화평의 성령의 열매가 중요합니다.

네번째 열매는 '오래 참음'입니다. 성령의 열매는 오래 참는 것입니다. 우리가 신앙생활을 하면서 오해하는 것이 한가지있습니다. 예수 믿고 성령충만해지면 모든 환란이 없어지는 것으로 착각들을 합니다. 시험과 고난이 없어지고 사업이 잘 되고 자식들이 잘 된다고들 이야기합니다. 특별히 요즘은 '박자 축복'이 많이 나와서, 성령받으면 세 박자 축복받고, 오 박자 축복 받고, 심지어는 칠 박자 축복까지 받는다고들 합니다.

성령을 받으면 박자가 모두 착착 맞아 떨어진다고 생각합니다만 실제로는 그렇지 않습니다. 성령을 받으면 고난이 없어지는 것이 아닙니다. 고난은 여전히 있는데 그 고난을 견디어 낼 수 있는 힘이 생기게 되는 것입니다. 그것이 성령의 열매입니다. 이것을 분명히 알아야 합니다. 예수 믿고 성령받아 성령충만해지면, 고난이 없어지는 것이 아니라 오히려 고난은 옛날보다 더 옵니다. 달라진 것은 성령께서 도와주셔서 그 고난을 이길 수 있는 힘과 용기와 인내가 생기는 것입니다. 이것이 오래 참음의 열매입니다.

다섯번째 열매는 '자비'입니다. 자비의 열매란 무엇입니까? 이것은 아주 중요합니다. 성령의 열매인 자비란 내 입장에서만 생각하던 것을 성령을 받고 나서부터는 자신의 입장은 낮추고 상대편의 입장에서 생각해주는 것을 말합니다.

가령 매일 싸움을 하던 부부의 경우, 둘 중에 어느 한명이라도 먼저 성령의 은혜를 받게 되면 부부 싸움이 곧 없어지게 됩니다. 자비의 열매가 시작되기 때문입니다. 부인이 성령의 은혜를 받게 되면 남편의 입장을 이해해주기 때문에 남편에 대한 태도가 달라집니다.

예를 들어 예전의 부인 같았으면 이랬을 겁니다. 정성껏 저녁을 해놓고 남편을 기다려도 남편은 사업관계로 11시나 12시가 다 되어 들어옵니다. 기다리다 지쳐 짜증이 난 부인은 드디어 남편이 돌아오자, "지금이 몇시인 줄 아세요!"하고 소리를 지릅니다. 그러면 남편도 처자식을 먹여 살린다고 하루종일 고생을 하다가 집에 들어왔는데 부인이 먼저 짜증을 내니까 "어디다 인상을 쓰는거야?"하면서 막 텔레비전을 집어던지게 되고, 자던 아이들도 일어나 울게 되어 온 집안은 삽시간에 난장판이 됩니다.

그런데 부인이 성령의 은혜를 받고 나면 말씨부터 달라집니다.

"아이고, 여보, 웬일이세요. 아직 12시도 안 됐는데 일찍 들어오시네요"라고 합니다. 말이 싹 달라집니다.

"아직 12시도 안 됐는데 웬일이십니까? 당신 딴날보다 1시간씩이나 일찍 들어오시느라고 고생했습니다"라고 하면 남편은 어리둥절해져서 "갑자기 돌았나? 웬일이야? 왜 집에 돈이 모자라?"라고 합니다.

그러면 부인도 또 이렇게 말합니다. "그것이 아니고 제가 은혜를 받고 나니 당신이 고생 많이 했다는 것을 알게 되었어요."

부인의 그러한 대답에 남편도 마음이 확 풀어져서 "내가 확실히 처복은 있어"하고 아주 흐뭇한 미소를 짓습니다.

이것이 바로 자비의 열매 때문입니다. 자신의 입장을 낮추고 상대방의 입장을 먼저 생각하게 되는 것입니다.

요즈음 고부간의 갈등이 제법 심각합니다. 시어머니와 며느리 사이에 문제가 왜 생기겠습니까? 교회에서는 아주 훌륭한 권사님인데 집에 가면 며느리를 구박하고 들들 볶고, 고양이 눈을 하며 힐끔힐끔 봅니다. 교회에 가면 모두가 그 권사님 훌륭하다고 칭찬하며 그 며느리를 보고 "아이고! 시어머니가 좋아서 새댁은 참 행복하겠어"라고 하니 며느리 입장에서는 답답하기 그지 없습니다. 그러던 것이 그 시어머니가 자비의 열매를 맺게 되면 달라집니다. 비로소 상대편의 입장을 생각해주게 되는 것입니다.

여섯번째 열매는 '양선'입니다. 양선은 선을 도모하는 것입니다. 인간은 좋은 일을 하든지 나쁜 일을 하든지 둘 중에 하나를 하게 마련입니다. 좋은 일을 꾸미는 것을 양선이라고 하고, 나쁜 일을 꾸미는 것을 양악이라고 합니다.

저희 교회의 사람들은 보통사람들과는 좀 다릅니다. 깡패, 전과자, 넝마주이 등 과거에 험한 세월을 살았던 사람들이 많습니다. 우리 교인들의 과거 경력을 보면 아주 요란합니다. 그러한 사람들이 모인 교회에서 목회하는 저는 양선의 방법을 많이 사용합니다. 어쩌다 교회에 문제가 생기고 복잡해지면, 치고 박고 야단이 납니다. 제직회를 하다가도 잘 안 되면 "주먹으로 해결하자!"하기도 하고, 또 "어느 놈이 월급을 받고 집사하냐?"하면서 교회가 떠나갈 듯 소리를 지르고 야단법석을 피웁니다. 보통 교회 같으면 생각도 못할 일입니다.

그러나 저는 "놔두세요. 저 사람, 1년에 한두번씩은 저래야 직성이 풀리고 소화가 되는 사람이니까요. 그냥 놔두세요"하고 말립니다. 그런 문제들을 해결하는 유일한 길은 바로 양선입니다. 상대방의 실수했던 것, 못났던 것들은 가만히 덮어주고, 양선을 자꾸 베풀다보면 어느새 나쁜 점은 사라지고 지나가버리게 됩니다. 그러나 그것을 "그럴 수 있습니까? 제직회에서 그럴 수 있습니까?"하게 하면 나중에는 난장판이 되고 교회가 세쪽, 네쪽으로 마구 갈라지고 복잡하게 됩니다. 이것은 양선이 부족했기 때문입니다.

누구나 인간에겐 허물이 있습니다. 모두 못났습니다. 잘난 사람은 하나도 없습니다. 잘난 사람이 한 사람이라도 있었다면 예수님이 안 오셨어도 됐을 것입니다. 그 잘난 사람에게 "내 대신에 네가 십자가를 져라"고 했으면 됐을 텐데, 모두 못났기 때문에 우리 주님께서 "할 수 없다. 내가 직접 가야지, 안 되겠다"하고 오신 것입니다. 그러므로 성도들은 목사님이나 장로님의 약점을 인간이 가지는 약점으로 이해해야 합니다. 나쁜 점들을 자꾸 끄집어내자면 한도 끝도 없습니다. 허물을 덮어주고 좋은 점들은 자꾸 북돋아주어야 합니다. 그래야 교회가 잘되어 나갑니다.

일곱번째 열매는 '충성'입니다. 충성은 한마음을 말합니다. 좌로도 우로도 치우치지 않고 한길로만 가는 것이 충성입니다. 교인들 중에는 자기가 다니는 교회에 조금만 문제가 생겨도 다른 교회로 자꾸 옮기는 분들이 있습니다. 그것은 충성의 열매가 없기 때문입니다. 그 교회가 때로는 마음에 들지 않더라도 "아이고, 세월이 약이겠지"하고 꾸준하게 그 교회를 받들어 나가는 것을 주님은 사랑하십니다. 참고 견디면서 한마음으로 꾸준하게 나가는 것이 충성입니다. 충성에 있어서 기본은 좌로도 우로도 치우치지 않는 것입니다.

주님의 교회야말로 우리 민족의 희망입니다. 교회의 책임은 점점 커져가고 있습니다. 저는 항상 우리 거듭난 그리스도인들이 우리나라의 지도자가 되어야 한다고 주장합니다. 앞으로는 거듭난 사람이 대통령이 되고 박사가 되고 스포츠인이 되고 회장이 되어야 합니다. 각계 각층의 지도자가 되어야 합니다. 왜냐하면 거듭난 사람들은 충성의 열매를 맺기 때문입니다. 충성의 열매는 좌로도 우로도 전혀 치우침이 없기 때문에 중요합니다.

좌로 치우치는 것을 좌익이라고 하고 우로 치우치는 것을 우익이라고 합니다. 얼마전만 해도 학생들이나 재야세력은 좌로 조금 치우쳐 있습니다. 그들은 말하기를 "우리나라는 혁명을 해야 한다, 광주사태 같은 것이 10번이 나더라도 혁명을 해야

한다. 더 많은 피를 흘리더라도 이 정권을 뒤집어야 한다"고
합니다. 반면에 군인들이나 민자당은 우로 치우쳐 있습니다.
"노동자고 뭐고 국가가 발전해야지, 인권이 뭐 밥먹여주냐?"하
며 마구 누르고 핍박합니다.

　이렇듯 학생들이나 재야세력은 좌로 치우치고 군인들이나 여
당은 우로 치우치는데, 그렇다면 어느 누가 좌로도 우로도 안
치우칠 수 있습니까? 거듭난 사람들이, 교회가, 그리스도인들
이, 성령받은 사람들이 좌로도 우로도 치우치지 않을 수 있습
니다.

　그리고 예전에 노동자들도 좌로 치우치려는 경향이 있었습니
다. 물론 20년 동안 공화당, 민정당으로부터 제대로 사람대접
을 못 받았기 때문에 그랬겠지만 너무 서둘렀던 것 같습니다.
제 생각에는 파업을 하고 데모를 하더라도 슬기롭게, 지혜롭게
시작했었다면 좋았겠다고 생각합니다. 아무런 준비도 되어 있
지 않은 상태에서 파업과 데모를 막 터트리니까 공장들이 가동
을 멈추게 되었고 경기가 침체해 어려웠습니다.

　80년대말 파업이 자주 일어나던 때에 일입니다.

　서울의 어떤 경제 전문가가 저에게 와서 걱정하며 말했습니
다. "목사님, 이거 염려됩니다. 이 상태가 앞으로 한달만 더
가면 우리나라 경제는 5년을 후퇴합니다. 그리고 두달만 더 가
면 10년을 후퇴합니다."

　당시 정말 심각한 이야기였습니다. 특히 현대자동차 같은 회
사는 미국에 자동차를 많이 수출하고 있습니다. 3개월 단위로
주문을 해온다고 합니다. 미국에서는 은행에 금리를 모두 확보
해놓고 자동차를 받아들이는데 우리가 물건이 없어서 제때에
못 대주면 미국의 자동차 딜러(dealer)들이 전부 현대자동차

비전있는 교회

에 배상을 요청합니다. 그리고 나면 수출의 길이 당장 막혀버리게 됩니다.

우리나라의 경제가 제대로 발전되려면 해외시장에 자동차가 1년간 50만대 이상이 팔려야 했습니다. 1년에 50만대 이상의 자동차를 수출하게 되면 우리나라 경제는 한 단계 고비를 넘게 됩니다. 우리는 그 목표에 도달하려고 노력해왔습니다. 그 시절엔 1년에 약 20만대에서 30만대 정도의 자동차가 수출되었다고 하니까 몇년 더 참고 견뎌야 우리나라 경제가 한번 더 도약하게 됩니다. 이 고비에서 그만 뒤로 물러나버리면 여태까지의 노력이 아무 소용이 없게 됩니다.

과거에 그런 나라들이 있었습니다. 필리핀, 브라질, 아르헨티나 등은 뛰어오르려고 하다가 도로 내려앉아버린 나라들입니다. 제가 그당시 우리나라는 그렇게 되지 말아야 할 텐데 노동자들이 조금 좌로 치우친 듯 해서 걱정이었습니다. 좌로 치우친 노동자들을 막으려는 정주영 회장이나 정보기관이나 정부에서는 "안 되겠다"하고 경찰기동대를 불러 그들을 무력으로 밀어부치는데, 이것은 또 우로 치우친 행동입니다. 노동자들이 "에이, 이미 죽은 몸, 죽기 아니면 살기다! 죽기 아니면 까무러치기다! 언제 우리가 사람대접 받아봤냐?"하고 폭발적으로 나갔더라면 정말로 우리 경제는 위험했을 것입니다. 결국 우로 치우친 쪽에서 경찰을 불러 무력으로 끝이 나버렸으나 이 문제는 좌로도 우로도 치우치지 않은 상태에서 마음문을 열어놓고 대화를 통해 해결되었어야 했습니다.

이러한 일을 해줄 사람들이 바로 그리스도인들입니다. 성령 받은 사람들은 그것을 제대로 할 수 있습니다. 왜냐하면 성령의 역사가 다리를 놓기 때문입니다. 중간에 막힌 담을 헐고 서

비전있는 교회의 모습

로간에 다리를 놓아주는 것이 성령받은 사람들의 특징입니다. 그래서 우리 성도들이 나라와 정치를 바로잡고 우리 민족을 살리는데 있어 그 바탕이 됩니다. 이것은 아주 중요한 것입니다.

여덟번째 열매는 '온유'입니다. 온유는 한마디로 부드러운 것을 말합니다. 봄바람처럼 부드러운 것입니다. 부드러운 사람이 강한 사람입니다. 괜히 큰소리만 떵떵치는 사람은 사실 겁이 많고 자신이 없는 사람입니다. 실력있는 사람은 부드럽게 나갑니다. 부드럽지 못한 사람은 굉장히 강한 것 같아도 허점이 많은 사람들입니다. 부드럽다는 것은 얼마나 중요한 것인지 모릅니다.

남자분들 중에서도 매일 신경질을 내는 분들이 있습니다. 그런 분들에게 저는, "왜 자꾸 신경질을 내세요? 신경질을 낸다는 것은 자기가 인생의 패배자라는 증거입니다. 자기 속에 무엇인가 실패하고 있다는 좌절감이 신경질로 나타납니다. 기도하십시오. 자부심을 가지고 나갈 수 있도록 기도하십시오. 온유의 열매를 맺게 해달라고 주님께 기도하십시오"라고 말합니다.

신경질이나 짜증이나 울적한, 그런 정신적인 자세를 극복하는 데 가장 좋은 방법은 금식기도입니다. 자기의 성격과 기질을 고칠 수 있도록 기도 제목을 정하고, 일주일이나 열흘 동안 금식을 하는 것입니다. 그러나 너무 무리하여 금식하다가 몸을 상하게 하는 일은 없어야겠습니다. 어떤 사람은 40일 금식하고 그 다음날 죽은 경우도 있습니다. 그것은 순교도 아니고 아무것도 아닙니다. 자기 체질과 수준에 맞도록 일주일, 닷새, 사흘로 기간을 정하고 금식기도를 하면 응답을 받는 경우가 많습니다. 이것이 온유의 열매입니다.

마지막 열매는 '절제'입니다. 절제는 스스로 자기 자신을 조정하고 통제할 수 있는 것을 말합니다. 절제의 열매는 아주 중요합니다. 그 사람이 얼마나 영적이냐 하는 기준은 절제의 열매에 달려 있습니다. 절제를 잘하면 그만큼 그 사람은 영적으로 성숙한 것입니다. 절제하지 못하는 분은 영적인 수준이 얕은 분입니다.

저는 30세부터 빈민선교, 징역살이, 농촌의 개척선교 등의 일을 지금까지 해오고 있습니다. 제가 외곬으로 30세에서 40세까지, 10년 간의 긴 목회생활을 해오면서 후회하는 것이 두 가지가 있습니다. 그 중에 한 가지가 이 절제문제입니다. 제가 30대에는, 하나님의 일은 열심히 하기만 하면 되는 줄로 알았습니다. 음식이나 십계명, 이런 것들만 절제하고 좋은 일, 즉 하나님의 일은 얼마든지 열심히 하면 할수록 좋은 것으로 알았는데, 그것이 아니었습니다. 그때 돌이킬 수 없는 과오를 범하고 제 힘으로는 도저히 수습할 수 없는 어려운 지경에서, 저뿐만이 아니라 제 주위에 있는 모든 사람들에게 많은 상처를 입히고 난 뒤에야 비로소 제가 그 사실을 깨달았습니다.

40세가 되면서 제가 알게 되었습니다. 하나님의 일에도 절제가 필요하다는 것을 말입니다. 선한 일에도 절제를 해야 합니다. 절제하지 못하면 주님의 영광을 가리우게 됩니다. 하나님의 일을 한답시고 절제없이 하다가는 오히려 하나님의 영광을 가리우게 되고 하나님의 일을 중단하게 만드는 경우가 많습니다. 절제하지 못하기 때문에 이런 일이 일어나게 됩니다. 이것은 아주 중요한 문제입니다. 교회에서는, 믿음이 없다는 사람들이 문제를 일으키는 경우는 거의 없습니다.

은혜 있고 열심 있다는 사람들, 앞장서서 교회 일을 한다는 사람들이 절제하지 못해서 교인들에게 상처를 입히고 분쟁을 일으킵니다. 열의도 있고 공로도 있어서 다 좋은데 절제, 이 한 가지가 부족하기 때문에 교회에 문제가 생깁니다.

위에서는 성령의 내적인 역사에 대해서 살펴보았는데, 그렇다면 방언이나 병 고치는 것과 같은 '외적인 권능' 이란 무엇입니까? 외적인 권능에 대해서는 고린도전서에서 찾아볼 수 있습니다.

> "은사는 여러가지나 성령은 같고 직임은 여러가지나 주는 같으며"(고전 12:4~5)

은사는 성령이 주시는 선물을 말합니다. 은사는 외적 권능입니다. 은사는 왜 받습니까? 은사를 왜 받는지 그 이유를 분명히 알아야 합니다. 그것은 주님의 교회를 섬기는 도구이기 때문입니다. 은사 자체를 가지고 은사를 받았다고 하지 않습니다. 목수가 집을 짓기 위해서는 대패니 톱이니 하는 도구들이 필요하듯이 은사는 주님의 교회를 섬기기 위한 도구입니다. 은사 자체가 중요한 것이 아니라 그 은사를 가지고 주님의 교회를 섬기는 것이 중요하다는 것입니다. 그것이 안 되면 받은 은사가 힘이 없어지고 결국에는 소멸되고 맙니다. 그래서 주님께 영광을 돌리지 못하게 됩니다.

'직임은 여러가지나', 여기에서 직임은 목회를 말합니다. 그러나 목회는 목사님만이 하는 것은 아닙니다. 청소부에게는 청소하는 사찰 목회, 운전수에게는 운전하는 운전 목회, 구역장에게는 구역장 목회 등이 있습니다. 결국 각자 직임이 다 다릅니다. 모두 하나님의 종이지만 직임이 다르다는 것입니다.

"또 역사는 여러가지나 모든 것을 모든 사람 가운데서 역사
하시는 하나님은 같으니 각 사람에게 성령의 나타남을 주심은
유익하게 하려 하심이라"(고전 12:6)

성령의 은사, 외적인 권능들은 각 개인이 교회를 섬기는 데
유익하게 하기 위해 나타나는 것입니다.

"어떤 이에게는 성령으로 말미암아 지혜의 말씀을, 어떤 이
에게는 같은 성령을 따라 지식의 말씀을,"(고전 12:8)

성령의 은사 중에 첫번째는 '지혜의 말씀의 은사' 입니다. 지
혜의 말씀의 은사는 하나님의 뜻을 분별하는 것을 뜻합니다.
무엇을 통해 분별하겠습니까? 말씀을 통해서 분별합니다. 꿈을
꾸거나 환상을 봄으로써 분별하는 것이 아닙니다.

오래전에 한국의 유명한 목사님 두분이 환상 중에 무엇인가
를 보고 발표했는데 그 내용은 포항 앞바다에서 석유가 나온다
는 것이었습니다.

한 목사님은 석유 시추기를 사다 포항 앞바다에 박았습니다.
권사님들의 돈 수억을 들여서 뚫었는데 석유는 안 나오고 물만
많이 나왔습니다. 또다른 목사님은 포항 앞바다에 석유가 깔렸
다고 대예배시간에 설교했는데 정작 파보니까 한방울도 안 나
왔습니다.

환상을 보고 땅 밑에 석유를 찾아내는 것은 목사의 은사가
아닙니다. 그것은 목사의 역할이 아닙니다. 땅 밑의 석유를 찾
는 것은 석유공사나 대학교 지질학과 출신들이 하는 것입니다.
목사가 보아야 할 것은 땅 밑의 석유가 아니라 그 백성들의 살
아갈 비전, 그 시대의 교회가 나갈 길을 제시하며 가르치는 것

비전있는 교회의 모습

입니다.

'이것이 아니면 살 길이 없다'는 그 비전과 꿈을 보는 것이 바로 목사의 역할입니다. 목사가 '어디에 석유가 났다, 무엇이 났다' 하는 것은 참 이상한 일입니다. 옛말에 사람이 무식하면 용감하다는 이야기가 있습니다. 무식하지 않고는 도저히 어디에서 석유가 난다고 쉽게 말할 수가 없는 것인데, 참 이상한 일입니다. 은사 중에 지혜의 은사는 하나님의 말씀을 통해서 그 시대의 나라와 백성과 민족이 나아갈 길과 진리를 찾아내는 은사입니다. 하나님의 뜻을 분별하는 것이 바로 지혜의 은사입니다.

성령의 은사 중에 두번째는 '지식의 말씀의 은사'입니다. 지혜의 말씀의 은사는 하나님의 뜻을 분별하는 것이고 지식의 말씀의 은사는 세상적인 판단력을 말합니다.

가령 제가 퇴직금으로 5천만원을 받았다고 했을 경우, 이것으로 부동산을 사느냐 슈퍼마켓에 투자하느냐, 아니면 주식을 사느냐 하는 판단을 올바르게 할 수 있는 것은 바로 지식의 은사 덕분입니다.

퇴직금을 남에게 잘못 빌려줬다가 다 떼이고 노령에 이 집에서 저 집으로 구걸하며 다니는 사람들이 있습니다. 그리스도인들 중에도 그런 분들이 있습니다. 그것은 생명 같은 돈을 잘못 투자했기 때문입니다. 그것은 지식의 은사가 없기 때문에 생긴 일입니다.

학생들이 공부를 할 때 '내가 고등학교 2학년인데 장차 어느 대학을 가야 하느냐?'를 잘 판단하는 것도 지식의 은사가 있어야 합니다.

이렇듯 세상을 살아가는데 필요한 지식의 은사를 받으려면 기도생활을 열심히 해야 합니다. 자녀들을 잘 가르치고 지도하려면 이 지식의 은사가 있어야 합니다. 부모님들이 지식의 은사가 있어야 자식의 수준에 맞도록 자식을 잘 인도할 수 있습니다. 수준이 안 되는 아이에게 자꾸 "서울대학교 가라!"고 하면 그 아이가 주눅이 들어서 기를 못 펴게 됩니다. 어머니 아버지는 전문대학에 갈 실력도 안 되면서 아이에게 서울대학교 가라고 강요하면 죽었다 깨어나도 못가는 것입니다.

"자, 너는 욕심내지 말고 네 수준에 맞는 대학에 가라. 아무 대학이라도 붙기만 하면 얼마나 고맙니? 걱정하지 마라"고 하면서 마음을 풀어주고 자신의 역량을 그대로 발휘할 수 있도록 해야 합니다.

그런 말을 안 해주면 "서울대학교를 어디 힘쓴다고 갑니까? 그만한 두뇌와 집중력과 모든 것이 있어야 되는 것입니다"라고 원망하면서 가출하여 몸을 버리는 청소년들이 얼마나 많은지 모릅니다. 그런 것을 올바로 판단하도록 하는 것이 지식의 은사입니다.

"다른 이에게는 같은 성령으로 믿음을, 어떤 이에게는 한
성령으로 병 고치는 은사를,"(고전 12:9)

성령의 은사 중에 세번째는 '믿음의 은사' 입니다. 이 믿음의 은사는 예수 믿고 구원받는 믿음을 말하는 것이 아닙니다. 그것은 믿음의 가장 기초적인 것입니다. 은사로서 믿음은 이와는 다릅니다. 우리 가정의 기도 제목이 이루어진다는 믿음, 우리 교회의 금년 목표가 이루어진다는 믿음, 이것이 바로 믿음의 은사입니다.

비전있는 교회의 모습

저는 지금 남양만에서 목회를 합니다. 이제는 그곳도 예전과 달리 먹고 살만하게 되었습니다. 그래서 오래전부터 전국의 농촌 목회자들이 와서 농촌 목회에 대해 교육받는 농민선교훈련센터를 하나 지으려고 했습니다. 여기에는 4억 3천만원의 자본이 들어갈 예정이었습니다. 그동안 열심히 일해서 제가 약 1억원을 모았습니다. 그러나 나머지 3억 3천만원이 더 있어야 하는데 도저히 나올 길이 없었습니다. 사람들의 생각으로는 불가능합니다. 농촌 교회에서 3억 3천만원을 어떻게 구하겠습니까?

그러나 저는 믿음으로 구했습니다. 주님께서 어떤 길을 통해서든지 3억 3천만원을 주실 것이라는 믿음이 왔습니다. 이것이 바로 믿음의 은사입니다. 어떻게 올지는 아무도 모릅니다. 누가 알겠습니까? 좌우지간 온다는 것을 믿는 것입니다. 이것이 믿음의 은사입니다. 그런 믿음의 은사로 우여곡절을 겪고 드디어 1988년 10월 두레선교훈련원이 준공되었습니다.

가정이나 교회에서 사업이 어려운 때일수록 대표자는 믿음의 은사가 있어야 합니다. 남들이 뭐라고 반대하고 막 흔들어도 "어! 말이 많네"하면서 믿음으로 밀고 나가야 합니다. '개가 짖는다고 기차가 서냐? 은사는 개가 짖더라도 달리는 기차와 같다. 자꾸 쓸데없이 반대해도 하나님의 뜻이니까 밀고 나간다'고 생각하면서 힘차게 밀고 나가는 것입니다. 그렇게 밀고 나가면 다른 사람들도 모두 따라오게 되어 있습니다.

가장이 사업이 잘 안된다고 "아이고, 우리 사업 부도 나겠네, 부도 나겠어" 하면 아이들이 학교에서 공부하다가도 공부가 잘 안되고 먼 산만 쳐다보게 됩니다. '아, 우리 아버지, 지금쯤은 부도가 안 났을까? 우리 아버지 부도나면 이제 공부도 못하고 그럼 엿장수라도 해야 되나… 공부는 해서 뭐하나?'라 고 생각하며 한숨만 푹푹 쉽니다. 가장이 믿음의 은사가 없기 때문에 온 가족이 풀이 죽고 잡념이 생기는 것입니다. 어려움 에 처할수록 자녀들에게 "나는 믿는단다. 내가 작업복 바지를 팔아도 너희들은 모두 잘 살게 해줄 테니 걱정하지 말아라. 주 님이 우리 회사 사장인데 무슨 걱정이냐?"하고 믿음으로 나가 야 합니다. 이것이 믿음의 은사입니다. 특별히 어려울 때일수 록 믿음의 은사가 더욱 필요합니다.

모든 세상 일을 보면, 좋은 일에는 반대가 따르기 마련입니 다. 모두가 찬성하는 것은 무엇인가 좋지 않다고 생각해도 됩 니다. 호사다마(好事多魔)라고, 좋은 일에는 반드시 반대가 생 깁니다. 저는 집회에도 가고 여러가지 일을 합니다만, 사람들 이 반대하고 시끄러울 때면 오랜 습관을 통해 으레 한마디하는 말이 있습니다. "오호, 반대를 하는 것을 보니 잘 되겠구나, 잘 되겠어!" 제가 집회를 나가면 가끔 몇몇 사람들이 반대를 합니다. 왜냐하면 제가 옛날에 엎치락뒤치락 하면서 실수를 많 이 해서 나쁜 소문이 나있기 때문입니다.

사실은 저도 착한 데가 있는데 사람들은 오해를 합니다. 별 소리를 다 듣습니다. 한번은 제가 미국에서 제일 큰 한인 교회 에서 집회를 하기로 결정되었는데 그 집회를 취소한다는 통보 가 3번이나 왔습니다. "집회가 취소됐습니다"라고 해서 "아, 그렇습니까?"하고 있으면, 며칠 뒤에 "다시 하기로 했습니다" 하다가, 또 "취소됐습니다"하는 통보가 오는 것입니다. 네번째 의 통보를 받고 그제서야 비로소 집회를 했습니다. 그래서 제 가, "야, 예수님이 부활하시는 식으로 죽었다, 살았다 하는구 나"하고 이야기한 적이 있습니다. 그러나 그런 일을 겪고 나면 그 집회가 더 잘 됩니다.

그러니 좋은 일에는 반드시 반대와 어려움이 따른다는 것을 미리 알고 있어야 합니다. 그 어려움을 기도와 믿음의 은사로써 뚫고 나가야 하는데, 믿음의 은사가 없으면 중간에 주저앉아 버리게 됩니다. 그렇게 되면 사탄이 박수를 치며 좋아할 것입니다. "야, 승리했다. 한건 올렸다!"고 좋아합니다. 그래서 우리에게는 믿음의 은사가 중요합니다.

성령의 은사 중에 네번째는 '병 고치는 은사'입니다. 병 고치는 은사에 대해서는 정말 할 말이 많습니다.

저는 빈민선교를 오래 해왔는데 빈민촌에는 병자들이 얼마나 많은지, 제가 일했던 청계천 빈민촌에는 폐병환자만 2백74명이 있었습니다. 2백74명의 폐병환자를 교회에 모아놓고 주민등록증처럼 각자의 카드를 만들어 한 사람, 한 사람 치료를 하는데 그것이 얼마나 힘들고 어려운 일인지 모릅니다.

저는 이런 일을 해오면서 병고치는 은사에 대한 소원이 생겼습니다. 조용기 목사님이나 현신애 권사님 같은 분은 병 고치는 은사가 있습니다. 저도 환자들이 하도 불쌍하기에 중환자 머리에 손을 얹고 한번 기도해보았습니다. '저도 조용기 목사님처럼 병 고치는 은사를 주시옵소서! 믿습니다. 나사렛 예수의 이름으로 명하노니 병마야, 물러갈지어다! 아멘.'

그런데 환자는 계속 "아야, 아야"하며 아프다는 것입니다. 그래서 제가 믿음이 약했나보다고 생각하고 "믿음의 기도는 역사하는 힘이 있다고 했습니다"하며 다시 일어서서 두 손으로 어깨를 누르면서 기도합니다. 그런데 '믿습니다. 아멘' 하면서 아무리 간절히 기도해도 환자는 낫지를 않습니다.

기도로 병을 고치게 되면 10분이면 끝납니다. 10분 만에 병이 나아 "할렐루야!"하고 감사헌금을 바칠 수 있으면 얼마나 좋습니까? 그런데 기도를 해도 병이 안 낫습니다. 그렇다고 교역자가 모른 척하고 지나갈 수가 있습니까? 병원으로 데려가야지요. 병원에 데려가도 돈없는 환자는 잘 봐주려고도 하지 않습니다. 병원에 갈 때마다 애걸복걸하니까 서울의 큰 병원에서는 제가 나타나기만 해도 의사들이 슬슬 피합니다. 제가 하도 많은 병자들을 데려가기 때문이지요.

한번은 수술을 해야 되는 부인 한분을 데리고 이화여대 부속 병원을 찾아갔습니다. 산부인과에 가서 과장님을 붙잡고 매달렸습니다. 원무실에서는 안 통하기 때문에 직접 과장님을 붙들고 "살려주십시오"하고 매달리며 아침10시부터 오후4시까지 끈질기게 따라다녔습니다. 화장실에 가면 저도 쫓아가서 그 앞에 딱 서있었습니다. 그리고 식사할 때는 식탁 옆에서 굶고 서있었습니다. 회의하면 회의상 앞에 서있었고 수술하면 수술실 앞에 서있었습니다. 오전10시부터 오후4시까지 열심히 따라다녔더니 나중에는 의사가 막 화를 내는 것이었습니다.

"자꾸 이러시면 경찰을 부르겠습니다."

"아이고, 선생님. 제발 경찰 좀 불러주십시오. 저도 이제는 더 못하겠습니다. 저도 지루해서 못 따라다니겠습니다."

"도대체 환자랑 어떻게 되는 사입니까? 당신 부인입니까?"

"제 아내가 아닙니다. 제 아내 같으면 차라리 아프고 말지, 이렇게까지 하겠습니까? 저는 빈민촌 교회의 전도사입니다."

"아, 전도사님이십니까?"

그때부터 의사의 말이 좀 부드러워지더군요.

"전도사님이시라면, 환자는 그 교회의 교인입니까?"

"우리 교회 교인도 아닙니다. 그냥 우리 동네의 주민입니다."

"아니, 전도사님! 사모님도 아니고 교인도 아닌데 저를 왜 이렇게 하루종일 들들 볶습니까?"

"선생님, 우리 한번 생각해봅시다. 선생님이나 저나 배운 사람이고 모두 그리스도인인데, 마누라는 마누라라고 병을 고쳐주고 교인은 교인이라고 병을 고쳐주지만 부인도 아니고 교인도 아닌 힘없고 가난한 저 사람들은 그럼 어떻게 됩니까? 아무도 돌봐줄 사람이 없으니까 우리가 돌봐주어야 하는 것은 당연한 거 아니겠습니까? 이것이 그 사람에게는 마땅히 받을 권리이고 우리에게는 당연한 의무입니다. 그리스도인이란 무엇입니까? 교인이든 아니든간에 인간이 병들어 죽어가고 있는데 어떻게 가만히 있겠습니까?"

그렇게 제가 말했더니 그 과장님이 좋게 들었나봅니다.

"그거, 참 좋은 생각입니다. 그러면 전도사님, 이번 한건만 제가 책임지겠습니다. 그러나 앞으로는 안됩니다. 이번 한건만입니다."

"다음 일은 또 다음에 생각하고요, 하여튼 좀 부탁하겠습니다."

그런 뒤에 과장님이 책임지고 그 환자를 입원시켜서 수술을 하게 되었습니다. 그 부인은 과장님 덕으로 깨끗하게 나아서 퇴원하게 되었습니다. 사람을 한 사람 살리면 얼마나 기쁜지 모릅니다. 그래서 신바람이 나서 퇴원수속을 하고 나가는데, 산부인과 소속 간호사가 저에게 와서 "과장님이 부르십니다. 과장실로 가보세요"라고 하는 것입니다. 그래서 과장실로 갔더니 그 병원 산부인과 의사 다섯명이 모두 모여 있었습니다.

"전도사님, 이번에 그 환자로 인해서 저희도 은혜 받았습니다. 그래서 전도사님, 앞으로도 좋은 뜻을 굽히지 마시고 그 일을 계속하시라고, 우리 산부인과 의사들이 십일조를 1년 간 그 교회에 보내드리기로 했습니다. 이것이 첫달분의 십일조입니다."

그렇게 말하면서 그분들이 저에게 십일조를 넣은 봉투를 주지 않겠습니까? 제가 얼마나 기뻤는지 모릅니다. 십일조를 넣은 봉투가 두꺼워서 기뻤다는 것이 아니고 의사들의 성의가 정말 고마웠습니다.

조용기 목사님 같은 분들은 기도로 병고치는 은사를 받으셨지만, 저는 그 대신에 병원에 데리고 가는 은사를 받았다고 생각했습니다. 그것도 틀림없는 은사입니다.

그렇지만 더 중요한 은사가 있습니다. 기도로 병 고치는 것도 병원에 데리고 가는 것도 다 귀한 은사이지만 진짜 귀한 은사가 있습니다. 그것은 의과대학에 가서 의사가 되어 의술로 병을 고치는 것입니다. 하지만 모든 의사가 다 병 고치는 은사를 받은 것은 아닙니다.

우리에게는 은사에 대한 기본 인식이 있어야 합니다. 의과대학을 졸업하고 의사가 되어 주님의 이름으로 병든 자들을 돌보고 교회를 섬기는 마음으로 그 의술을 쓸 때 비로소 그것이 은사가 되는 것입니다. 예수님의 사랑으로 병자를 돌보는 것이 바로 은사입니다. 자기 의술을 가지고 자기 병원을 운영하며 자기만 잘 먹고 잘 사는 일에 사용한다면 그것은 단지 기술일 뿐입니다. 그것은 '장이'이지 은사가 아닙니다. 의사들은 은사로써 의사가 되어야 합니다.

돈을 버는 것도 마찬가지입니다. 돈을 버는 것이 자기만 잘 먹고 잘 살기 위한 것이라면 그것은 그냥 돈을 버는 것에 불과

합니다. 그러나 물질을 모아서 선교사업에 쓴다면 그것은 귀한 은사입니다. 하나님의 일에도 물질이 필요합니다. 따라서 열심히 돈을 버는 것도 하나님의 사명자가 할 일입니다. 그 은사를 많이 받으시기 바랍니다.

> "어떤 이에게는 능력 행함을, 어떤 이에게는 예언함을, 어떤 이에게는 영들 분별함을, 다른 이에게는 각종 방언 말함을, 어떤 이에게는 방언들 통역함을 주시나니 이 모든 일은 같은 한 성령이 행하사 그 뜻대로 각 사람에게 나눠주시느니라"(고전 12:10~11)

성령의 은사 중에 다섯번째는 '능력 행하는 은사'입니다. 모든 성령 자체가 능력있지만 그중에도 능력이 나타나는 은사가 있습니다.

제가 서울에 있는 어떤 기도원에 특별기도를 하러 갔던 적이 있습니다. 거기서 한 전도사님을 만났는데 그분이 자기는 40일 금식기도도 했다는 것이었습니다. 20대 청년이 40일 금식기도를 했다고 해서 제가 얼마나 감사했는지 모릅니다.

"앞으로 한국 교회의 큰 기둥이 되십시요"하고 격려를 해주었더니, 그 전도사님 말이 금식기도 마지막 날쯤 가서 오른손에 '찡' 하고 능력이 왔다는 것입니다. 능력이 왔으니 이것을 한번 사용해보아야겠다고 생각하고 기도를 마친 후 내려오면서 그것을 사용해봤더니 과연 능력의 은사가 나타났다는 것입니다.

그래서 제가 "어떤 능력이 나타났습니까?"하고 물었더니 그 전도사님의 말이, 마침 경부선 새마을호가 지나가고 있길래 자기가 능력이 온 팔로 "나사렛 예수의 이름으로 명하노니 기차야, 설찌어다!"라고 했답니다. 그런데 자기 앞에서 정말 기차가 딱 서더라는 것입니다. 그래서 제가 "전도사님의 말이 거짓말이 아니라면 그것은 사탄의 열매입니다"라고 했더니 그 전도사님이 펄쩍 뛰면서 저에게 따졌습니다.

"목사님, 무슨 말씀을 섭섭하게 그렇게 하십니까? 제가 왜 거짓말을 하겠습니까? 성령의 능력을 사탄의 능력이라니요?"

"저는 그것을 알 수 있습니다. 저에게 찡 하는 것은 안 왔지만 그것은 알 수 있습니다. 왜냐하면 상식이 중요하기 때문입니다. 상식적으로 그것을 판단할 수 있습니다. 그것은 성령의 능력의 은사가 아닙니다. 성령의 능력의 은사는 복음 전하는 일에, 영혼을 구하는 일에, 사람의 목숨을 구하는 일에 나타나는 것이기 때문입니다.

잘 가고 있는 기차를 괜히 세우는 것은 아무것도 아닙니다. 바쁜 사람들이 타고 가는데 갑자기 아무 이유도 없이 세우게 되면 시간이 지체되고 쓸데없는 전기만 소모됩니다. 다시 말해 아무것도 아닌 것에 성령의 능력이 나타날 이유가 없다는 것입니다.

그러면 어떤 경우에 그것이 능력의 은사이겠습니까? 그 기차가 사람을 칠려고 했을 때 세웠다면 그것은 능력의 은사입니다. 수재로 인해 철로가 떠내려가서 기차가 그대로 가다가는 큰 사고가 날 것 같은 경우, 기차를 세웠다면 그것은 능력의 은사입니다. 사람을 돕고 교회를 받드는 일을 위해 기차를 세운다면 그것은 성령의 능력의 은사이지만 자신이 능력을 연습해보려고 잘 가고 있는 기차를 세우는 것은 아무것도 아닙니다. 그것을 판단할 수 있는 분별력이 우리에게 있어야겠습니

비전있는 교회의 모습

다.

그것을 분별할 줄 모른다면 성령의 은사에 대한 기초적인 이해가 없는 것입니다. 그래서 목회자들이나 교회 지도자들은 상식을 존중하고 영적인 교육을 올바로 시켜서 교인들이 잘 판단할 수 있도록 해야 합니다. 영적으로 속아 잘못되는 일이 없도록 깨우쳐주어야 합니다.

그래서 성령의 은사 중에 여섯번째는 '영 분별 은사' 입니다. 제가 언젠가 미국의 뉴욕에 가서 집회를 한 적이 있었습니다. 자정이 다 되어가는데 45세 가량 된 취한 분이 저를 찾아와서 다짜고짜 저에게 하는 말이,

"목사님! 목사님은 돌팔이가 아닙니까?"

하는 것이었습니다.

"아니, 왜 그러십니까?"

"제가 얼마전까지만 해도 지금 목사님이 집회하고 있는 교회의 안수집사로서 회계를 담당했었습니다. 그런데 지금은 낙심해서 교회도 안 나갑니다."

"아이고, 무슨 얘기입니까? 안수집사님이 왜 교회를 안 나가십니까?"

그랬더니 하는 말이 지난번 집회 때 한국에서 유명한 부흥사가 와서 철야기도도 하고 방언도 하고 불도 떨어지는 등 온 교회가 떠들썩했답니다. 그래서 교인들이 감사헌금도 많이 내고 그 부흥사에게 사례비도 몇 천달러 드렸답니다.

그 집사님은 직업으로 금은방을 하고 있었는데 부흥사가 그것을 알고 미국에서 집회를 하여 모은 사례와 감사헌금을 모두 그분에게 주면서 그것으로 다이아몬드를 사달라고 하더랍니다. 그래서 그중에 10%는 집사님이 먹고 나머지는 모두 다이아몬

드를 사드렸답니다.

그랬더니 그 부흥사가 그것을 가지고 그냥 김포공항에 들어가자니 밀수가 되겠고, 신고하고 들어가자니 절차가 복잡해지겠으니까, 발바닥에다 다이아몬드를 테이프로 붙인 후 구두를 신고 절뚝절뚝 절면서 들어갔다는 것입니다. 한마디로 다이아몬드를 밀수했던 것입니다. 이런 사실을 나중에 알게 된 그 집사님은 크게 낙심을 했던 것입니다.

"그럴 수가 있습니까? 그분으로 인해 우리 교회에 은혜가 충만했었는데, 그렇지 않아도 외화가 모자라는 어려운 나라에 다이아몬드를 발바닥에 붙여서 그렇게 밀수할 수 있습니까? 그 뒤로부터 제가 실망해서 교회에 안 나갑니다."

"실례지만, 당신이 집사님인지 술꾼인지는 잘 모르겠지만 제가 물어보겠습니다. 대학은 나왔습니까?"

"예, 제가 서울대학교 경영학과를 나왔습니다."

"참 한심합니다. 그래서 서울대학교 출신들이 육사 출신들에게 기를 못 펴고 매일 빌빌하는 겁니다. 육사가 일류가 되고 서울대학교가 이류로 떨어진 이유가 무엇이라고 생각하십니까? 서울대학교 출신들이 당신과 같이 빌빌거리니까 그렇게 된 것입니다. 당신이 돌팔이에게 속았으면 자기가 지도자를 분별할 수 있는 눈을 못 가진 것을 반성해야지, 속았다고 해서 예수를 안 믿으면 결국 누가 손해를 봅니까? 잘못된 지도자인가 아닌가를 자신이 잘 판단해서 예수님만 바라보고 나가야 됩니다. 지도자를 잘못 만났다고 예수님을 안 믿어버리는 것은 어리석은 짓입니다. 그러면 자신의 영혼은 어떻게 되겠습니까?"

결국 본인이 돌팔이와 진짜를 분별할 수 있는 분별력을 가져야 합니다. 이 영의 분별은 은사입니다. 영의 분별문제는 중요한 것입니다. 분명히 요한일서에 보면 말세에 영을 분별하라고 했습니다. 그것은 교회에서 분별하여 지시해주라는 것이 아닙니다. 각자가 스스로 영을 분별하라는 것입니다.

제가 속한 교단은 통합측 교단입니다. 몇년 전에 순복음중앙교회에 대한 영 분별문제로 그 교회의 조용기 목사님과 우리 교단 사이에 마찰이 생겼습니다. 통합측 교단에는 45개의 노회가 있는데, 그중에 서울에 있는 한 노회가 총회에 질의서를 내면서 문제가 생겼습니다.

"조용기 목사님이 시무하는 순복음중앙교회는 이단입니까, 정통입니까? 그것을 분별해주십시오"라고 총회에 질의를 했습니다. 우리 총회법에는 노회가 정식으로 질의해오면 반드시 대답을 해주도록 되어 있습니다. 그해 9월 총회에서는 순복음중앙교회가 이단이냐, 정통이냐를 분별하기 위한 7명으로 구성된 연구위원회를 만들었습니다. 그래서 1년 간 연구하여 그 다음 총회 때 발표하기로 했습니다. 그 연구위원은 당시 장로회신학대학 학장이셨던 이종성 박사님, 영락교회에서 시무하신 박조준 목사님, 부흥사이신 신현균 목사님, 지금은 명예교수로 계신 연세대학교의 문상희 교수님 등이었습니다. 그 다음해에 발표된 연구결과는 "순복음중앙교회는 사이비성이 있는 교회로 판단됩니다"라는 것이었습니다. 이단도 정통도 아니고 사이비성이 있다고 말한 것입니다. 확실히 잘라서 말하기가 어렵다는 것입니다. 그래서 '사이비성이 있다고 판단됩니다' 하고서는 그 근거를 5가지로 제시했습니다.

순복음중앙교회를 사이비성이 있는 교회로 판단했으나 그 교단 전체를 말하는 것이 아니라 조용기 목사님이 이끄는 교회를 말하는 것이었습니다.

사이비성이 있다고 하는 이유 5가지 중에 그 첫번째가 영 분별문제입니다. 순복음중앙교회에서는 이른바 처녀부활사건이 있었습니다. 순복음중앙교회의 교인 중에는 이화여대를 다니던 한 여학생이 병들어 죽었습니다. 고향이 전라남도라 그곳에 가서 장례를 지냈다고 합니다. 삼일 만에 죽은 딸이 어머니에게 환상으로 나타나서 "어머니! 제 무덤을 열어주십시오. 제가 부활합니다"라고 해서 그 어머니가 사람을 사서 무덤을 열었더니 삼일 전에 죽었던 딸이 과연 다시 살아났다는 것입니다. 무덤에서 삼일 만에 살아난 것은 예수님 다음으로 있는 일이니 굉장한 사건이 아닙니까?

그 일을 교구에서 간증했더니 교구장이 분별을 잘못했습니다. 그것을 영적으로 분별하여 진짜인지 가짜인지를 판단해보아야 하는데, 그러지 않고 조용기 목사님이 사회 보는 예배에 그것을 쪽지에 적어 올렸습니다. "우리 무슨 교구에 죽은 지 삼일 만에 무덤에서 부활한 자매님이 있습니다. 이름은 누구고, 오늘 참석했습니다"하고 쪽지를 올리니까 조용기 목사님이 그것을 한번 더 재고하지도 않고 그대로 광고를 했습니다. "우리 순복음 제단에 아무개 교구의 아무개 성도가 죽은 지 삼일 만에 부활했습니다"하니까 열심있는 교인들이 와글와글하고 대단했겠지요.

"와! 할렐루야!"하긴 했는데 그곳에 마침 경향신문 사회부 기자가 있었습니다. 기자는 그런 것에 대해 그냥 넘어가지 않습니다. 가만히 들어보니 일반 신문에도 기사가 될 것 같았던 모양입니다. 그래서 예배를 마친 뒤에 그 처녀를 찾았습니다. "그 처녀를 좀 만나게 해주십시오. 제가 취재해서 신문에 보도하겠습니다"라고 하며 그 처녀를 찾았는데 그 처녀는 이미 뒷문으로 나가버린 후였습니다. 신문기자니까 끝까지 조사를 해서 결국 본인을 만났는데, 알고보니 이화여대를 다니는 사람도 아니고 국민학교를 나온 후 서울에 와서 가정부로 있다가 정신이상이 된 정신병자였습니다. 죽었던 것도 부활한 것도 아니었고 다만 정신병자가 교구에서 횡설수설하며 이야기한 것을 듣고 간증한 것인데 20만 성도들은 그것도 모르고 "할렐루야! 아멘! 부활했다"고 나왔으니 이것이 문제가 된 것입니다. 그래서 통합측 교단에서는 그것을 사이비성의 한 근거라고 판단한 것입니다.

장로교 목사라면 그렇지는 않았을 것입니다. 아무리 신학교를 금방 졸업한 개척 교회 전도사라도 장로 교회의 교역자 같으면 그런 쪽지가 올라와도 '죽은 지 삼일 만에 다시 부활했다? 이것 다시 한번 알아봐야지. 뭐 예수님의 여동생이라도 되나?'라고 생각하고 먼저 그 사실여부를 확인했을 겁니다. 그것을 그렇게 섣불리 광고하지는 않는다는 것입니다. 사리로 따져보아도 그렇지 않습니까? 분명히 그 교회도 은사로써 선 교회인데 정신병자의 말인지 아닌지를 분별할 수 있는 사람이 그 20만명 교인 중에 왜 한 사람도 없었는지, 그것이 참 이상합니다.

제가 특정 교회나 특정 목사님을 비판하는 것이 아니라 영 분별이라는 것이 그만큼 중요하다는 것입니다. 영 분별은 은사입니다. 우리 시대에 부흥되고 뜨겁다고 해서 무조건 가서 고개 숙이고 안수받고 할 것이 아닙니다. 그것이 정말 진리의 말씀에 기준해서 진리의 생명이신 예수님의 영, 성령 안에서의 바른 양식이냐 아니냐를 분별할 수 있는 바탕이 있어야 합니다. 이러한 은사를 기도로 간구하여 받으시기 바랍니다.

　지금까지 이야기한 성령의 내적 역사인 성령의 열매와 외적 권능인 성령의 은사는 우리의 신앙생활에 모두 필요한 것으로, 양쪽을 다 겸해야 합니다. 사탄은 항상 양쪽을 갈라놓으려고 합니다. 은사와 열매를 갈라놓으려고 합니다. 그러나 이 두 가지가 합쳐져야만 충만해집니다.

　사도행전 6장 7~8절 말씀을 보면 양쪽이 다 충만했던 집사님이 나옵니다. 성령의 내적인 열매와 외적인 권능이 합쳐져야 비로소 성령충만한 사람이 되고 성령충만한 교회가 됩니다. 어떤 교회를 보면 내적인 열매는 충만해서 신사처럼 조용하고 경건하여 좋은데, 외적 권능인 능력이 없습니다. 은사가 약합니다. 또 어떤 교회는, 은사는 쏟아지는데 교회가 난장판으로 질서가 없고 도떼기시장 같이 뒤죽박죽이어서 내적인 열매가 없는 곳도 있습니다. 열매와 은사, 이 두 가지가 합쳐져야 비로소 완전한 교회가 됩니다.

　우리 장로 교회는 대체로 성령의 내적인 열매, 사랑에서 절제까지의 열매는 깊이 맺어지는 반면 권능이 약합니다. 또 다른 어떤 교단은 방언하고 병고치고 전도하는 성령의 권능은 많아서 시끌시끌한데 열매가 약합니다. 그래서 덕이 되지 못합니다.

　이 두 가지가 합쳐져야 조화로운 신앙생활을 할 수 있습니다. 이 두 가지가 합쳐지려면 누가복음 11장 말씀대로 ‘구하라 그러면 구하는 자에게 주실 것’이라는 말씀을 굳게 믿고 적극적으로 구해야 합니다.

　　“스데반이 은혜와 권능이 충만하여 큰 기사와 표적을 민간
　에 행하니”(행 6:8)

비전있는 교회의 모습

스데반 집사는 은혜와 권능, 양쪽을 겸했습니다. 은혜는 내적인 열매입니다. 권능은 외적인 능력입니다. 스데반 집사처럼 안으로는 성령의 은혜의 열매를 맺고 밖으로는 권능을 나타내는 그리스도인이 진정으로 성령충만한 성도입니다. 그런 성도에게는 나타나는 특징이 있습니다.

> "공회 중에 앉은 사람들이 다 스데반을 주목하여 보니 그 얼굴이 천사의 얼굴과 같더라"(행 6:15)

성령충만한 성도는 얼굴에서 나타납니다. 살아가면서 대해보면 무언가 다릅니다.

스데반 집사는 돌에 맞아서 죽는 자리에서도 천사 같은 얼굴을 하였습니다. 성령받은 사람은 모든 환경과 조건을 초월합니다. 아무리 망하고 욕먹더라도, 아무리 힘들고 어려운 자리에서도 천사같은 마음으로 흔들리지 않습니다. 우리들은 성령충만하여 환경과 조건에 얽매이지 않고 항상 주님 앞에 귀히 쓰임을 받고 교회를 부흥케 하는 일꾼들이 되어야겠습니다.

성령의 권능

오직 성령이 너희에게 임하시면 너희가 권능을 받고
예루살렘과 온 유대와 사마리아와 땅 끝까지 이르러
내 증인이 되리라 하시니라(행 1:8)

　‘오직 성령이 임하시면’의 ‘오직’이란 단어는 매우 중요합니다. 왜냐하면 바른 신앙생활을 하기 위해서는 성령을 받는 길 외에는 다른 길이 없다는 것을 설명하는 단어가 바로 이 ‘오직’이기 때문입니다. 그리스도인들이 살아가는 신앙생활에는 오직 한길, 성령받는 길 외에는 다른 길이 있을 수 없습니다.
　서양 사람들이 쓰는 욕 가운데 ‘성령받지 말고 목사나 해라’라는 말이 있다고 합니다. 제가 그 말을 듣고 ‘거 참, 욕도 성경적인 욕이구나’라고 생각했습니다. ‘성령받지 말고 목사하라’는 말은 분명히 저주라 할 수 있습니다. 목사인 제가 생각하기에는, 성령의 체험도 없이 목회를 한다는 것은 아마 종신 징역과 비슷한 고역일 것 같습니다. 창살 없는 감옥이라고나 할까요. 그것은 또한 가족들도 교인들도 같이 징역살이하는 셈이 됩니다.

또한 그 말은 우리 목회자들에게만 해당되는 얘기는 아닙니다. 신앙생활 자체가 성령을 받지 아니하고는 불가능합니다. 그래서 '오직 성령이 임하시면 너희가 권능을 받고'라고 말씀하십니다. 성령을 받으면 권능을 받습니다. 권능은 힘입니다. 성령을 받으면 힘, 권능을 자연히 받게 되는 것입니다. 권능은 다음의 세 가지로 이해할 수 있습니다.

첫번째는 죄 중에서 살다가 거듭나는 권능입니다. 이것을 가리켜 구원받는 권능, 중생하는 권능이라고도 하지요. 이것은 세상의 육적인 삶에서 예수 그리스도의 사람으로 다시 태어나는 권능입니다. 그런데 우리가 신앙생활을 하면서 한가지 잘못 생각하는 것이 있습니다. 즉, 성령으로 거듭난 자는 그것으로 모든 것을 졸업이나 한 것처럼 생각합니다. 사실은 그때부터 시작인데, 그것으로 끝난 줄로 알기 때문에 신앙생활에 혼선이 생깁니다.

두번째는 거듭난 성령이 성령 안에서 자라는 권능입니다. 어린아이가 자라듯이, 나무가 자라듯이, 심령이 자라는 것이 성령의 권능입니다. 그러나 계속 자라기만 하는 것은 아닙니다. 그 다음 단계로 세번째의 권능이 필요합니다.

세번째는 자라면서 밖으로 열매 맺는 권능입니다. 섬기며 봉사하며 전도하는 가운데 밖으로 여러가지 열매를 맺는 것입니다.

우리가 성령의 권능을 받으면 거듭나게 되고 성령 안에서 자라나게 되고 또 열매를 맺게 됩니다. '권능'은 헬라어로 '두나미스'($\delta \acute{v} \nu \alpha \mu \iota \varsigma$)라고 합니다. 그 '두나미스'라는 단어로부터 두 개의 영어 단어가 나왔습니다. 그것은 우리 신앙생활에 중요한 단어입니다. 그중 하나가 '다이너마이트'(dynamite)입니다.

다이너마이트는 바위도 깨뜨리고 집도 무너뜨리는 '힘'을 의미합니다. 성령을 받은 성도는 바로 그러한 힘을 받게 됩니다.

죄와 죽음 가운데 있던 우리들이 성령을 받게 되면 그 힘으로 새롭게 됩니다. 그래서 깡패가 목사가 되고 죄인의 굳어진 마음이 참회하는 마음으로 변하기도 합니다. 그것이 다이너마이트와 같은 성령의 권능입니다. 뒤집어지는 역사입니다. 그러나 우리가 성령을 받아서 뒤집어지고 깨뜨려지기만 한다면 문제가 생깁니다.

가정주부가 성령을 받고 은혜를 받아서 매일 부엌에서 뒤집어지기만 한다면 아마 그릇도 다 깨버릴 것이고 자녀교육도 못할 것이고 애기 젖도 안 주어서 매일 집에서 울기만 할 것입니다. 그래서 '두나미스'에서 나온 영어 단어가 하나 더 있습니다. '다이내믹'(dynamic)이라는 단어입니다. 다이내믹은 다이너마이트하고는 대조적입니다. 다이너마이트는 확 뒤집어지고 깨뜨려진다는 의미가 있고, 다이내믹은 생활 속에서 소리소문없이 맺어진다는 의미가 있습니다.

다이내믹한 성령의 권능에 대한 대표적인 말씀이 있습니다. 바로 요한복음 3장의 예수님과 니고데모가 나눈 대화입니다.

"사람이 거듭나지 아니하면 하나님의 나라를 볼 수 없느니라."

"랍비시여, 어떻게 사람이 어른이 되어서 거듭날 수 있습니까?"

"바람이 어디서 와서 어디로 가는지 모르듯이 성도가 거듭나는 것도 그러하니라."

성령의 권능이 한 가지로만 역사하는 것은 아닙니다. 다이너마이트가 터뜨려지듯이 뒤집어지고 새로워지는 권능이 있는가

하면, 어린아이가 자라듯이, 나무가 자라듯이 직장에서 주방에서 도서실에서 생활인으로 살아가면서 보이지 않게 맺어지는 권능도 있습니다.

성령의 권능을 받은 사람과 성령이 임하신 교회는 두 가지를 겸비해야 됩니다. 그런데 우리 한국 교회는 두 가지를 다 겸비하지 못했습니다. 적어도 60년대와 70년대에는 한쪽으로 좀 기울어진 감이 있습니다. 대체로 다이너마이트 쪽으로 기울어졌습니다. 그래서 교회마다 부흥회다, 은사집회다 하여 뜨거운 체험을 하고 간증도 하고, 아주 요란했습니다. 그것도 성령의 다이너마이트와 같은 권능으로 성도들을 새롭게 하는 중요한 권능입니다.

그러한 다이내믹한 생활 속에서 맺어지는, 건전한 바탕 위에서 닦아 올라가는 생활인의 성령생활도 꼭 필요합니다. 그것이 부족하여 교회에 문제가 생깁니다. 그래서 훌륭한 교회는 그 양쪽의 균형을 잘 잡아 모든 성도들이 올바른 신앙생활을 하도록 이끌어 줍니다.

제가 몇년 전에 안양교도소에서 감옥살이하던 적이 있습니다. 그곳에는 약 4천3백명의 죄수들이 있었습니다. 대부분 전과3범에서 17범까지의 경력이 있는 중죄수들이었고 저와 같은 정치범들도 몇명 있었습니다.

그 감옥에는 일주일에 한번씩 종교시간이 있었는데 한달에 두번은 목사님이, 한번은 스님이, 나머지 한번은 신부님이 오셔서 강론을 하십니다. 그 시간에는 죄수들이 전부 다 나와서 강제로라도 참여해야 합니다. 한번은 한얼산 기도원의 이천석 목사님이 오셨습니다. 그분은 예전에 깡패 노릇을 하며 험한 세월을 살다가 성령의 다이너마이트와 같은 역사로 뒤집어지고 새롭게 된 대표적인 사람입니다.

감옥에 한번 갔다 오면 흔히 별 하나 붙이고 온다고 합니다. 그분은 전과 5범이었으므로 별이 다섯개 붙은 사람이었습니다. 그래서 설교를 할 때면 으레 "내가 오성장군인데…"하면서 시작합니다. 별이 다섯개라고 하면 벌써 그 죄수들 앞에서 권위가 서거든요. 전과 5범인 선배가 목사님이 되어 와서, 감옥에서 쓰는 단어로 술술 설교를 해나가니까 얼마나 그 죄수들한테 은혜가 있겠습니까?

그분이 또 설교 중에 이런 말도 합니다.

"내가 명동에서 옆에 냄비 달고 어깨에 힘주고 가는데 까마귀가 나를 찍길래 내가 인상을 확 찌푸렸더니…"

자기들의 오성장군 선배님이 서울 명동에서 여자를 데리고 순경도 우습게 보고 힘주고 갔다니까 얼마나 힘을 얻겠습니까?

그분의 간증은 아주 특별합니다. 그 특별한 간증을 아주 은혜롭게 줄줄 했더니 4천3백명의 죄수들이 은혜를 받았습니다. 설교는 은혜충만하게 끝났는데 마지막에 문제가 생겼습니다.

그분이 설교를 마치고 "나처럼 예수 믿고 목사 되어서 대접 받고 로얄 타고 다닐 사람 일어서! 목사 될 사람 일어서!"하니까 4천3백명의 죄수 중에 7백명 이상이 목사 되겠다고 일어서요. 그것을 보고 '야, 이거 큰일 났구나' 싶은 게, 제 가슴이 철렁했습니다. 그래서 제가 속으로 이렇게 기도했습니다.

'주님 저분들이 성령받고 거듭나서 서리집사까지만 되게 해주시고, 목사나 장로는 안 되게 해주시옵소서.'

제가 그렇게 기도한 이유가 있습니다. 그것은 전과자들의 신앙이나 인격을 무시해서가 아니라, 선교를 오래도록 해오면서 제가 그 사람들을 너무나 잘 알게 되었기 때문입니다. 제가 그

비전있는 교회의 모습

사람들을 무시했다면 그런 사람들 속에서 지금까지 선교활동을 해올 수가 없었지요.

저는 그분들을 잘 압니다. 그래서 깡패나 전과자와 같이 험한 세월을 살았던 사람들은 은혜받고 새로워져서 집사님으로 충성하는 것이 좋다고 하는 것입니다. 그분들이 목사나 장로까지 되면 문제가 많이 발생합니다. 항상 성령충만하다면 문제될 것이 없지요. 그러나 사람은 언제나 신령하지를 못합니다. 은혜가 식어질 때가 있습니다. 봄이 있고 겨울이 있듯이 신앙인의 신앙생활도 오르막과 내리막이 있습니다. 영적으로 오르막길일 때는 충만하고 좋은데, 내리막길일 때가 문제입니다. 사람이 성령충만하지 못하고 낙심해 있을 때는 옛날의 깡패기질이나 전과자기질이 나옵니다. 실제 그런 분들이 있습니다.

옛날에 주먹세계에서 살던 어떤 분이 은혜받고 목사가 되었습니다. 그분이 충만할 때는 좋았는데 나중에 은혜가 떨어지니까 당회 중에 자기 뜻대로 안된다고 장로님의 멱살을 쥐고 "이걸 한주먹에 날려버려?"하면서 소리를 지르며 난리를 피운 적이 있습니다.

제가 판자촌에서 험한 사람들을 대하며 전도하는 가운데 여러번 체험을 하고 눈으로 보았기 때문에 그런 기도를 했던 것입니다. 청계천에서 선교할 때 우리 교인 중에 넝마주이하는 분이 있었습니다. 그분이 술을 과하게 먹고 취하면 어찌나 행패를 부리는지, '아무개가 술 먹었다'고 하면 온 동네에 비상이 걸립니다. 그 사람은 술만 먹으면 광기가 들어서 그저 박치기를 하고 이빨을 부러뜨리고, 아무 집이나 문 열고 들어가서 마구 행패를 부립니다. 그래서 동네사람들은 아무개 술 먹었다고 하면 모두 피하고 문단속을 단단히 하곤 했습니다. 그러던 사람을 우리 교회에서 전도했더니 그가 회개하고 술버릇도 끊고 착실한 교인이 되었습니다. 그 청년이 얼마나 든든하게 생각되던지요.

'잘 길러서 우리 교회 장로로 삼아야 되겠다'고 장로감으로 찍어놓고 제가 아주 기대를 했었습니다. 총각인데도 집사로 세움을 받고 청년회 회장도 하고 그랬습니다. 그런데 한번은 밤중에 나와보니 달밝은 밤에 그 청년회 회장이 술을 잔뜩 먹고는 교회 지붕에 올라가 있는 것입니다.

교회 지붕이랬자 판잣집 지붕이라 올라가기 쉬운 나지막한 지붕이었지요. 손에 소주병을 들고 지붕을 왔다갔다 하면서 하늘을 쳐다보고 "하나님 내려오시라요, 한잔 합시다래"하는 것입니다. 제가 깜짝 놀라 말했습니다.

"야, 이 사람아, 왜 이러나? 정신이 있나, 없나?"

"아, 돌팔이 목사님 나오셨구만요. 돌팔이 목사님도 이리 올라오시라요. 올라오셔서 돌팔이 목사님, 돌팔이 집사, 돌팔이 하나님, 삼위일체로 한잔 합시다"

제가 얼마나 기가 차던지,

'야, 어떻게 잘 나가다가 사람이 저렇게 빗나갈 수가 있나' 싶더군요.

"이 사람아, 미끄러져 다치네. 내려와, 내려와."

그랬더니 술 먹은 사람이 비틀비틀거리며 내려오는데, 헛디뎌 목이나 다치지 않을까, 얼마나 걱정이 되던지요. 밑에서 안전하게 내려오라고 받아주었습니다. 빈 속에 술과 안주를 잔뜩 먹은 사람이 그냥 거꾸로 내려오니까 위에서 욱하고 다 토해버렸습니다. 그래서 토한 물질이 밑에서 받쳐주던 저의 얼굴을 온통 다 덮었습니다. 제가 푸푸거리면서도 그 사람을 놓아버리면 떨어질까봐 놓지도 못하고 그냥 받아줄려니 냄새는 얼마나 역겹던지요.

제가 '야, 참 세례도 가지가지구나'라고 생각했습니다. 그 청년을 내려놓고 펌프물을 받아 올려서 밤새 씻었는데도 냄새가 가시질 않아요. 얼마나 썩는 냄새가 나던지요. 화가 잔뜩 나있는데, 그 사람이 한숨 자고 술이 깬 뒤 새벽에 저를 찾아왔습니다.

"죄송합니다, 목사님. 어제 술김에 실수한 것은 없습니까?"

"실수한 게 없느냐고? 야, 이 사람, 참 답답하네. 다음에는 지붕에 언제 올라갈지 미리 얘기나 해주게. 미리 사다리나 갖다 놓게. 이게 무슨 짓이오?"

몇달, 혹은 1년이나 2년 간은 잘 나가다가도 느닷없이 옛날 습관이 살아나는 수가 많습니다. 제가 드리고자 하는 말씀은 인생을 살면서 타락도 하고 깡패도 하고 전과자도 되고, 그러다가 또 성령의 다이너마이트 같은 역사로 뒤집어지는 것도 중요하지만 그보다 더 중요한 것은 어려서부터 경건한 부모님들 밑에서, 은혜로운 목사님 밑에서 타락하지 않고 다이내믹한 성령의 은혜 속에서 자라나는 과정이 필요하다는 것입니다.

타락했다가 다이너마이트가 바위를 깨뜨리듯이 뒤집어지고 눈물흘리고 감사하며 감격하고 새로워져서 큰 종 되는 것도 성령의 역사이며 중요한 것입니다. 그러나 정말 교회생활에서 중요한 것은 처음부터 제대로, 은혜롭고 경건하게 빗나가지 않고 바르게 자라는 것입니다. 그러니 우리가 뒤집어지는, 까무러치는 은사를 찾기 이전에 가정을, 교회를 은혜롭고 건강하게 지켜 자녀들이 올바르게 성장하도록 해야 할 것입니다.

교회만 그런 것이 아닙니다. 사회의 모든 지도자도 그렇습니다. 정치도 그렇고 경제도 그렇고 모든 것이 그렇습니다.

우리나라 정치가 왜 어렵습니까? 정치가 왜 기초가 없습니까? 학생시절부터 정치에 뜻과 소명의식을 가지고 훈련을 받아서 민주적인 인격을 갖춘 다음에 국회의원과 대통령이 되어야 합니다. 그런데 우리나라는 갑자기 뒤집어져서 대통령이 된다든지 갑자기 총으로 꺾어서 앉는다든지 하니까 정치가 제대로 될 턱이 없습니다.

하고 싶어도 무식해서 못하는 겁니다. 또 무식한 자가 용감하다는 말처럼, 모르니까 어떻게나 용감하게 해치우는지, 뭐든지 제대로 되지를 않습니다.

사회의 지도자나 교회의 지도자나 중요한 것은 뒤집어지는 것보다도 처음부터 제대로 살아가는 것입니다. 우리 교우님들이 그 점에서 한가지 엉뚱한 생각을 하는 경우가 있습니다.

제가 아는 권사님이 한번은 제게 이런 말씀을 합니다.

"목사님, 큰 죄 짓고 타락했다가 은혜받아서 확 새로워지는 역사가 있어야 믿음이 돌아올 텐데…. 저는 장로님 가정에 태어나서 학교와 교회와 집만 알다가, 믿는 사람에게 시집가서 남편은 장로되고 저는 권사가 됐습니다. 일평생 변동없이 살아가니까 큰 은혜를 못 받았습니다. 나도 한번 타락을 해볼려고 해도 잘 안되던데요."

그래서 제가 웃으면서 "글쎄요. 연습으로 한번 해보십시오"라고 했습니다. 깊이 타락하고 나서 회개한다는 것이 얼마나 심령에 고통을 주고 힘드는 일인지 모릅니다. 타락하고 다시 회개하며 돌아온다는 것이 큰 은혜 받을 것 같지만, 그 과정이 얼마나 피곤하고 영혼이 고통스러운지 겪어보지 않은 분들은 모릅니다. 어려서부터 타락해보지 않고 제대로 신앙생활을 해왔다는 것은 축복 중의 축복입니다. 그런데 그것이 축복이라는 것을 모르고 지내는 분들이 많습니다.

성경에 탕자의 비유가 나오지요. 어떤 사람에게 두 아들이 있었는데 형은 가정을 잘 지키고 부모공양을 잘하며 자기 직책을 충실히 행하는 사람들이었습니다. 동생은 어려서부터 그만 빗나가서 자기가 상속받을 몫을 미리 받아가지고 집을 떠났습니다. 먼 나라로 간 그는 허랑방탕한 생활을 하여 나중에는 돈도 떨어지고 먹을 것도 없게 되자 돼지 먹이는 집에 인부로 들어갑니다. 그러다가 결국 회개하고 아버지에게로 돌아왔습니다.

그 말씀을 어떤 목사님이 설교하는 것을 제가 들었습니다.

"여러분, 하나님께서는 인정없고 사랑없는 큰형을 사랑하지 않습니다. 죄인이 되었지만 회개하고 돌아온 둘째아들을 하나님께서는 사랑하십니다."

제가 이 설교를 듣고, 교인들이 '나도 그러면 둘째아들처럼 타락하고 돈도 낭비하고 그랬다가 돌아와야 사랑받겠구나' 라고 생각할 수도 있다 싶어 걱정이 되었습니다. 타락했다가 돌아온 둘째아들도 하나님이 사랑하시지만 하나님이 더 사랑하시는 사람은 처음부터 가정을 지키고 부모님을 공경하고 제 길로 걸어온 큰아들이 틀림없다고 저는 믿습니다.

그 점에서는 장로교 교인들이 얼마나 든든하고 훌륭한지 모릅니다. 저는 금식을 오랫동안 하고 뒤집어지는 분의 신앙보다, 적어도 어려서부터 차근차근 교회생활을 해나가면서 자라온 장로교 교인들의 신앙이 한국 교회를 든든히 지켜준다고 생각합니다. 그 점에 대해서는 우리 장로교 교인들이 자부심을 가질 만합니다.

우리의 신앙이, 성령의 은혜로 권능을 받아서 다이너마이트 같이 뒤집어지는 역사와 함께, 생활 속에서 차분히 자라는 다이내믹한 성령의 역사로 균형을 잘 맞추어 나가야 할 것입니다. 그럴 때 아름다운 성령의 열매를 맺게 될 것입니다.

"오직 성령이 너희에게 임하시면 너희가 권능을 받고 예루살렘과 온 유대와 사마리아와 땅 끝까지 이르러 내 증인이 되리라 하시니라"(행 1:8)

오직 성령이 임하시면 너희가 권능을 받는다고 했는데 그 권능을 우리가 왜 받습니까? 그 이유를 우리는 깊이 생각해보아야 할 것입니다. 성령의 권능이 왜 우리한테 임합니까? 거기에는 이유가 있습니다. 우리가 증인이 되라고 우리가 예루살렘과 온 유대와 사마리아와 땅 끝까지 증인이 되라고, 성령의 권능이 임하는 것입니다.

우리가 성령의 권능을 받고도 증인이 되지 아니한다면 주님께서 우리에게 권능주신 그 뜻이 없어져버립니다. 그러면 그 권능이 메말라지거나 신앙생활에 힘이 빠집니다. 증인되는 실천이 뒤따르지 아니하면 받은 은혜가 더 깊이 자라지 못합니다.

제가 어떤 회사의 사장님에게 상담을 해준 적이 있는데 그 사장님이 저에게 이런 얘기를 하더군요.

"목사님, 제가 몇년 전에 어떤 집회에서 큰 은혜를 받았습니다. 그때는 감격하고 기쁘고 은혜 충만했었는데 사업하느라 바쁘게 쫓아다니다 보니까 그때 받은 은혜가 식어졌습니다. 그래서 그때 받은 뜨거운 은혜를 다시 한번 맛보려고 집회마다 이 바쁜 사람이 다녀도 다시 그때와 같은 체험을 하지 못해서 아주 답답합니다. 목사님 설교를 듣고, 무언가 목사님께 도움되는 말을 듣게 될 것 같아서 찾아왔습니다.”

“몇년 전 은혜 받고 성령의 권능을 체험하고 난 뒤에, 뭘 하셨습니까?”

“예, 집에서 감사예배드리고 특별헌금하고 그랬지요.”

“그것 이상, 그 다음에 또 무엇을 했습니까?”

“그 다음에 경영인으로 생활했지요.”

“사장님께서 받은 은혜가 왜 메말라버렸느냐 하면 은혜는 받았는데, 권능은 받았는데, 증인으로 사는 삶이 뒷받침되지 못했기 때문입니다.”

“목사님, 그러면 어떻게 증인이 될 수 있습니까?”

“예, 사장님으로서, 경영인으로서 성령받고 증인이 된다는 것은 회사 노동자들에게 더 잘해주는 것이지요. 노동자들의 복지시설도 늘려주고 경영의 큰 손해가 없는 한 월급도 인상해주고 말입니다. 노동자를 대하는 것이 예전과 달라지고 또 옛날에 자꾸 탈세하던 사람이 세금내는 것도 달라지는 것, 그것이 바로 성령받은 사람이 해야할 증인의 첫 걸음입니다. 장로님, 그렇게 했습니까?”

“그렇게 못 했네요.”

이것이 우리 신앙생활에 있어서 아주 중요한 요점입니다. 받은 은혜가 가정에서 기업에서 학문에서 그대로 나타나는 것이 증인생활의 첫걸음입니다. 그런데 성령의 권능을 받고도, 은사를 받고도 생활의 변화가, 실천이 없습니다. 그러면 증인되는 삶이 되지 못합니다. 그러니까 받은 권능이 식을 수밖에 없지요. 성경 원전에 ‘증인’이라는 헬라어는 ‘마르투스’($\mu\acute{\alpha}\rho\tau\upsilon\varsigma$)입니다. 여기서 나온 영어 단어가 바로 '순교자'를 뜻하는 단어, '마터'(martyr)입니다.

초대 교회에서는 순교자가 바로 증인이었습니다. 성령을 받고 권능을 받으면 증인이 되었는데 그것은 곧 순교자가 된다는 것이었습니다. 초대 교회에서는 그랬습니다. 예수 믿는다고 증거하면 그 자리에서 사형장으로 끌려갔으므로 믿는다는 자체, 증거한다는 자체는 순교를 작정하는 것이었습니다.

그렇다면 오늘날 이 시대에서는 어떻게 성령받고 순교자가 될 수 있습니까?

공산당이 "예수 믿을 거냐, 안 믿을 거냐"고 물었을 때 "믿습니다"하고 총 맞아 죽으면 간단하기도 하고 강렬하기도 하겠지만, 요즘은 우리한테 총 갖다대는 공산당도 없고 주일날 교회에 간다고 죽이는 사람도 없습니다. 그러면 어떻게 순교자로서의 증인생활을 할 수 있겠습니까?

이것이 우리 신앙생활에 있어서 의문의 핵심을 이룹니다. 이 평화로운 곳에서 우리가 어떻게 순교자로서, 증인으로서 살아갈 수 있는지, 이 점에 대한 정확한 인식을 가져야 합니다.

위에서 말씀드린 그 기업가를 예를 들어 설명해봅시다. 비록 옛날보다 회사의 이익이 적더라도, 그가 성령받은 뒤에는 노동자들에게 대우를 더 잘해주고, 가정에 더 충실하고, 교회를 받드는 일에 더욱 시간과 정성을 바친다면 그것이 곧 증인의 삶이고 순교자의 삶입니다. 우리가 신앙인으로서, 순교자로서 살아가려면 여러가지 어려움이 있습니다. 저는 하도 가난한 사람들 속에서 오래도록 목회를 해서 우리 교인들한테 늘 강조합니다. "여러분, 예수님 이름으로 돈버는 순교 좀 하시오" 항상 빚지고 빈민으로 살지 말고 순교한다는 마음으로 한푼 두푼 모아서, 그 물질로 하나님 일에 쓰는, 그런 순교 좀 하라고 제가 열심히 얘기합니다.

그런데 워낙 빈민촌에서부터 망하는 데 전문가만 모였는지라, 돈버는 일에는 인연이 없는가 봅니다. 지금까지 가난을 벗어나지 못하고 있는 교인들이 많습니다. 그래서 저는 거의 주일마다 교인들과 함께 이렇게 기도합니다. '제발 하나님의 사람이 세상사람들한테 물질로 수모당하고 물질로 주님의 영광을 가리지 않게 해주십시오!' 성도들이 하나님의 이름으로, 정당하게 열심히 재물을 모아서 하나님의 선한 사업에 쓴다는 것이 얼마나 귀한 일인지 모릅니다.

종교와 재물간의 관계에 대한 두 가지 사상이 있습니다. 첫번째는 청빈사상입니다. 이것은 가난하게, 깨끗하게 사는 물질관을 말합니다. 두번째는 청부사상입니다. 이것은 열심히 재물을 모아서 하나님의 이름으로 쓰는 것을 말합니다.

청빈사상의 대표적인 종교는 불교입니다. 우리 기독교에서는 천주교가 대체로 이 청빈사상을 강조합니다. 청부사상, 즉 재물을 열심히 저축하고 자본을 축적해서 하나님의 뜻에 합당하게 쓴다는 그 청부사상의 대표적인 종교는 유교와 개신교라 할 수 있습니다.

특별히 우리 조상들은 불교적인 재물관을 갖고 살아왔습니다. 그래서 이런 말도 있지요.

'나물 먹고 물 마시고 팔 베고 누웠으니, 대장부 살림살이 이만하면 족하다.'

그럴 듯한 얘기 같지만 사실은 말도 안 되는 소리입니다. 그런 사상 때문에 우리나라가 지금까지 가난을 벗어나지 못하고 있습니다. 나물 먹고 물만 마시면 어떻게 됩니까? 그래서 어떻게 건강을 지키며 처자식은 어떻게 부양합니까? 또 팔 베고 누워만 있으면 어쩌자는 겁니까? 사람이 반듯하게 누워야 몸이 건강하지, 팔 베고 누우면 신경통밖에 안 걸립니다. 옛날 우리 조상들의 물질관은 잘못되었습니다. 조상들이 그러니 후손들이 가난할 수밖에 없지요.

개신교 신앙의 물질관은 전혀 그렇지 않습니다. 개신교, 특히 칼빈 사상의 특징 중의 하나는, 열심히 벌어서 하나님의 이름으로 쓰는 겁니다. 그래서 자본을 나쁘게, 악한 것으로 보지 않습니다. 개혁신앙에서는 자본을 하나님이 주시는 축복으로 봅니다. 그러나 '어떻게 할 때 재물이 축복이 되는가' 하는 점은 깊이 생각해보아야 합니다. 재물에 매여서 살면 그것은 우상숭배가 됩니다. 하나님이 그 재물을 나에게 맡기신 것으로 생각하고 하나님의 일에 사용할 때, 그 재물이 축복이 됩니다. 저는 모든 성도들이 오늘날과 같은 산업사회, 자본주의 시대에 살면서 열심히, 정당하게 재물을 모아서 하나님의 이름으로 복음선교사업에 열심히 쓰기를 바랍니다.

"부지런한 자의 경영은 풍부함에 이를 것이나 조급한 자는 궁핍함에 이를 따름이니라"(잠 21:5)

부지런한 자의 경영은 '풍부함에 이를 것이나' 즉, '부자가 될 것이나'라는 말입니다. 부지런하게 경영하는 사람은 부자가 될 것이나 조급한 자는 가난하게 된다는 말입니다. 처음부터 같이 시작했는데 한 가정은 빈민촌으로 들어가고 한 가정은 재벌이 됩니다. 부지런하게 경영한 사람은 부유하게 되고 조급하게 살았던 사람은 가난하게 됩니다.

부지런하다고 다 성공하는 것은 아닙니다. 성경을 읽을 때에 그 세부사항을 주의해서 읽어야 합니다. '부지런한 자는 부자가 될 것이냐'라는 말이 아닙니다. 부지런한 사람이 다 성공할 것 같으면 한국 농민들은 전부 부자가 되었을 것입니다. 그러나 실제로 한국 농민들은 새벽에 나가서 밤중까지 일하는데 굉장히 가난합니다. 그러므로 부지런히 일한다고 해서 반드시 부자가 된다고는 할 수 없지요.

성경에서 말하고 있는 것은 '부지런한 자의 경영'입니다. '경영!' 부지런하게 경영하는 사람이 부자가 되는 것이지 몸으로 때우는 사람이 성공하는 것은 아닙니다. 그런데 경영이 무엇입니까? 경영은 바로 지혜입니다. 저는 청년들한테 성공하려면 성령을 받으라고 합니다. 성공하고 출세하려면 기도하고 성령받으라고 합니다. 기도하고 성령받고 성령께서 주시는 지혜를 얻으면 분명히 성공합니다.

경영은 지혜라 했는데 그러면 그 지혜는 어떻게 얻습니까? 학교가서 공부해서 얻는 것이 지혜가 아닙니다. 그것은 지식입니다. 성경상의 지혜는 세상에서 얻어지는 것이 아닙니다. 영적으로 받는 것입니다. 다음의 말씀은 그 지혜를 어떻게 얻을 수 있는지에 대해서 잘 가르쳐주고 있습니다.

> "너희 중에 누구든지 지혜가 부족하거든 모든 사람에게 후히 주시고 꾸짖지 아니하시는 하나님께 구하라 그리하면 주시리라"(약 1:5)

누구든지 성공하기를 바라는 사람은, 물질에 성공하든지 학문에 성공하든지 세상에서 다른 사람보다 탁월하게 뛰어나기를 바라는 사람은 야고보서 1장 5절을 통해서 지혜를 내것으로 삼을 수 있어야 합니다. 너희가 지혜가 부족하거든 하나님께 구하라고 했습니다. 기도하면 후히 주신다고 했습니다. 우리는 기도와 경건한 생활을 통해서 지혜를 얻고 그 지혜로써 정말 부요함에 이르며, 그것을 순교자의 자세로 잘 사용해야 합니다. 그래서 저는 데모하는 청년이나 학생들을 만나면 데모하지 말라고 합니다.

"데모하는 것의 열배 스무배의 정력과 시간을 쏟아서 학문을 해라. 학문을 연마함과 동시에 기도하고 말씀을 묵상하라. 그래서 이 나라를 이끌어갈 수 있는 탁월한 지도자가 되어라. 자네가 순교하는 길은 학문을 깊이 연마해서 요셉과 같은, 다니엘과 같은 미래의 지도자가 되는 것이다."

우리의 학생들에게도 "너는 순교자의 각오로 밤낮없이 학문을 배우고 닦아서 이 나라, 이 교회의 기둥이 되어라"는 그 순교자적 결의를 심어주어야 합니다.

이것은 대단히 중요한 일입니다. 저는 어린 학생들을 새벽부터 저녁 늦게까지 붙들어놓는 우리의 교육에 대해 아주 불만스럽게 생각하여, 문교부장관에게 항의편지를 쓴 적이 있습니다. 교육을 어떻게 하길래 참새 같은 애들을 새벽부터 밤중까지 붙들어놓느냐고, 정 모르면 내려오지 왜 할 줄도 모르면서 높은 자리에 앉아 있느냐고 항의를 했습니다. 정말이지, 교육을 어떻게 시키길래 그러는지 저는 이해가 잘 안 갑니다. 서울 애들의 인사법은 "어머니, 아버지, 학교 다녀오겠습니다"가 아니라 "선생님, 집에 다녀오겠습니다"라고 합니다. 하루종일 학교에 붙들어놓고 집에 잠시 다녀오니까 그런 인사가 나온 것이겠지요.

그러나 그것은 잘못된 교육입니다. 자녀들에게 뜻을 주고 비전을 주고 사명감을 주면 지금 공부하는 시간을 절반으로 줄여도 우리 국가의 발전에 아무런 지장이 없습니다. 애들을 책상 앞에 오래 붙들어놓는다고 더 많이 깨우치거나 큰 인재가 되는 것은 아닙니다. 그렇게 해서는 우리나라가 부강해질 수 없습니다. 그 학생들을 건강하고 활달하게 터놓고 키우면서 그들의 마음 속에 희망과 비전을 심어주면 그 어린 자녀들은 자라서 스스로 올바른 역사를 만들어 나갈 것입니다.

우리가 순교자적인 자세로 증인된 삶을 사는 것은 신앙생활의 핵심입니다. 저 자신은 농촌 교회의 목사로서 열심히 일하는 것이 사도행전 1장 8절 말씀의 증인된 삶을 사는 것이라고 생각합니다. 그것이 저의 사명입니다.

이제 제가 농촌 교회에서 어느 정도 먹고 살만 하니까 가끔 서울에서 저를 초빙하러 옵니다. 얼마전에도 서울의 상당히 큰 교회에서 저를 초빙하러 왔습니다. 한 3천명쯤 모이는 그 교회의 장로님들이 와서는 "김 목사님, 듣자하니 이제 남양만 활빈 교회도 자립이 됐고 목사님도 할 만큼 하셨으니까,. 우리 교회로 오십시오"하며 여러가지로 좋은 조건을 제시해왔습니다. 월급도 농촌에서 제가 받던 것의 일곱배 정도의 대우를 해준다는 것이었습니다. 제가 그 말을 듣고 '야, 그 참 좋은 조건이다'라는 생각이 들었는데 옆에서 듣고 있던 우리 집사람이 눈알을 반짝반짝하는 것이 잘못하다간 가정불화가 나겠더군요. 그래서 제가 그 장로님들에게 말했습니다.

"나한테는 이 목회가 축복입니다. 저의 사명이지요."

"너무 그렇게 고집 부리지 마십시오, 목사님. 그릇대로 일해야지요. 서울에 오셔서 더 많은 사람들 앞에서 설교하시면 그것이 하나님 앞에 더 큰일이 아닙니까?"

"장로님, 감사합니다. 그러나 제가 여기를 지키는 이유는 이렇습니다. 사도행전 1장 8절 말씀에 예수님께서 땅 끝까지 복음을 전하라고 하셨습니다. 그런데 여기가 바닷가니까 땅 끝 아닙니까? 이것이 얼마나 성경적입니까? 목사가 성경적인 목회를 해야하지 않겠습니까? 많이 모인다고, 대우가 좋다고 옮겨 다니는 것은 올바른 목사가 아니지요. 그것은 세상적인 생각입니다. 좌우지간 바닷가의 조그만 마을에 불과하지만 이곳은 제가 사명받은 곳입니다. 하나님이 저에게 직접 엽서를 보내시든지 전화를 걸어서 '서울로 가라'고 명령하시기 전에는 절대로 갈 수가 없습니다."

어떤 분들은 그것이 저의 고집이라고 합니다. 그러나 그것은 고집이 아니라 사도행전 1장 8절 말씀 그대로입니다. '오직 성령이 임하시면 권능을 받고', 그 권능을 왜 받습니까? 증인이 되기 위해서입니다. 그 증인의 길은 순교자적으로 살아가는 삶을 말합니다. 저에게 있어서 순교는 작든지 크든지 제가 사명받은 마을에서 인생을 걸고 사는 것입니다. 그러나 또 모든 목사들이 농촌으로만 간다고 해서 다 되는 것은 아닙니다. 오히려 도시에는 더 많은 목사들이 필요하지요. 각자가 부르심을 입은 그 자리에서 순교자적인 자세로 목회를 하는 것이 중요합니다.

그렇다고 목사가 되는 것만이 순교는 아닙니다. 한국에는 은혜만 받으면 신학교 갈려고 하는 사람들이 많습니다. 지금 신학교 학생 수가 너무 많아서 골치를 앓는다더군요. 현재 우리나라의 신학교 졸업생 수는 일년에 약 1만 3천명쯤 된다고 합니다. 3백18개의 신학교에서 1만 3천명이 해마다 졸업합니다.

이러다가 목사 과잉상태가 될까봐 걱정입니다. 목사가 대접받는 시대가 되어서 그런지, 하여튼 신학교에 많이들 갑니다. 그래서 저는 후배들을 만나면 이렇게 얘기합니다.

"정말로 순교할 만한 마음의 각오가 없다면, 또 조금이라도 대접받고 싶은 마음이 있다면 신학교 가지마라. 목회가 대접받는 게 아닌데, 너무 쉽게들 가는 거 아니냐?"

우리 교회 집사님 중에 국민학교를 나오신, 성질이 급하신 분이 있습니다. 그런데 그분이 한번은 기도원에 갔다 오더니 자기가 사명을 받았다고 말하는 것입니다. 저는 집사의 사명을 받은 줄 알고 "아, 감사합니다. 잘해봅시다" 그랬더니 "그래서 제가 입학할 신학교까지 알아왔습니다"고 얘기하는 것입니다.

"무슨 얘기입니까?"

"제가 사명을 받고 나에게 합당한 신학교를 알아봤더니 6개월 만에 졸업하는 신학교가 있다고 해서 원서를 사왔습니다. 목사님도 찬성하시지요?"

제가 그 말을 듣고 '이거 큰일 났구나' 싶은 생각에 말리기는 말려야 되겠는데 참 문제더군요. 목사하지 말라고 하려니까 '저만 먹고 살려고 한다'고 오해할 것 같고, 하라고 할려니까 그 사람 수준이 안 되고, 정말 입장이 난처했습니다. 아무리 생각해도 신학해서 목사될 사람이 아닌데, 그렇다고 무턱대고 말릴 수도 없잖습니까? 그래서 제가 이렇게 물어보았습니다.

"사명은 본인이 받았지만 애기 엄마가 찬성해야 됩니다. 목회를 하려면 사모 역할도 중요합니다. 그래, 부인 집사님하고는 의논해 봤습니까?"

"아직 안 했습니다. 기도원에서 곧바로 이리 왔습니다."

"그러면 집에 가서 의논하고 찬성하면 다시 얘기합시다."

"그래야 순서가 맞겠네요."

그렇게 얘기하고 돌아가더니 한 사흘 뒤에 그 집사님이 다시 저를 찾아왔습니다. 머리를 긁적거리면서 이렇게 말하더군요.

"목사님, 제가 지난번에 말씀드린 것은 포기했습니다."

"어찌 사명이 사흘 만에 끝났습니까?"

"목사님 말씀을 듣고 집에 가서 의논했더니, 마누라가 펄쩍 뛰면서 나는 사모할 자격이 전혀 없으니까, 목사하려면 도장 찍어놓고 하라는 겁니다. 목사님, 제가 도장 찍고 어떻게 사명 자가 되겠습니까? 그냥 집사로 충성하기로 했습니다."

제가 어찌나 마음에 안심이 됐든지, "집사님은 처복이 많습 니다"라고 칭찬해주었습니다.

은혜 받았다고 다 목사가 되어 순교자가 되는 것은 아닙니 다. 집사로서, 주일학교 교사로서, 가정주부로서, 농사꾼으로 서 자기가 부르심을 입은 그 자리에서 순교자적인 사명을 다해 야 하는 것입니다. 상인으로서, 사업하는 그리스도인으로서 올 바로 장사한다는 것이 얼마나 중요한 순교입니까? 이 시대에 맞는, 순교자적인 증인정신에 대하여 우리가 올바른 관점을 정 립할 필요성이 있습니다.

제가 1974년에 군사재판을 받은 적이 있습니다. 그때 저를 재판했던 재판장은 참모총장 시절에 한때 말이 많았던 박희도 장군이었습니다. 그 사람이 저에게 15년 구형을 내렸습니다. 그 결심재판을 삼각지 육군본부 뒤뜰에 있는 육군재판소의 보 통군법회의에서 받았습니다.

그런데 갑자기 재판이 중단되고 헌병들이 왔다갔다하더니 우 리들을 캄캄한 데다가 전부 집어넣는 것이었습니다. 밖에서 굳 게 문을 잠그고 화장실을 간다고 해도 안 된다고 하고 점심마

저도 안 주는 것이었습니다.

'이거, 웬 일인가? 육군본부에서 자기들끼리 총질하다가 뒤집어졌나? 웬 일이지…?'

이런저런 생각에 마음이 뒤숭숭해지고 걱정이 되었습니다. 그런데 저녁 때쯤 되어서 저에게 지시가 떨어졌습니다.

"73번 나와!"

그래서 나갔더니 지하실로 저를 끌고가서는 취조하기 시작했습니다.

"73번, 김진홍! 너 평양 언제 갔다 왔어?"

제 가슴이 철렁하더군요. 이 얼마나 생사람을 잡는 일입니까?

"왜 그러십니까? 왜 생사람을 잡습니까? 대구 사람인 내가 평양 길을 알아야 갔다 오지요."

그랬더니 이놈의 자식이 엉큼하다느니, 네가 평양에 가서 밀봉교육을 안 받았으면 그런 천재적인 조직을 만들 수가 없다느니 하면서, 평양에 가서 간첩교육을 받고 온 것이 틀림없다는 것이었습니다. 제가 얼마나 황당했겠습니까?

나중에 알고 보니 제가 결심재판을 받던 날, 청계천의 우리 교인들과 판자촌 주민들이 제 소문을 듣고 육군본부 앞에 가서 데모를 했답니다.

그런데 그 데모가 보통 데모가 아니었다더군요. 부녀자들만 한 백여명이 와서 데모를 하는데, 애기를 전부 업었다는 거예요. 그것도 배에다가 업었다는 거예요. 배에 애기를 업은 백여명의 부녀자들이 육군본부 정문 앞으로 우르르 달려들면서,

"우리 지도자, 김진홍 내놔라!"

하고 돌격하니까 헌병들이 총을 장진해가지고 위협하는 것입

니다.

"쏜다! 쏜다!"

그래도 개의치 않고 "쏴라! 쏴라!"고 하면서 달려드니 헌병들이 배에 업은 애기를 쏘겠습니까, 어쩌겠습니까? 그래서 막 공포탄을 쏘았는데 동네 아주머니들이 헌병을 머리로 들이받아 버리고 자빠졌답니다. 그래서 얼마나 야단이 났었는지 모른답니다. 그날 저녁에 저는 영문도 모르고 잡혀갔던 것입니다.

"너는 이 조직을 한국 땅에서 배운 것이 아니다. 평양 언제 갔다 왔나? 한국 땅에는 그런 조직이. 없다."

그런 조직을 해낼 수 있는 천재가 없다는 겁니다. 평양 언제 갔다 왔냐고 윽박지르는데, 세상에 처녀한테 애를 낳으라고 해도 유분수지, 그게 무슨 소리입니까?

"그게 무슨 소리요? 도대체 무슨 뚱딴지 같은 소리란 말이오?"하고 물으니, 그렇게 죽기 아니면 살기로 데모를 하니 그 사람들이 얼마나 놀랐는지 '이거 큰일 나겠다'는 생각이 들더랍니다.

나중에 제가 풀려 나와서 한번 물어보았습니다.

"왜 그렇게 무지막지하게 데모를 했습니까? 헌병들이 총을 쏜다는데도, 어쩌자고 마구 달려들었습니까?"

"쏠려면 쏘라지요. 그깐 놈의 세상, 길게 살아봐야 별거 있나요? 매일 수제비나 먹고 사는데, 죽어봤자지요."

"그래도 너무합니다. 어떻게 그렇게 무지하게 할 수가 있습니까? 어디서 그런 용기가 났습니까?"

"아이고, 전도사님! 전도사님이 우리한테 그만큼 해줬는데 우리도 의리가 있어야지요."

이 말을 듣고 제가 얼마나 가슴이 시원했는지 모릅니다. "전도사님이 우리를 위해서 그만큼 애써줬는데 우리가 사람의 새끼라면 의리가 있어야지요"라고 말하지 않겠습니까? 교회가 백성들을 사랑하고 그들을 위해서 무언가를 베풀고 희생하면 사람들은 금방 교회를 믿고 따릅니다. 그런데 우리 교회는 먼저 그들을 사랑하고 섬기지 않습니다. 우리 교회가 그 백성들을 올바르게 이끌어주지 못하여 우리나라가 이렇듯 답답한 처지에 놓이게 된 것입니다.

> "네게서 날 자들이 오래 황폐된 곳들을 다시 세울 것이며 너는 역대의 파괴된 기초를 쌓으리니 너를 일컬어 무너진 데를 수보(修補)하는 자라 할 것이며 길을 수축하여 거할 곳이 되게 하는 자라 하리라"(사 58:12)

저는 이 말씀이 한국 교회가 교파를 초월해서 이 시대, 우리 백성들을 위해서 해야 될 가장 중요한 '민의'(民意)요, '민력'(民力)이라고 생각합니다. '네게서 날 자들이', 여기서 '네게서'란 누구를 가리킵니까? 바로 한국 교회를 말합니다.

성경을 읽을 때 중요한 원칙이 몇 가지 있습니다. 우선 어떤 말씀을 읽든지 그 말씀을 지금의 자기 자신에게 주시는 말씀으로 읽어야 합니다. 그 말씀을 지금의 우리 교회에, 우리의 가정에 주시는 말씀으로 받아들이는 것입니다. 단지 옛날 이야기로만 말씀을 읽으면 『삼국지』를 읽는 것하고 별다른 것이 없습니다. 어떤 말씀이든지 지금 우리에게 주시는 말씀입니다.

이사야서 58장 12절이 지금의 교회에 주는 뜻이 무엇입니까?

'네게서 날 자들이'라는 것은 우리 교회가 길러낼 '자녀들이', '평신도들이', '일꾼들이' 라는 말입니다. '네게서 날 자들이 오래 황폐된 곳들을 다시 세울 것이며', 즉 우리 민족과, 역사와, 백성들의 삶이 황폐되어 있다는 것입니다. 어제 오늘에 잘못된 것이 아니라 옛날부터 잘못됐다는 것입니다. 지금의 정권만의 책임도 아니고 박 대통령 때만의 책임도 아니고, 일제시대, 이조시대, 고려시대, 그 이전의 옛날부터 책임이 있다는 것입니다. '다시 세울 것이며', 즉 우리의 황폐된 역사와 백성들의 살림살이를 교회에서 길러진 성도들이 다시 세우라는 것입니다.

'너는 역대에 파괴된 기초를 쌓으리니', 한 세대가 30년인데, 30년, 60년…3백년, 수십대를 물려가면서 잘못되어온 기초가 있습니다. 그 역사의 기초를 한국 교회가 바로잡아야 한다는 것입니다. 기초는 매우 중요합니다. 우리 개인의 신앙도 기초가 중요하고 교회도 복음적인 말씀의 기초가 중요하듯이, 한 민족의 정치에도, 사회에도 기초가 중요합니다. 우리 사회는 기초가 약합니다. 한국은 너무나 기초가 약한 나라입니다. 왜 노동문제니, 정치문제니, 경제문제니 하면서 이렇듯 흔들립니까? 워낙 기초가 약하기 때문에 흔들리는 것입니다.

옛날, 제가 방황하고 다닐 적에 〈쥬리아 화장품〉 회사에 취직을 한 적이 있습니다. 거기서 사원들을 교육하는 부서에 근무하면서 제가 엉뚱하게도 화장하는 기술을 조금 배웠습니다. 그때 화장하는 방법을 제대로 배웠기 때문에 요즘도 부인들을 쳐다보면 먼저 화장을 제대로 했는지를 보는 습관이 있습니다.

우리 한국 여성들에게는 화장하는 데 약점이 있습니다. 그것은 기초화장이 약하다는 것입니다. 한국 부인들은 기초화장이 매우 약합니다. 제가 여러 나라를 다니면서 그 나라 여성들이 화장하는 것을 살펴봤는데 세계적으로 일본 여성이 화장을 제일 잘 하더군요. 일본 여성들은 기초화장을 아주 충실히 합니다.

우리나라의 화장품은 메이크 업(make-up)용이나, 세척화장품은 발달해 있는데 기초화장품은 발달해 있지 않습니다. 그래서 우리나라 여성들이 화장할 때 메이크 업용이나 컬러용 화장품은 국산품을 쓰더라도 기초화장품은 일본 제품을 자주 애용하게 되는 것입니다. 부인들의 화장부터 교육, 정치, 종교 등 모든 분야에 걸쳐 기초가 약한 것이 우리 사회의 특징입니다. 그 기초가 어제 오늘에 잘못된 것이 아니라 대를 이어오면서 잘못되어 왔다는 것입니다.

그렇다면 '잘못되어온 기초를 누가 고치느냐'가 문제입니다. 민자당이 고칩니까? 민주당이 고칩니까? 과연 누가 고쳐야 합니까? 그것은 우리 교회에서 고쳐야 합니다.

이사야서 58장 12절은 바로 그 말씀입니다. 역대에 파괴되어온 기초를 너희 교회가 길러낸 성도들이 다시금 올바르게 쌓아가라는 것입니다. 이것은 하나님의 명령입니다. 해도 되고 안 해도 되는 그런 안일한 말씀이 아니라 안 하면 절대로 안 되는 하나님의 절대 명령입니다.

제가 긴 역사를 자랑하는 어느 교회에 가서 집회를 인도한 적이 있습니다.

"목사님! 우리 교회는 80년의 역사를 가지고 있습니다."

그 교회의 장로님들이 저에게 자랑을 하기에 제가 한번 물어보았습니다.

"80년 역사가 참 귀합니다. 우리나라 근세 역사하고 맞먹는데 80년 긴 역사에 우리나라를 이끌어 나갈 수 있는, 우리 민족의 기초를 닦을 수 있는, 그런 인재를 얼마나 길러냈습니까?"

그랬더니 아무개 목사님, 아무개 목사님, 하면서 목사님 이름만 죽 나열합니다.

"목사님만 말고 정치계의 누구며, 학계의 누구며, 경제계의 누구며, 즉 이 교회가 80년의 역사를 통해 이 민족과 사회의 기초를 닦을 수 있는 어떤 인재를 길러냈습니까? 이 교회에서 배출한, 영으로 거듭난 일꾼들이 우리 사회의 어떤 분야에서 어떻게 활약하고 있습니까?"

"마땅치 않네요. 별 사람이 없는 것 같아요."

"아, 정치계는 누구이다, 경제계는 누구이다 하는 분이 없습니까? 하다못해 이 마을의 동장이라도 없습니까?"

"별로 없네요."

"그러면 80년 역사를 부끄럽게 생각하셔야지요. 80년 역사가 창피스러운 줄 알아야 합니다. 인재 하나 제대로 길러놓지 못하고서 어떻게 80년 먹고 산 것을 가지고 자랑합니까? 먹고 사는 거야 강아지도 먹고 살고, 병아리도 먹고 삽니다. 해야 할 일은 안 해놓고, 나라와 민족의 기초를 닦을 수 있는 사람은 기르지도 않고 역사만 자랑하니 부끄러운 줄 알아야 되지 않겠습니까?"

우리 각 교회는 순교자적인 결단을 가지고 인재를 길러내야 할 사명이 있습니다. 우리나라와 같이 사람 외에는 다른 자원이 거의 없는 나라에서, 사람을 길러내지 않으면 주님 앞에서 꾸지람을 받게 될 것입니다. 지금 우리 사회가 어렵습니다. 정치, 경제, 문화 등 모든 것이 어려움에 처해 있습니다. 어려운 것은 당연합니다. 어렵지 않을 수가 없습니다. 그것은 우리 사

비전있는 교회의 모습

회를 이끌어 나갈 수 있는 영감있고, 소신이 뚜렷한 인재들이 너무도 부족하기 때문입니다. 그러므로 혼란할 수밖에 없습니다. 따라서 우리 교회는 우리의 사명을 올바르게 깨닫고 이 시대에 튼튼한 기초를 닦아낼 수 있는 사람을 기르는 교회가 되어야 합니다.

제가 감옥살던 때 고문으로 손톱이 빠져 고생한 적이 있습니다. 손톱이 빠질 때의 그 고통은 말로 다할 수 없습니다. 얼마나 아프던지, 제가 성직자이면서도 제 손톱이 빠지도록 고문한 그 사람을 원망하며 저주했습니다.

"자! 어디 두고 보자. 내가 이 세상이 뒤바뀌면 네 마누라 손톱까지 다 뽑아주겠다!"

손톱이 빠지는데, 단번에 확 빠지는 게 아니라 그저 건드려만 놔서 천천히 빠집니다. 자고 일어나 기지개를 펴다가 무심결에 손톱이 이불호청에 닿기만 하면 온 몸이 전기로 지지는 것처럼 아픕니다. 세수를 하는 도중에 아픈 손톱이 머리카락에 조금만 닿아도 온 몸에 통증이 옵니다. 제가 그럴 때마다 깜짝깜짝 놀라면서 이빨을 갈았습니다.

"이 원수를 어떻게 갚지?"

그런데 하루는 제가 손톱을 가만히 보고 있자니 그 아픈 손톱이 조금씩 빠져 나가고 있는 것이었습니다. 그것을 안 김에 싹 잡아 빼버리자고 작정했습니다. 그런데 아무리 당겨봐도 온 몸만 당겨올 뿐 손톱은 빠지질 않았습니다. 또 한번은 가만히 보니까 새 손톱이 밑에서 커 나오고 있었습니다. 그리고 한 4~5일쯤 지나 다시 그 손톱을 보고 저는 깜짝 놀랐습니다.

, 밑에서 새 손톱이 자라는 만큼 헌 손톱이 밀려나오고 있다는 것을 깨달았습니다. 거기서 제가 영감을 받았습니다. 그것은

저에게 큰 교훈이었습니다. 헌 손톱을, 못된 손톱을 뽑아내는 게 중요한 것이 아니라, 문제는 밑에서 커 올라오고 있는 새 손톱을 빨리 키우는 것입니다. 새로운 교회, 영적으로 거듭난 새로운 사람을 길러내는 것, 그것이 우리 사회를 바로잡는 지름길이고 가장 확실한 방법입니다. 하나님의 사람으로, 새롭게 거듭난 사람들을 배출해 내는 것이 중요합니다.

제가 헌 손톱을 뽑아내는 것이 문제가 아니라 새 손톱을 키우는 것이 문제라는 것을 알고, 어떻게 해야 새 손톱을 빨리 키울까를 연구했습니다. 우선 신진대사가 잘 되도록 해야 할 것 같았습니다. 그럴러면 운동을 열심히 하고 음식도 꼭꼭 씹어먹어야 되겠다고 생각했지요. 그러면 세포분열이 활발해져서 손톱이 빨리 클 것 같았습니다. 깨달은 다음부터 저는 보건체조다, 냉수마찰이다 하는 운동을 열심히 했습니다.

그렇게 며칠이 지난 어느날, 자고 일어났더니 그 손톱이 빠져버리고 없었습니다.

'야! 내가 그 손톱 빠진 것을 찾아놔야 하는데…. 여기서 나갈 때 그것을 갖고 나가 사진 액자에 넣어서 벽에 걸어놓고 우리집 가훈으로 삼아야 할 텐데…. 내가 할아버지가 되어 숨을 거둘 때 손자들을 불러 모아놓고 그것을 보여주면서, 우리 가문은 헌 손톱을 뽑는 가문이 될 것이 아니라, 새 손톱을 키우는 가문이 되라고 유언할 텐데….'

얼마나 아쉽고 서운하던지요.

'야! 이것이 어디로 도망가버렸구나. 이놈의 손톱이 하와이를 갔나, 미국을 갔나?' 하고 찾다가 결국 못찾고 말았습니다. 이부자리를 모두 들치고 아무리 찾아도 없었습니다. 이것이 저에게는 굉장히 중요한 사건이었습니다.

우리 교회가 우리 사회의 잘못된 것들을 나쁘다, 물러가라, 고쳐라 하면서 말하기 이전에, 그것도 때로는 필요하지만 새로운 민족, 새로운 사회를 만들어낼 수 있는 인재를 키워야 합니다. 새 손톱을 키우는 것이지요. 교회는 30년, 60년, 1백년 뒤의 미래를 바라보면서 그러한 사람을 배출시키는 사명을 다해야 할 것입니다.

다음의 말씀은 우리에게 큰 도전과 교훈을 주는 말씀입니다.

> "저희가 암비볼리와 아볼로니아로 다녀가 데살로니가에 이르니 거기 유대인의 회당이 있는지라 바울이 자기의 규례대로 저희에게로 들어가서 세 안식일에 성경을 가지고 강론하며 뜻을 풀어 그리스도가 해를 받고 죽은 자 가운데서 다시 살아야 할 것을 증명하고"(행 17:1~3)

도시마다 바울 전도대가 다니면서 복음을 전하게 되었습니다. 그랬더니 그들의 복음을 전하는 것을 싫어하고, 반대하고, 시기하며 괴롭히는 무리들이 있었습니다.

> "그중에 어떤 사람 곧 경건한 헬라인의 큰 무리와 적지 않은 귀부인도 권함을 받고 바울과 실라를 좇으나 그러나 유대인들은 시기하여 저자의 어떤 괴악한 사람들을 데리고 떼를 지어 성을 소동케 하여 야손의 집에 달려들어 저희를 백성에게 끌어내려고 찾았으나 발견치 못하매"(행 17:4~6)

복음전도대를 시기하는 유대인들이 시장에서 못된 깡패를 데려다가 소란을 피우며 바울 전도대를 고소합니다. 그 고소내용이 오늘날 우리들에게 큰 도전을 주는 메시지입니다.

"발견치 못하매 야손과 및 형제를 끌고 읍장들 앞에 가서 소리질러 가로되 천하를 어지럽게 하던 이 사람들이 여기도 이르매 야손이 들였도다 이 사람들이 다 가이사의 명을 거역 하여 말하되 다른 임금 곧 예수라 하는 이가 있다 하더이다 하니"(행 17:6~7)

바울 전도대를 고소하는 사람들은 '천하를 어지럽게 하던 사람들이 이 도시에도 왔다'라고 했습니다. 그들은 바울 전도대를 천하를 어지럽게 하고 소란하게 하는 사람들이라고 고소했습니다. 이것을 영어로 번역하면, 'They have turned the world upside down'입니다. 이 사람들이 세계를 거꾸로 뒤집으러 다니는 사람들이라고 했습니다.

얼마나 굉장한 칭찬입니까? 오늘날 우리나라에는 교회도 많고 성도도 많습니다. 그런데 예수 믿는 사람들이 천하를 거꾸로 뒤집는다고 고소하고 염려하는 사람들이 있습니까? 우리 교인들은 너무 신사적이고 너무 조용하고 너무 시시합니다.

초대 교회 성도들을 우리가 본받아야 합니다. 그 사람들은 돈 한푼 없이, 총 한 자루 없이, 칼 한 자루 없이 빈털터리의 몸으로 다녔습니다. 그러나 그 바울 전도대를 향해서 세상사람들은 천하를 거꾸로 뒤집고 다니는 사람들이라는 명예로운 고소를 했던 것입니다.

우리 시대의 한국 교회는 세상사람들 앞에서 그런 거룩한 욕을 듣지 못하고 있습니다. 하나님의 영광을 가리우는 일에나 시끄러웠지, 정작 예수님의 사랑으로 무장된 사명을 가지고 우리 민족의 심령을 뒤집어 엎는 일에는 너무 등한시하고 게을렀습니다. 그런 점에서 우리 교회는 모두 회개해야 합니다. 목사도, 교인들도 회개해야 합니다.

　진정 우리 교회가 복음으로, 예수님의 권세로, 진리의 말씀
으로 이 민족과 사회를 뒤집어 엎어서 새 나라, 성령님의 나
라, 진리의 나라로 변화시킬 수 있는 거룩한 사명을 감당할 수
있기를 바랍니다.

삶 속의 신앙생활

하나님의 말씀이 점점 왕성하여 예루살렘에 있
는 제자의 수가 더 심히 많아지고 허다한 제사장의
무리도 이 도에 복종하니라 (행 6:7)

여러해 전에 제가 감옥생활을 조금 해봤습니다. 저는 그곳
에서 배운 점이 많았습니다. 제가 있었던 곳은 수원교도소였
는데 열 여덟명의 죄수가 한방에 있었습니다. 그 열 여덟명은
거의가 무기징역이거나, 15년 또는 20년 이상의 장기수들이었
습니다.

하루는 비가 심하게 쏟아져서 죄수들이 작업장에 나가지 못
하게 되었습니다. 그래서 방안에 둘러앉아 죄수들끼리 이런저
런 이야기를 나누게 되었는데, 가만히 옆에서 듣자니 그 죄수
들이 정치얘기를 하면서 나라걱정을 하는 것이었습니다. 평소
에는 대화도 별로 없던, 정치범도 아닌 그 일반 죄수들이 그
날따라 우리나라 장래에 대해서 얘기하는 것이었습니다.

"미국을 믿겠나, 신민당을 믿겠나? 이거 정말 걱정이다. 그
렇다고 판사를 믿을 수 있나, 변호사를 믿을 수 있나? 재판이

라는 거 돈 놓고 돈 먹기라."

자신이 죄가 있어서 징역을 산다고 생각하는 죄수들은 거의 없습니다. 돈이 있으면 나갈 수 있는데 돈이 없어서 징역을 산다고들 생각합니다.

사실은 다 죄가 있어서 징역을 사는 것인데도 '유전무죄 무전유죄'(有錢無罪 無錢有罪)라는 사고방식을 가지고 있습니다. 즉 돈 있으면 무죄이고 돈 없으면 유죄라는 것이지요. 판사이건 변호사이건 간에 다 돈놀음하는 것에 불과하다는 것이지요. 그러니까 죄인들조차도 믿고 살만한 것은 하나도 없다며 나라 걱정을 하는 것입니다.

"우리 형편에 나라걱정 할 게 뭐 있노? 우린 열심히 담만 넘어 댕기면 되는 거지. 뭔 쓸데없는 나라 걱정이고?"

"우리 직업도 나라가 잘 돼야 담 넘어 들어가면 들고 나올 게 많은 거지, 나라가 잘 안되고 경제가 어려워 우리가 들어갔다가 도리어 보태주고 나올 처지가 되면 우리 직업도 안 되는 거 아닌가?"

"하긴 그렇다. 좌우지간 경제가 부흥되고 나라가 잘 돼야 모든 직업이 잘 되는 거다."

그 방에 죄수들이 그런 얘기를 하면서 내린 결론은 우리 사회, 우리나라는 믿을 것이 하나도 없다는 것이었습니다. 백성들이 믿고 의지할 것이 없다는 것입니다. 그 장기수들이 대화를 나누며 탄식을 하는 것을 옆에서 가만히 들으며 저는 마음 속으로 이런 기도를 했습니다.

"주님! 이 백성들이, 도둑이고 강도들인 이 사람들이 믿을 게 없다고 탄식하고 있습니다. 그러나 한국 땅에서 예수님의 교회만큼은 믿을 수 있는 교회가 되게 하여 주시옵소서!"

비전있는 교회

　믿을 수 있는 교회가 된다는 것은 목사, 집사, 장로 등 우리 교인들끼리 교회 안에서만 서로 믿는 것을 말하는 것이 아니라 교회 밖에 있는 백성들, 도둑이나 경찰이나 군인이나 학생이나를 막론하고 모든 백성들이 믿을 수 있는 교회가 되는 것을 말합니다.

　장기수들의 그 얘기를 듣고서는, 세상에 나가서 다시 목회를 한다면 모든 백성이 믿을 수 있는 좋은 교회를 만들어야겠다고 결심했습니다. 교인들끼리야 당연히 믿겠지만 그것만으로는 부족합니다. '우리 백성들이 믿을 수 있는 교회를 어떻게 이루어 나갈 것인가?' 하는 것이 그후로 저의 큰 기도제목이 되었습니다.

　1987년 6월 데모하던 학생들과 군중들이 명동성당을 차지하여 명동성당이 아주 유명해졌습니다. 제 생각에는 가톨릭 교회가 요즈음 상당히 잘 해나가는 것 같습니다. 저는 개신교 목사로서, 앞으로 가톨릭 측에서 사회문제나 한국 교회에 대한 주도권을 장악하지 않을까, 은근히 걱정이 됩니다.

　시위하던 학생들은 가톨릭 교회에 대한 신뢰를 가지고 있었으므로 보호를 받기 위해 명동성당으로 들어갔습니다. 명동성당에서 자기들을 보호해주리라는 확고한 믿음이 있었던 것이지요. 백성들이 교회를 믿는다는 것은 참 좋은 현상입니다.

　그런데 같은 지역의 아주 가까운 곳에 영락교회가 있었습니다. 왜 하필이면 장소도 더 크고 건물도 돌로 지어 훨씬 더 탄탄하고 최루탄을 쏴도 창문이 많아서 여러가지로 좋은 조건을 가진 영락교회로 안 가고 그 비좁은 성당으로 갔을까요? 전 장로교 목사로서 좀 아쉬움을 느낍니다.

　1986년 9월에는 이런 일이 있었습니다. 영락교회에서 제가 속해있는 예장통합측 교단총회를 하는데 우리 교단에서 전투경찰의 보호를 요청했습니다. 운동권 학생들이 우리 모임에 화염병을 던지겠다는 연락이 왔기 때문입니다. 아마 "나라가 이 모양인데 너그끼리 뭔 헛소리 하냐? 그런 쓸데없는 교회에는 화염병이나 던지겠다"고 했겠지요.

그래서 전투경찰의 보호를 받으면서 총회를 했습니다. 젊은 목사들은 "아, 화염병 던지면 빨리 끄든지 하지, 뭐 경찰까지 불러다가 보호를 받습니까? 하다못해 교단 내의 젊은 청년들이나 젊은 목사들이 알아서 단속을 하든지, 설득을 하든지 해야지, 교회총회하는데 전투경찰까지 요청할 필요가 있습니까?"하면서 반대했습니다. 그런데 어른들은 무슨 겁이 그렇게 많은지 성회(聖會)에 그러면 안 된다는 것이었습니다.

참 부끄러운 이야기입니다. 우리들은 경찰의 보호를 받으며 총회를 하고, 같은 자리에 있는 명동성당에는 시위대들이 보호를 받겠다고 들어가 의지하니 장로교 목사로서 심각한 걱정을 아니할 수 없습니다. 교회가 백성들이 믿을 수 있는 공간이 되어야 한다는 것은 교회의 절대 사명인 것입니다. 얼마전 총회 신학대학의 심포지움에서 제가 강연을 한 적이 있었습니다. 저의 강연이 끝나자 청년 신학생들이 이런 질문을 하더군요.

"목사님, 우리 한국 교회가 이 시점에서 가장 바람직하게 역사에 참여하는 길은 어떤 길입니까?"

현 시점에서 가장 바람직한 현실참여는 무엇이냐는 겁니다. 시위하는 것이냐, 성명서 내는 것이냐, 금식기도하는 것이냐, 뭐 이런 것 중에 어느 것이 제일 좋은 길인가 하는 질문이겠지요. 그 질문은 매우 중요하기 때문에 제가 한참 생각한 뒤에 대답했습니다.

"교회가 먼저 교회답게 되는 것, 목사가 목사답게 되고 그리스도인이 그리스도인답게 되는 것, 그것이 어떤 데모보다도 어떤 성명서보다도 제일 먼저 해야 하는 가장 중요하고도 시급한 현실참여입니다."

교회가 교회다워진다는 것, 저는 그것이 가장 강력한 현실참여라고 실제로 믿고 있습니다. 말씀을 묵상하면서 오늘 저는 새벽기도를 이렇게 했습니다.

'주님, 제가 유명한 목사, 일 많이 하는 목사가 되지 말게 하시고 진실한 목사, 목사다운 목사가 되게 하여 주시옵소서!'

요즘 제가 조금 유명해지니까 불편한 점이 많아졌습니다. 어디 마음 놓고 좀 쉬려고 하면 누군가 와서는 "혹시 김 목사님 아닙니까?" 합니다. 저는 옛날에 약점도 많았고 허물도 많았던 사람인지라 저를 안다고 하면 우선 겁부터 납니다. 좋은 점을 안다는 것인지, 나쁜 점을 안다는 것인지 잘 몰라, "어떤 점을 압니까?" 해서 좋은 점을 안다고 하면 그제야 좀 안심이 됩니다.

유명해져서 이름이 나는 것은 목사에게 있어서 전혀 중요한 일이 아닙니다. 중요한 것은 주님이 보시기에, 성도들이 보시기에, 그리고 백성들이 보기에 목사가 정말 진실하냐, 목사다우냐, 나아가서 교회가 교회다우냐 하는 것입니다.

제가 말씀드리려는 것은 상식적인 이야기들입니다. 한국 교회 교인들은 너무 신기한 걸 좋아하는 경향이 있습니다. 간증도 천당을 갔다왔다든지 아니면 까무러쳤다가 다시 깨어났다든지 성령도 화상을 입을 정도로 굉장히 뜨겁게 받았다든지 해야 대단한 것으로 생각합니다. 이렇듯 너무 별난 것만 좋아하다 보면 오히려 영적으로 손해를 보는 경우가 많습니다.

제가 어떤 집회의 강사로 갔었는데 첫날부터 어찌나 서두르고 악을 쓰던지 "주시옵소서, 주시옵소서" 하며 손을 마구 잡아당기는 것입니다. "손을 왜 그리 땡깁니까?"하고 물었더니 은혜를 잡아 땡긴다는 것이었습니다. 그래서 제가 은혜는 잡아당긴다고 오는 게 아니라고 했습니다.

"은혜를 좀 천천히 받아야지, 첫날에 다 받아버리면 내일부터 뭐합니까? 신앙에도 상식과 순리가 있는 것입니다. 무엇이든 물 흐르듯이 순리로 해야지, 그렇게 어거지로 해서 되는 게 아닙니다"라고 말하며 집회에 불을 붙이기는커녕 오히려 불을 끄고 왔습니다.

저는 교회가 '교회다운 교회'가 되려면 다음의 다섯 가지를 갖춰야 한다고 생각합니다.

첫번째로 교회다운 교회는 말씀이 왕성한 교회입니다.

> "그때에 제자가 더 많아졌는데 헬라파 유대인들이 자기의 과부들이 그 매일 구제에 빠지므로 히브리파 사람들을 원망한대"(행 6:1)

맨처음 교회였던 예루살렘 교회에 제자가 많아졌는데, 이 말씀은 교인이 불어나면서 은혜가 불어난 것이 아니라 반대로 문제가 생겼음을 말해줍니다. 예루살렘 교회에 파벌이 생겨 대립과 원망과 시비가 일어나 문제가 심각해졌습니다. 주류, 비주류가 생겼습니다. 주류는 히브리파 유대인들이고 비주류는 헬라파 유대인들입니다. 사도들이 다 히브리파 유대인들이었으니까 그랬겠지요. 교회의 영적인 분위기가 잘못되면 그렇게 될 수 있습니다.

제가 주류, 비주류 얘기를 했더니 어떤 성도님이 이렇게 말씀하시더군요.

"우리 교회도 주류, 비주류가 있습니다."

"아, 그러세요?"

"네, 술 먹는 교인들은 주류이고 술 안 먹는 교인들은 비주류입니다."

"그거 참, 그럴 듯 하군요."

"주로 장로님들이 주류이고 목사님들은 비주류입니다."

그것이 맥주파인지 소주파인지는 잘 몰라도 하여튼 무척 재미있는 얘기라고 생각했습니다. 예루살렘 교회에서는 사도들과 창립 멤버들을 중심으로 모인 파를 주류라 했고, 나중에 들어온 헬라인을 중심으로 모인 파를 비주류라 했습니다.

예루살렘 교회에 생긴 문제는 이것에서 비롯되었습니다. 즉 구제활동을 하는데 사도들이 헬라파 유대인들에 속하는 과부들의 어려운 사정을 잘 몰랐으므로 그들을 구제의 대상에서는 빠뜨린 것이었습니다. 히브리파 유대인들에 속하는 과부의 사정에 대해서는 아무래도 잘 아니까 먼저 히브리파 과부들을 도와주었겠지요. 그러나 이것을 성급하게 문제삼기 이전에 헬라파 유대인들이 조금만 생각을 넓게 가졌다면 좋았을 겁니다.

'아, 이것은 커뮤니케이션의 문제다. 사도님들이 우리 교인들의 사정을 잘 몰라서 더 가난한 분들이 있는데도 아는 분부터 도와줬구나. 아, 이것은 대화의 문제니까 말씀 좀 드려야지.'

그렇게 생각하고 사도들에게 차근차근 말씀드렸더라면 사도들이,

"아, 그렇습니까? 정말 몰랐습니다. 말씀해주셔서 참 고맙습

니다. 그럼, 다음번에는 우리가 우선적으로 그 가정을 돕지요"
라고 했을 것입니다.

그때나 지금이나 예수를 믿는 사람들이 속 좁은 것은 비슷한
것 같습니다. 지금도 그렇지 않습니까? 주로 교인들이 속이 좁
습니다. 예수를 오래 믿었다고 하는 사람일수록 더 합니다.

그런 사람들이 "니는 와 나처럼 잘 안 믿노? 왜 거룩하지 않
노?"하고 잘난 체하면 할 말이 없어집니다. 우리가 성경을 가
만히 살펴보면 성령의 은혜가 깊어질수록 인격이 성숙되고 도
량이 넓어지고 호연지기(浩然之氣)가 생기고 높은 산에 올라간
듯이 탁 트이는 것 같은데 실제로 교회생활을 하면서 교인들을
대해보면 그렇지 않은 경우가 많습니다. 그래서 불신자들이 예
수 믿는 사람들을 만나면 너무 빡빡해 숨통이 막힌다면서 잘
상대하지 않으려고 합니다. 이 이야기는 믿지 않는 사람들 탓
도 있겠지만 좌우지간 우리 교인들이 속 좁은 것은 사실인 것
같습니다.

그것은 어제 오늘만의 문제라기보다는 사도행전 6장에서 보
듯이 초대 교회 때부터 죽 그래왔던 것 같습니다. 헬라파 유대
인들이 좀 넓게 생각을 못하고 "야, 이거 뭐 말이지, 사랑 사
랑하면서 저그끼리 다 해먹고 말이지, 우린 들러리밖에 아니잖
아? 이거 뭐, 우리는 맨날 개밥의 도토리같이 뒷전에서만 빙빙
돌고, 저그끼리 다 갈라먹고 말이야"라며 원망을 했습니다. 교
회에 원망과 시비가 생기면 얼마나 교회 분위기가 무섭고 답답
해집니까?

그런데 교회에 그런 문제가 생겼을 때 사도들은 거기에 대해
서 기막히게 대처했습니다. 저는 사도들의 대처방안을 보면서
'과연 예수님께 직접 배운 제자들이라 역시 다르구나. 허, 그

어른들이 신학박사도 아니고 심리학을 배운 것도 아닌데 어디서 그렇게 멋진 해결방법을 얻었을까?' 하고 감탄했습니다.

> "열두 사도가 모든 제자를 불러 이르되 우리가 하나님 말씀
> 을 제쳐놓고 공궤를 일삼는 것이 마땅치 아니하니"(행 6:2)

사도들은 교회 내에 생긴 문제의 원인을 먼저 자신들에게 돌렸습니다. "이것, 누구 책임이냐, 왜 이리 됐느냐?"하면서 따진다든가 "우찌 그리 속이 좁냐, 넓게 생각하라"하며 책망하지 않았습니다. '아하, 이것은 우리 탓이다' 하며 자신들의 무책임을 먼저 돌아보았습니다. 그들은 사도로서, 장로로서 은혜와 진리의 말씀 자체는 제쳐놓고 공궤를 일삼는 일에만 너무 분주했다고 하며 자신들의 잘못을 먼저 뉘우쳤습니다.

'공궤를 일삼는다' 는 말은 헌금관리, 서비스 활동, 프로그램 운영 등 여러가지 행정관리를 말합니다. 교회의 조직이 커지면서 행정적인 일에 지나치게 매이다보니 말씀 자체는 너무 소홀히 여겼다는 것입니다. 참으로 훌륭한 태도입니다. 교회의 조직이 커짐에 따라 관리하고 유지하는 데에 너무 신경이 쏠리다보면 영적인 것, 말씀 자체가 희미해지고 약화될 수가 있는 것입니다.

사도들은 문제의 소재를 바로 파악한 뒤에 영적인 태도를 취했습니다. 3절 말씀을 보면, 성도들이 모두 모인 공개적인 석상에서 완전히 민주적인 방법으로 해결했습니다. 당회에서 결정하여 강압적으로 "당회를 따르시오"하는 식이 아니었습니다. 요즘에도 "목사를 반대하는 자는 저주받을지어다!"하는 목사들이 더러 있습니다. 한국 교회에 그렇게 엉뚱한 짓을 하는 목사

가 많았던 70년대만 해도 목사의 말에 무조건 "아멘"하며 겁먹고 순종했던 교인들이 대부분이었습니다. 그러나 지금은 세상이 달라지니까 교인들도 많이 달라졌습니다. "자기나 저주받지"하고 옛날처럼 "아멘"하지 않습니다. 세상이 변하고 민심이 변하는데 하다못해 민정당도 민자당으로 변하는데, 유독 우리 목사들만 변하지 않습니다. 그러므로 우리의 교회는 사도행전 6장의 말씀을 더 심각하게 받아들여야 합니다.

> "형제들아 너희 가운데서 성령과 지혜가 충만하여 칭찬 듣는 사람 일곱을 택하라"(행 6:3)

평신도 중에서 일곱명의 대표를 뽑는데 두 가지 기준으로 뽑았습니다.

첫번째 기준은 성령과 지혜가 충만한 사람, 쉽게 말해서 영적으로 바로 된 사람이어야 했습니다. 두번째 기준은 사람에게도 칭찬 듣는 사람이어야 했습니다.

영적으로 바로 됐다고 해서 다 되는 것은 아닙니다. 인간관계가 좋지 않으면 교회를 이끌어 나가는 데 초신자들에게 상처를 주기 쉽기 때문에 영적인 것만 바로 되어도 부족하다는 것입니다. 하나님 앞에서 영적으로 바로 선 교인, 또 인간관계에서도 본이 되고 칭찬 듣는 교인, 이 두 가지 조건 하에 민주적인 방법으로 투표했습니다. 그리하여 선출된 일곱명의 사람들에게 행정을 관리하도록 했습니다. 모든 업무를 분담시켰다는 말이지요. 그런 뒤 사도들은 자신들의 본연의 임무로 되돌아갔습니다.

"우리가 이 일을 저희에게 맡기고 우리는 기도하는 것과 말
씀 전하는 것을 전무(專務)하리라"(행 6:3~4)

원망과 시비가 들끓던 교회가 은혜와 사랑이 넘치는 교회가
되었습니다. 사도들이 문제의 핵심을 바로 파악하여 자기들이
책임을 지고 성도들이 모여 민주적인 절차를 거쳐서 업무를 골
고루 분담시키고 사도들은 영적인 일, 즉 기도하는 것과 말씀
전하는 일에만 전심전력했더니 금방 교회가 은혜롭게 변했다는
것입니다. 7절 말씀에는 교회가 어떻게 변했는지에 대해서 나
옵니다.

"하나님의 말씀이 점점 왕성하여 예루살렘에 있는 제자의
수가 더 심히 많아지고 허다한 제사장의 무리도 이 도에 복종
하니라"(행 6:7)

교회 안에 하나님의 말씀이 왕성해졌습니다. 6장 1절의 말씀
에서는 불평과 원망이 왕성했다고 했는데 7절 말씀에서는 벌써
말씀이 왕성해졌다고 합니다. 얼마나 귀한 변화입니까? 말씀이
왕성해지는 교회, 바로 그것이 교회다운 교회의 첫번째 요소가
됩니다. 교인의 숫자가 불어나고 시설이 좋아지고 헌금이 많아
지는 것을 말하는 것이 아니라 기독교 신앙의 핵심이자 본질
자체인 말씀이 왕성해졌다는 것입니다.
　말씀이 왕성해진다는 것은 특별집회를 마친 뒤에 갑자기 사
람들이 몰리는 것을 말하는 것이 아닙니다. '하나님의 말씀이
점점 왕성하여지고'에서처럼 '점점' 커지는 것을 말합니다. 한
주일에 1백명, 2백명이 막 교회로 몰려온다고 해서 그것이 곧

비전있는 교회의 모습

교회성장을 말하는 것은 아닙니다. 서울 교인들은 이상하게 은혜를 쇼핑하러 다니는 것처럼 떼거지로 왔다갔다하는데 이것은 결코 올바른 태도가 아닙니다. 말씀은 하나 둘씩 점점 왕성해지는 것이지 일년 만에 두배 세배씩 커버리는 것이 아닙니다.

저도 사도행전 6장 7절 말씀 속에 교회가 부흥되는 3단계가 들어있다고 생각합니다.

첫번째는 말씀이 왕성해지는 단계입니다.

두번째는 제자의 수가 더 심히 많아지는 단계입니다. 제자의 수는 말씀이 왕성해진 다음에 많아지는 것입니다. 제자와 교인은 엄밀히 따지면 다른 의미입니다. 교인은 영어로 '처치 멤버'(church member)라 하고 제자는 '디사이플'(disciple)이라고 합니다. 어떤 교회는 교인은 많아도 제자는 적습니다. 어떤 교회는 교인은 그렇게 많지 않아도 제자가 많습니다. '제자'란 '말씀으로 훈련을 받고 그 말씀에 자기를 헌신하는 교인'을 말합니다. 훈련한다는 말은 영어로 '디시플린'(discipline)이라 하고, 제자는 '디사이플'(disciple)이라 합니다. 말씀으로 훈련이 되고 훈련받은 그 말씀에 자기 목숨과 인생을 거는 자라야만이 참다운 제자라고 할 수 있습니다. 오늘날 한국 교회는 제자를 길러내야 합니다. 양적으로 이만큼 커졌으니 이제는 제자를 길러내야 할 때입니다.

한국 교회의 비극은 어디에 있습니까? 우리 한국 교회의 부끄러운 점은 무엇입니까? 여러분은 '한국 교회는 다 잘 되어가는데 무엇이 비극이냐? 김 목사는 참 이상하다'고 생각하실런지 모르지만 분명히 한국 교회에는 허점이 있습니다.

오늘날 우리 한국 교회의 비극은 양적으로 성장하여 숫자는 많아졌지만, 생명과 진리의 말씀에 목숨을 거는 참된 제자가 별로 없다는 것입니다. 시위하는 운동권 학생들은 제자를 길러 내는 데 성공했습니다. 아무리 데모 주동자들을 붙잡아들여도 잡아내면 또 나오고 다시 잡아내면 또 나옵니다. 심지어 분신 자살하겠다는 지원자의 수가 50명이 넘었을 때도 있었습니다. 그것도 제자의 제자까지도 지원을 한답니다. 운동권 학생들은 80년대에 제자를 길러내는 데 성공했지만, 한국 교회는 제자 를 길러내는 데 실패했습니다. 이것이 한국 교회의 비극인 것 입니다.

오늘날 서구 문명국과 미국 교회의 비극이 무엇인지 아십니 까? 작년에 제가 레이건 대통령 조찬기도회에 초청을 받아 갔 었습니다. 거기서 연설을 부탁받았는데, 제가 뭐 그런 자리에 서 무엇을 말할 만한 수준이 됩니까? 사람이 무식하면 용감해 진다고, 그저 생각나는 대로 큰소리 한번 쳤지요.

"What is the tragedy of the American churches?"(미 국 교회의 비극이 무엇입니까?)

아, 그랬더니 미국 국회위원들과 미국 종교계 지도자들이 갑 자기 고개를 들고 귀를 기울였습니다. 우습게 생긴 사람이 와 서 미국 교회의 비극이 무엇이냐고 하니까 이상하지 않겠습니 까?

20세기에 와서 칼 마르크스(Karl Marx)의 제자들은 공산 주의 혁명을 위해서 피흘리며 순교했습니다. 수십만명, 수백만 명의 칼 마르크스의 제자들은 매 맞아 죽고, 고문실에서 죽고, 굶어 죽고, 밀림에서 죽어갔는데 예수 그리스도의 제자들은 순 교하지 않았습니다. 이것이 20세기 교회의 비극입니다. 세계 교회의 문제이고 한국 교회의 문제인 것입니다. 교회는 양적으 로 뿐만 아니라 순교를 각오한 진정한 제자를 길러내는 데 주력해야 할 것입니다.

교회 안에서만이 아니라 교회 밖의 병든 역사를 바로잡고 백성들을 섬기는 제자들을 길러내야 합니다. 나라 사정은 형편없는데 교회만 자꾸 잘될 수가 있습니까? 역사는 병들어가고 있는데 교회만 부흥한다는 것은 옳지 않습니다. 오늘날 교회에서 우리 역사에 대해서 책임을 지고 백성을 섬길 줄 아는 참된 제자들을 많이 길러내야 할 것입니다. 예루살렘 교회는 그것을 했습니다. 말씀이 왕성했고 제자가 불어났습니다.

세번째는 허다한 무리가 이 도에 복종하는 단계입니다. 말씀이 왕성해지고 제자가 불어나니까 그 결과 자연히 교인의 수가 불어난 것입니다. 오늘날 우리 한국 교회는 첫째, 둘째 단계는 무시해버리고 교인의 수가 불어나는 것에만 신경을 씁니다. 그것이 한국 교회 지도자들의 한가지 병입니다. 즉 ‘교회성장병’이라는 것이지요.

교회 안에 있는 교인들을 진리의 말씀으로 기르고 훈련시키는, 영적인 성숙에 대해서는 제쳐놓고 자꾸 숫자만 늘리겠다는 생각만을 하고 있으니 그런 병에 걸리는 겁니다. 복음은 공로 없이, 값없이 받는 것이지만 제자가 되는 것은 대가를 치루어야 합니다. 땀 흘리고 인내하며 절제하는 가운데 마음과 물질과 시간을 봉헌해야 합니다.

그런데 교인들은 대가를 치루어 제자가 되는 것을 좋아하지 않습니다. 또 교회에서 목사가 자꾸 그것을 요구하다 보면 교인들에게 인기가 없어집니다. 모두들 쉽게만 하려고 합니다. 그래서 교인의 수는 많아지고, 교회의 덩치는 커가는데 실질적인 힘은 없어지는 것입니다.

교회의 성도들은 병든 역사와 현실을 욕하는 사람이 아니라 그것을 고치는 사람들이 되어야 합니다. 잘못된 현실을 욕하고 부수고 규탄하는 것은 누구라도 할 수 있지만. 그 잘못된 역사를 고치는 것은 그리스도의 제자들이 해야 할 일입니다. 그리스도의 교회는 잘못된 역사를, 병든 현실을 바로잡고 고쳐서 하나님의 역사로, 그리스도의 진리가 왕성해지는 역사로 바꾸는 일을 해야 합니다.

두번째로 교회다운 교회는 기도에 힘쓰는 교회입니다.

"여자들과 예수의 모친 마리아와 예수의 아우들로 더불어
마음을 같이하여 전혀 기도에 힘쓰니라"(행 1:14)

마음을 같이하여 기도에 힘쓰는 교회, 합심하여 전혀 기도에 힘쓰는 교회가 되어야 합니다. 여러분은 합심기도를 얼마나 하십니까? 요즘 서울 사람들은 너무 바빠서 기도할 시간이 없다고들 말합니다. 우리 목사들에게 있어서 제일 큰 함정이 바로 여기에 있습니다. 목사들한테 거는 사탄의 올무가 바로 여기에 있는데 거의 모두가 거기에 걸려들고 있습니다. 기도하지 않으면 목회는 될 수가 없습니다. 기도할 시간이 없으니 목회가 처음부터 제대로 될 턱이 없지요. 합심기도가 없으면 영적인 교회가 절대로 될 수 없습니다. 그런데도 교인들이 아예 합심기도를 하려고 하지 않으니 교회가 제대로 될 수가 없는 것입니다.

얼마전에 아주 똑똑한 청년이 저에게 와서는 "김 목사님, 뵙고 싶었습니다. 목사님 저서도 읽고 테이프도 듣고…" 하면서 여러가지 이야기를 하더니 이렇게 묻는 것이었습니다.

"제가 목사님을 만나면 한가지 여쭈어 볼 게 있었습니다. 우

비전있는 교회의 모습

리 성도들은 십일조 헌금을 냅니다. 목사님은 수입이 그렇게 많지 않은 것 같은데 시간의 십일조를 내십니까?"

"무슨 얘기입니까?"

"설교 준비하고 강대상에서 기도하는 것 말고, 목사님 개인이 기도하고 말씀을 묵상하며 예수님과 만나는 그 십일조 말입니다. 하루 24시간 중에 시간의 십일조를 목사님은 내십니까?"

가만히 생각해보니 저는 그렇지를 못했습니다. 바쁘고 피곤하니까 어떤 날은 20분도 기도하기도 하고, 어떤 날은 그냥 건너 뛰기도 했습니다. 그 생각을 하니 가슴이 철렁해지더군요.

"어이구, 알고 묻는 것 같네요. 가슴이 철렁한대요."

"목사님, 목사님 책을 보니까 굉장히 바쁘신 것 같아서 제가 일부러 물어보았던 거예요."

그래서 제 마음 속에 '그렇다, 내가 하루 24시간 중에 십일조를 주님께 드려야 주님의 일을 제대로 할 수 있을 텐데, 그렇게 하지 않았으니 이거 큰일 나겠구나' 하는 생각이 들었습니다. 그 다음날 새벽에 일어나 '오늘부터는 시간의 십일조를 드려야지' 결심하고 기도를 시작했는데 맨날 안 하다가 갑자기 하려니까 피곤해서 그만 잠이 들어버렸습니다. 앉은 채로, 중간에 깨지도 않고 세 시간을 자버렸습니다. '야, 이거 참 문제다' 싶더군요.

요한 웨슬레(John Wesley)의 글을 읽어보면 그 어른은 우리하고 달랐습니다. 그는 바쁘면 바쁠수록 기도를 더 길게 했다고 합니다. 해야 할 일이 많을수록 기도를 더 길게 하니까, 비서진들이 답답해서 기도실 앞에서 안절부절하며 기도가 빨리 끝나기를 기다렸다고 합니다. 실컷 기도한 뒤에 나오는 요한 웨슬레에게 그 비서들이 "선생님 오늘 바쁜 줄 아시면서 이렇

게 기도실에서 시간을 허비하시면 우리는 어떻게 합니까?"라고
했더니, 요한 웨슬레가 말하기를 "야, 이 사람들아, 왜 바쁘
노? 무엇 때문에 그렇게 바쁜가 말이다? 결국 하나님의 일 때
문에 그런 것인데 바쁠수록 기도의 힘이 있어야지, 바쁜 일을
기도 없이 하면 제대로 되겠나?"라고 했다는 기록이 있습니다.
참으로 요한 웨슬레다운 이야기입니다.

　우리 성도들이 믿는다고들 믿는데 생활에 왜 능력이 없습니
까?

　　"집에 들어가시매 제자들이 종용히 묻자오되 우리는 어찌하
　　여 능히 그 귀신을 쫓아내지 못하였나이까"(막 9:28)

　예수님의 제자들이 자기들은 믿었는데 왜 안 되느냐고 예수
님께 묻고 있었습니다.

　　"이르시되 기도 외에 다른 것으로는 이런 유가 나갈 수 없
　　느니라"(막 9:29)

　예수께서 말씀하시기를 기도 안하면 안 된다는 것입니다. 기
도가 없는 믿음은 역사하는 힘이 없다는 것입니다. 믿음이 좋
다는 것만 가지고는 안 된다는 것입니다. 믿음 더하기 기도,
믿음에는 반드시 기도가 뒷받침이 되어야만 힘을 가진다는 것
입니다. 그러므로 기도하는 믿음의 사람이 되어야겠습니다.
　제가 감옥살이를 하고 나올 때의 이야기입니다. 재판에서는
15년 선교를 받았었는데 13개월 만에 석방되었습니다. 1975
년 1월 6일은 제가 감옥소에 들어간 지 딱 1년이 되는 날이었

는데 그날 우리 교회 성도님 5명이 수원교도소로 면회를 왔습
니다. 당시 전도사였던 저에게 성도님들이 찾아와서는 "전도사
님, 전도사님의 석방을 위해서 우리가 40일 철야 금식기도를
하기로 했습니다"라고 얘기하는 것이었습니다. 저는 판자촌에
사는 춥고 배고픈 사람들이 40일 철야 금식기도를 한다는 말
에 깜짝 놀랐습니다.

"야, 이 사람들아, 없는 사람들이 잠 힘으로 사는 긴데 안
자면 어떠카노? 거 그래 안해도 겨울에 먹을 게 없는데 금식하
면 되겠나?"

"금식은요, 구역마다 3일씩 돌아가면서 하기로 했는데, 국민
학교 어린이들까지 3일씩 금식하겠다고 다 지원했습니다. 철야
는 전 교인이 40일 간 그리 하기로 했습니다."

"그라지 마라, 내가 나갈 때가 되면 나가지, 왜 그러노? 먹
고 자고 해라."

"우리는 합심기도 40일 뒤에 옥문이 열릴 줄로 믿습니다."

"야, 15년 받은 사람이 5,6년은 살고 나가야 나라 법도 체면
이 있지, 이 사람들아, 1년 살고 어찌 나가나? 그래 나라가 되
겠나?"

"전도사님, 법을 그렇게 좋아하는 분이 왜 법을 깨고 들어왔
습니까?"

그래서 모두들 웃었습니다. "합심기도는 알아서 하겠습니다"
하고들 가더니, 전교인이 40일 철야 금식기도를 했었답니다.

40일 금식기도가 끝나는 날인 2월 15일 아침이었습니다. 수
원교도소 소장이 열쇠를 갖고 와서 "73번 기쁜 소식입니다. 집
에 가시게 됐습니다. 짐 싸가지고 나오십시오"하는 것이었습니
다. 저는 그 사실이 바로 믿어지지 않았습니다. 우리 정치범들

은 수시로 여기저기 자주 옮기기 때문에 미안해서 농담삼아 하는 소리인가 했습니다. 그래서 "또 딴 데로 옮기는가 본데, 거 추운데 제주교도소나 진주교도소같이 좀 따뜻한 데로 보내주시오"라고 했더니 "예, 나가신 뒤에 뭐 제주도를 가시든지 하와이를 가시든지 맘대로 하시죠"하는 것이었습니다.

짐을 싸가지고 나왔더니 정말 온 교인들이 교도소 앞에 마중을 나와 있었습니다. 흰 광목에 붉은 글씨로 '할렐루야 우리 목자 돌아오셨다!' 라고 써서 들고 있는 것을 보고 저도 "할렐루야!"하며 화답했습니다. 참 대단했습니다. '성도가 이 땅 위에서 나그네 길의 사명을 다 끝내고 천국에 들어갈 때 이렇겠구나' 하는 생각이 들더군요. 얼마나 감명이 깊었던지 저도 모르게 눈물을 흘리고 말았습니다. 누가 뭐라고 해도 저는 판자촌의 배고픈 사람들이 40일 철야 금식기도한 그 응답으로 석방된 것이라고 지금도 굳게 믿고 있습니다.

그런데 그때 같이 석방되었던 친구들은 그 사실을 믿지 않더군요. 제가 그 이야기를 하면 "김 목사는 잘 나가다가 보수파로 빠진단 말야"라고 합니다. 기도의 응답을 믿는다고 하여 왜 보수파라는 얘기를 들어야 하는지, 정말 그리스도인으로서 잘 이해가 안 갑니다. 어쨌든 저는, 기도의 응답으로 하나님께서 박 대통령을 시켜서, 본인이야 모르고 결재했지마는, 때 맞추어 내보내주신 걸로 믿습니다.

1987년 6월 29일 우리나라의 정치상황이 갑자기 확 바뀌어서 모두들 감격했습니다. 저는 그것도 그동안의 우리 성도들의 금식과 기도의 응답인 줄로 믿습니다. 나라가 바로되기 위해서는 정치가, 군인, 학생, 공무원 등 모든 국민이 각자의 역할에 충실한 것도 중요하지만 역사를 바로잡는 원동력으로서는 성도들의 합심기도가 가장 중요하다고 생각합니다. 그동안 성도들의 정성어린 기도의 응답으로 우리 역사가 갑자기 확 풀린 것으로 믿습니다.

세번째로 교회다운 교회는 성령 안에서 성도의 깊은 교제가 있는 교회입니다.

"저희가 사도의 가르침을 받아 서로 교제하며 떡을 떼며 기도하기를 전혀 힘쓰니라"(행 2:42)

위의 말씀은 성도들의 교제에 대한 말씀입니다. 성령 안에서 성도의 교제가 있는 교회야말로 교회다운 교회입니다. 예루살렘 교회의 성도의 교제가 얼마나 깊었는지에 대해서는 다음의 말씀에 잘 나타납니다.

"믿는 사람이 다 함께 있어 모든 물건을 서로 통용하고 또 재산과 소유를 팔아 각 사람의 필요를 따라 나눠주고 날마다 마음을 같이하여 성전에 모이기를 힘쓰고 집에서 떡을 떼며 기쁨과 순전한 마음으로 음식을 먹고 하나님을 찬미하며 또 온 백성에게 칭송을 받으니 주께서 구원받는 사람을 날마다 더하게 하시니라"(행 2:44~47)

초대 교회 성도의 교제가 기막히게 깊어지니까 믿지 않는 예루살렘 시민들이 그것을 보고 부러워하며 '사람이 사람 같은 대접받고 살려면 저래야 되는 것이로구나!' 하고 칭찬했습니다. 그렇게 백성들이 칭송을 하니, 주께서 구원받는 사람을 날마다

더하게 하셨습니다. 그리스도인들의 성령 안에서의 깊은 교제
가 영혼을 구원하는 중요한 요소입니다.

그러나 오늘날 우리의 교회들은 이 부분에 있어서 매우 부족
합니다. 특별히 도시 교회들이 더 그렇습니다. 저는 도시 교회
가 어떨 때는 좀 딱하게 여겨집니다. 갑자기 그렇게 많이 모여
서 숫자가 늘어나니까 성도의 교제가 제대로 되겠습니까? 영락
교회 한경직 목사님의 얘기가 생각나는군요.

어느날 한 목사님이 새마을호를 타고 부산에 가는데 옆자리
에 앉은 어떤 성도님이 목사님을 알아보았답니다. 그분이 목사
님에게 점심도 사주고 음료수도 사주며 얼마나 잘해주던지,
'이 어른이 아마 신실한 교인이신 모양인데, 어느 교회 누군
가? 한번 알아보자' 하고 목사님이 물어보았답니다. "실례지만
어느 교회 나가시는 누구신지요?" 그러자 그분이 깜짝 놀라서
"제가 영락교회 집사 아닙니까?"라고 대답하더랍니다. 그 교회
에 집사가 수천명쯤 되니까 누가 누군지 잘 몰랐겠지요.

그것을 좀 과장하여 비유하자면, 남편이 자고 나서 자기 부
인한테 "실례지만 뉘집 부인이십니까?"라고 묻는 것과 비슷하
지 않습니까? 성도의 수가 너무 많다보니 누가 무슨 기도제목
을 가졌는지, 누가 무슨 은사를 받았는지 서로 잘 모릅니다.
그러니 교제가 제대로 이루어질 수가 없지요. 한국 교회는 공
동체적인 정신이 너무 희박합니다. 이것은 우리가 앞으로 극복
해 나가야 할 중대한 과제입니다. 기독교의 본질적 요소인 공
동체적인 신앙고백, 공동체적인 정신, 이것을 우리가 얼마만큼
드러내느냐 하는 것은 앞으로 한국 교회의 과제입니다.

네번째로 교회다운 교회는 전도하는 교회입니다.

"인자야 내가 너를 이스라엘 족속의 파수꾼으로 세웠으니
너는 내 입의 말을 듣고 나를 대신하여 그들을 깨우치라 가령
내가 악인에게 말하기를 너는 꼭 죽으리라 할 때에 네가 깨우
치지 아니하거나 말로 악인에게 일러서 그 악한 길을 떠나 생
명을 구원케 하지 아니하면 그 악인은 그 죄악 중에서 죽으려
니와 내가 그 피 값을 네 손에서 찾을 것이고"(겔 3:17~18)

이 말씀은 전도에 관한 것으로 대단히 심각한 말씀입니다.
예를 들어 여러분이 사는 아파트의 앞집에 예수를 믿지 않는
이웃이 살고 있습니다. 그래서 여러분이 그분을 찾아가서 예수
를 믿어 구원받고 거듭나는 도리에 대해 설명을 해주었습니다.
그런데 그 사람이 받아들이지 않고 죄 중에 죽었으면 그 영혼
의 책임이 그 사람한테 있지만, 여러분이 입을 다물고 전도를
안 해서 그 사람이 죄 중에 죽었다면 그 사람의 피 값을 여러
분한테서 받겠다는 것입니다.

여러분의 친구가 예수님을 모르는데, 여러분이 전도를 안 해
서 그 친구가 죄악 중에 죽으면 그 피 값이 여러분한테 있다는
것입니다. 여러분 직장의 동료가, 여러분의 친척이, 여러분이
전도를 안 해서 죄악 중에 죽으면 바로 피 값을 여러분이 물어
야 된다는 것입니다. 이것이 정말로 무서운 말씀입니다. 그래
서 열심히 전도해야 하는 것입니다.

전도에는 교양이고 염치고 체면이고 없습니다. 그 모든 것을
제쳐놓고 열심히 전도해야 합니다. 용감하고 씩씩하게 나가야
합니다. 피 값을 나에게 묻는다는데 얼마나 심각합니까? 너무
교양만 찾고 뜸들이다 보면 이미 기회는 다 지나갑니다. 부지
런히, 열심히 전해야 합니다.

제가 한번은 어떤 농촌 가정에 전도하러 갔었는데, 그 집 주인이 마당의 평상에 앉아 식사를 하고 있었습니다. 제가 "교회에서 왔습니다"하고 다가섰더니 "나는 절에 갑니다. 종교가 불교여서 절에 다니니까 나는…"하면서 말을 들을 필요도 없다는 듯이 먹던 밥상을 들고서 돌아앉는 것이었습니다.

저는 은근히 화가 났지만 화가 난다고 전도를 포기할 수 없기에 "절에 나가시는 건 댁의 사정이고요"하고선 그 사람의 뒤통수에다 대고 한 십분이 넘도록 열심히 전했습니다. 복음의 핵심을 말하고 나서 "전 이제 가겠습니다. 내 할일은 다했습니다. 알아서 하십시오"하고는 돌아왔습니다. 제가 목사로서, 전도자로서 그 사람에 대한 최소한도의 책임만은 벗은 것입니다. 우리가 열심히 전도하는 그리스도인이 되어야 할 것입니다.

우리 장로교 교인들은 전도하는 데에 있어서 좀 약합니다. 여호와증인들은 전도하는 데 얼마나 열심인지 모릅니다. 여호와증인들 중에는 그들의 교리에 따라 군대에 안 가고, 그 기간 동안에 감옥살이를 하는 청년들이 많다고 합니다. 병역을 거부하고 감옥살이를 할 정도로 그들의 신앙은 열렬합니다. 감옥마다 여호와증인들이 많습니다.

제가 감옥살이할 때 저와 같은 방에 여호와증인이 한명 있었습니다. 그가 얼마나 전도를 열심히 하는지, 눈만 뜨면 죄수들을 붙들고 애기하니까 나중에는 죄수들이 귀찮고 듣기 싫다고 뺨까지 때렸습니다. 그런데는 그는 뺨을 만지면서 계속 전하는 것이었습니다. 죄수들이 하도 지긋지긋하니까 교도관한테 신고를 했습니다. 그래서 훈계를 해도 안 되고 하니까 하는 수 없이 그를 밖으로 데리고 나가서 수갑을 뒤로 채우고 끈을 매서 위로 달아올렸습니다. 그런 것을 보고 '헬리콥터 탄다'고 합니다. 그는 헬리콥터를 타면서도 "예수께서 말씀하시기를 핍박을 받는 자는 복이 있나니…"하면서 성경말씀을 줄줄줄 외워댑니다. 그러자 교도관이 나중에는 항복을 하면서 "야, 참 지독하다, 지독해. 건드리면 성경이 나오는구나, 건드리면 성경이 나와"하는 것이었습니다.

그들의 전도하는 그 뜨거운 열심만은 우리가 배워야 합니다. 그렇다고 신앙의 내용까지 배워버리면 큰일 나겠지만 그 전도하는 열심만은 배워야 합니다.

다섯번째로 교회다운 교회는 지극히 작은 자 하나를 섬기는 교회입니다.

> "임금이 대답하여 가라사대 내가 진실로 너희에게 이르노니
> 너희가 여기 내 형제 중에 지극히 작은 자 하나에게 한 것이
> 곧 내게 한 것이니라 하시고"(마 25:40)

지극히 작은 자 하나를 예수의 이름으로 섬기는 교회야말로 교회다운 교회입니다. 위 말씀은 교회를 섬기라는 말이 아니라 백성을 섬기라는 것입니다. 지극히 작은 자 한 사람, 한 사람을 섬기라는 것입니다. "섬기라, 섬기라"하니까 우리 한국 교인들은 자꾸만 목사를 섬길려고들 하는데 목사를 섬기라는 것이 아닙니다. 목사는 신학대학 갈 때, 목사 안수 받을 때 벌써 '예수님의 양'인 교인들을 섬기겠다고 서원한 사람들입니다. 목사는 섬김을 받는 사람이 아니라 섬기는 사람인데, 교인들이 오해를 하는 것 같습니다. 성경은 그렇게 말씀하고 있지 않습니다.

어떤 교인들은 목사를 섬기는 데 있어서 너무 지나칩니다.

대접한다고 해서 가보면 음식을 진수성찬으로 차려놓고 자꾸 먹으라고 권합니다. 또 제가 양껏 먹고 수저를 놓으면 "목사님을 잘 섬기면 복을 받는다고 해서 제가 어제부터 준비했습니다. 안 잡수시면 제가 섭섭합니다"라고 합니다. 가만히 들어보니까 결국은 목사보다도 그 교인 스스로가 복받으려고 준비했다는 것입니다. 그것은 목사를 섬기는 것이 아닙니다. 그래서 제가 솔직하게 "자매님, 다음부터는 여기 반찬 서너 가지는 제하고, 그 돈으로 구제비, 선교비, 장학금 등 어려운 사람들을 돕는 데 예수님 이름으로 쓰십시요. 그게 목사 섬기는 겁니다"라고 가르쳐주었습니다.

목사를 잘 섬기는 방법이 무엇입니까? 그것은 단순하고 간단합니다. 예수를 제대로 믿는 것이 바로 목사를 잘 섬기는 것입니다. 예수의 이름으로 자기 주위의 사랑이 필요한 분에게 사랑을 주고, 춥고 외로운 분을 도와주며 더불어 함께 나누는 것이 섬기는 삶인데 자꾸 목사님만을 섬기려고 합니다. 그것은 우리 지도자들에게도 책임이 있습니다. 너무 예배당 건물을 꾸밀려고들 합니다.

하루는 우리 교회 학생들이 유리창 청소를 열심히 하길래 제가 기특해서 물어보았습니다.

"아, 자네들, 좋은 일하네, 그런데 웬 일이야?"

"우리, 봉사활동하기로 학생회에서 정했습니다."

"아, 그 열심은 좋은데 교회에서 말하는 봉사활동은 사실 그게 아니야. 그것은 건물 관리지. 봉사활동은 마을에 가서 하는 거야, 아들이 군대 가버려서 농사를 못 짓고 있는 할머니 있지? 그 집에 가서 밭을 매주고 말이야. 동네 하수도가 막혀서 냄새 나더라. 그거 터주고 말이야. 뭐, 그런 것들이 봉사활동이라 할 수 있지. 교회당에서 예배당 유리 닦는 게 봉사활동은 아니다."

"그렇습니까, 목사님? 그럼 여기 청소해놓고 마을에 가서 또 하지요."

"좋아, 좋아."

교인들에게 가르쳐주면 이렇듯 금방 알아듣는데, 교회에서는 그 정확한 의미를 잘 가르쳐주지 않습니다. 그러니까 결국 우리 목사들이 책임을 져야 한다는 것이죠. 목사들이 교인들의 관심을 예배당 건물 유지에만 너무 끌어들였지, 교인들의 그 순수한 열심을 정말 해야 할 일에 안 돌려주었던 것입니다. 정말 올바르게 섬기는 교회가 되어야겠습니다. 자꾸 목사를 섬기려 하지 말고, 우리 주위에 있는, 정말로 사랑이 필요한 영혼들에게 눈길을 돌려야겠습니다.

또 우리는 너무 교파, 교리를 내세우고 있습니다. 저는 고려파가 교리를 굉장히 좋아한다고 들은 적이 있습니다. 가장 본질적인 것은 제쳐놓고 별것 아닌 것에 너무 말들이 많은 것 같습니다.

언젠가 제가 지방에 있는 고려파 신학생들의 집회에 갔었습니다. 설교를 다 한 뒤에 질문을 받는 시간이 있었는데, 그 시간에 어느 대학생이 이렇게 묻더군요.

"목사님, 담배피우는 게 죄입니까?"

대학생의 질문치고 너무 시시하다는 생각이 들어 기분이 언짢아지더군요.

"내가 전매청 직원이냐? 왜 나한테 그걸 묻노? 대학생 질문이 그것밖에 없나? 역사문제나, 민족의 전망이나, 백성들의 죽고 사는 문제가 하고 많은데, 왜 시시하게 담배 피우느냐 안 피우느냐, 그런 걸 가지고 따지는지 모르겠구먼. 그게 죄인지 아닌지는 아무도 몰라.

왜냐? 예수님 계실 때는 사람들이 담배를 안 피웠지. 그러니 성경에서 그게 죄다 아니다 나올 필요가 없다고. 그거는 우리 한국 교회가 건덕(健德)상 세운 약속이라, 약속. 자네가 담배를 되게 피우고 싶으면 피워. 그것 때문에 구원 못 받는 것은 아니니까. 나는 돈도 아깝고 건강에도 안 좋고, 뭐 여러가지로 불편해서 안 피우지마는, 자네는 꼭 하고 싶으면 하라구.

그러나 내가 생각하기로는, 담배 피우는 게 우리 하나님께서 원하시는 거라면, 본래 우리를 창조하실 때 머리에 굴뚝 안 내놨겠나 싶구먼. 우리 머리에 굴뚝 없는 거 보면, 하나님께서 담배 피우는 것을 원하시지 않는 것 같구먼."

신앙이라는 것은 본질의 세계이고 진리 자체의 세계입니다. 그것은 제쳐놓고 변두리 문제만 가지고 맨날 왈가왈부하다보니 가장 중요한 핵심은 놓쳐버리고 영적으로 깊이 들어가지를 못하는 것입니다. 껍데기만 단단했지 속이 비었다는 말입니다. 본질을 도외시한 채 너무 교리, 교파에만 얽매여서는 성령과 진리의 힘 자체가 역동할 수 없습니다.

제가 농촌에서 목회할 때 이웃 동네에 보수신앙을 꽤 자랑하는 교회가 있었습니다. 하루는 그 교회의 청년회장이 저를 찾아왔습니다.

"목사님, 실은 우리 교회 청년회원 중에 성가대에서 찬양도 하고 유년주일 교사도 하면서 신앙생활 잘 해온 여자분이 있었습니다. 그런데 어느날 갑자기 농약을 먹고 자살해버렸습니다."

"야, 거 이상하다. 그 좋은 신앙인이 왜 자살을 했을까?"

“그 아버지는 알콜 중독자구요, 어머니는 정신이상자입니다.
게다가 밑으로 동생이 다섯명이나 있지요. 아마 견디다 못해서
자살을 했나 봅니다. 그런데 문제는요, 우리 교회 목사님이 자
살은 살인죄라고 하면서 장례식을 안해준다는 거예요.”

“그래서?”

“동네에서는 교회에 열심히 잘 다녔으니까 ‘교회에서 해주겠
지’하고, 교회에서는 자살은 교리에 어긋난다고 안 해주고 있
으니…. 시체는 썩어 냄새가 나고 있는데 말입니다. 목사님,
자살했다고 해서 반드시 교회에서 장례를 치루지 못합니까? 이
거, 어떻게 했으면 좋겠습니까?”

제가 가만히 생각해보니까 문제가 심각하더군요. 더운 날씨
에 시체는 썩어가고 있는데도 교리 때문에 장례식을 치룰 수
없다는 것입니다.

“그러면 내가 가서 하지 뭐.”

“목사님은 괜찮습니까?”

“나중에 천국 가서 예수님이 꾸지람을 하시면 ‘저는 교리에
좀 무식해서 그랬습니다’하지 뭐, 몰라서 그랬다는데 예수님도
어쩌겠나? 날씨는 더운데 며칠 더 가면 구더기 나오고 안 된
다. 빨리 빨리 하자.”

그래서 그 청년과 함께 시체가 있는 곳으로 갔습니다. 가서
보니 죽은 처녀의 입가에는 피가 죽 묻어 있고, 그 어머니는
정신이상자라 눈에 초점을 잃은 채 방에 가만히 앉아 “워이 워
이”하며 새 쫓는 소리만 하고 있었습니다. 서둘러서 청년들을
데려와 염을 하고 가마니로 들것을 만들어서 제가 뒤를 들고
청년들은 앞에 세워 뒷산에 묻으러 갔습니다.

뒷산으로 올라가는데 이 젊은 청년들이 자기들 힘만 생각하

고, 힘에 부쳐 낑낑거리는 제 사정은 아랑곳없이 그냥 내쳐 올라가는 것이었습니다. 그 바람에 그만 제가 손에 잡았던 것을 놓쳐버려 시체가 떨어지고 말았습니다. 얼마나 미안하고 딱하던지요. 그런데 시체가 그 산 언덕에서 뒹굴 때 그 죽은 처녀의 가슴에서 성경책이 툭 떨어지는 것이었습니다.

염할 때도 시체의 가슴이 부풀어올랐었지만 '원래 여자의 체격이 그렇겠지' 하고만 생각했었는데 그것이 바로 성경책 때문이었다니! 신구약성경을 가슴에 품은 채 약을 먹고 죽었던 것입니다. 제가 그 성경책을 가만히 들어서 첫장을 넘겼더니 얼마나 만졌는지 때가 묻은 명함판 만한 예수님 사진이 거기에 들어있는 것이었습니다. 코가 찡하고 눈물이 나더군요. 얼마나 견디기 힘들었으면 예수님의 사진이 들어있는 성경책을 가슴에 꼭 품고 죽었을까요. 땅을 파고 시체를 묻을 때 성경도 같이 묻어주었습니다.

'주님, 자살했는 거는 살인죄라지만 형편 좀 참작해주시고 천국에 좀 들여보내주시옵소서!' 결정이야 주님께서 하시겠지만 저는 시체를 묻으면서 그렇게 기도를 드렸습니다. 그것을 가지고 기도를 잘 했다 못 했다 하면서 교리로써 따지지 않았으면 좋겠습니다. 교리가 중요하다 하지만 정말 중요한 것은 사람입니다. 사람을 섬기는 일에 교리를 지나치게 내세워 본질을 망각해서는 안 됩니다.

물론 자살은 살인죄이고 잘못이라는 것을 알고 있습니다. 전에 저도 선교를 하다가 너무 수모를 당하고 실패를 많이 해서 자살하려고 했었지요. 그런데 자살은 살인죄라는 생각 때문에 차마 할 수가 없었습니다. 그 뒤 기도하고 금식을 하며 주님께 매달렸더니 주님께서 살려주셨습니다. 교회는 교리와 교파 이

전에 무엇보다 예수님이 죽기까지 사랑하신 그 사람, 그 영혼을 섬기는 일에 앞장서야 할 것입니다.

교회에서 피아노를 사는 데, 커튼을 하는 데 필요한 헌금을 하려고 하면 경쟁하듯 내려고 합니다. 그런데 "우리 마을에서 입원한 그 환자가 임신중독증이라는데 수술을 안 하면 산모와 애기 둘 다 위험하다고 합니다. 그러니 여러분, 입원을 하는 데 필요한 입원비 좀 헌금하십시요"라고 하면 아무도 내려고 들지를 않습니다. 이것은 너무 경우에 맞지 않는 것 같습니다. 목숨을 살리는 데, 빚을 내서라도 헌금을 해야 하지 않겠습니까? 사실, 커튼이나 피아노는 없어도 얼마든지 예배는 드릴 수 있습니다. 이제 우리 한국 교회는 겉모양에 치중하기보다는 이웃을 섬기고, 병들어 있는 역사를 바로 잡는 일에 더 치중해야 할 것입니다.

제가 청계천에서 선교하다가 너무 지쳐서 빈민선교를 그만두기로 결심했던 적이 있습니다. 그곳에 하도 병자들이 많았던지라, 그 병자들을 돌보다가 제가 그만 병이 들어버렸거든요. 병이 나서 한 열흘쯤 앓고 나니까 '야, 내가 여기서 더 선교하다가는 곧 죽고 말겠구나. 내가 먼저 살아야지, 죽어버리면 무슨 하나님 일이 있나?' 라는 생각이 들어 교회의 간판을 제 손으로 내렸습니다. 「활빈교회」라는 간판을 내려 끈으로 묶고 신학교로 떠날려고 용달차를 부르러 나왔는데 교회 앞마당에 동네 아이들이 와서 놀고 있었습니다. 제가 가만히 애들을 보고 있으려니까,

'야, 저 애들이 이 빈민촌에 교회가 선 뒤에 그래도 눈만 뜨면 교회에 와서 노래도 하고, 동화도 듣고, 연극도 하며 교회로 모여드는데, 저 애들 보는 데서 내가 어떻게 짐을 싸가지고

떠나겠나?' 라는 생각에 차마 그대로 떠날 수가 없었습니다. '저 애들이 흩어진 뒤에 가야지' 하고 기다리기 시작했는데 한 시간쯤 있다 내다보면 애들이 아까보다 더 불어나 있고, 또 한 시간쯤 있다 내다보면 또 더 불어나 있는 것이었습니다. '야, 밤에 떠나야지, 이거 안 되겠는데. 내가 야간도주를 하든지 해야지, 낮에는 도저히 안 되겠다' 라는 생각이 들었습니다.

 밤이 올 때까지는 시간이 남아 있었으므로 동네를 한 바퀴 돌면서 이집 저집을 들여다보았습니다. '야, 이 사람들은 갈 데가 없어서 청계천 썩은 물 밑바닥에서 살고 있는데, 나는 갈 데가 있다고 신학교로 떠나는구나' 라고 생각하니까 마음에 부담이 커지면서 심한 갈등이 생겼습니다. 그러다가 다시 생각을 고쳐먹고는 '내가 뭐 아파서 죽게 되면서까지 여기에 있어야 되나? 아냐, 가야지, 살아 남아야지. 아이고, 밤이 되기 전에어서 떠나자, 여기 있다가는 안 되겠다' 하면서 발걸음을 옮겼습니다. '무조건 떠나자' 는 결심을 하고 교회로 가는 길의 마지막 코너를 돌아 교회 옆집 앞을 지나가는 데, 그 집 어린아이들, 다섯명의 신발이 방문 앞에 마구 흩어져 있는 것이 눈에 띄었습니다.

 '애들이 낮에 밖에 놀러 안 나오고 와 방에 다 있는가?' 이상한 생각이 들어 "여보세요"하며 방문을 두드려 보았습니다. 아무런 기척이 없어 들어가봤더니 세살부터 열 세살까지의 다섯 명의 어린애들이 기진맥진하여 방바닥에 죽 누워 있는 것이었습니다. 아주 기운이 빠져 쓰러져 있기에 "너희들 왜 그러냐?"하고 애들의 머리를 짚어보니까 열은 없었습니다. 그런데 열 세살 먹은 맏이가 힘없이 일어나 앉더니,

 "선생님, 배고파예. 엄마, 아빠는 사흘 전에 장사 나가서 아

직 안 돌아오시고 지들은 양식이 없어 굶었으예!"하는 것이었
습니다.

그 아이들의 부모는 서울운동장 앞, 청계극장 뒷골목에서 참새
구이와 우동 등을 팔며 포장마차를 하고 있었습니다. 그런데 사
흘 간 아무 연락도 없이 안 들어와서 애들이 굶었답니다. 하루
벌어서 하루 먹는 사람들이라 부모가 안 들어오면 애들은 굶을
수밖에 없었습니다. 형이 그렇게 일어나 앉아우니까 동생 네명
도 따라 일어나 앉으면서 같이 배가 고프다고 우는 것이었습니
다. 애들이 배 고파 우는 모습을 차마 눈 뜨고 못 보겠더군요.
제가 어찌나 가슴이 아프던지, 창자가 꼬이는 것 같았습니다.

저는 정신이 아찔해져서 등을 벽에다 기대고 배 고파 우는
애들 얼굴을 가만히 보고 있었습니다. 배고프다고 우는 세살짜
리 애의 눈물을 가만히 보고 있을 때 참으로 이상한 일이 일어
났습니다. 예수님의 얼굴이 세살짜리 애의 얼굴에 나타났던 것
입니다. 예수님의 얼굴이 약 일초쯤 순간적으로 탁 나타났다가
사라졌습니다. 저는 그만 충격을 받았습니다.

'아, 예수님이 여기 계시는구나. 예수님께서 배 고파 우는
어린아이의 눈물 속에 계시는데, 나는 힘들다고 예수님이 계시
는 이 마을을 떠날려고 하는구나!'

그것을 깨닫고보니 정신이 번쩍 들었습니다.

'그럼, 안되지. 죽든 살든 예수님이 계시는 이 마을에 있어
야지. 예수님은 33세에 나를 위해 죽으셨다. 나도 예수님만큼
살았는데, 이보다 더 큰 목사가 되겠다고 예수님이 계시는 이
마을을 떠나서 신학교를 가겠느냐. 이 동네에서 살아남을 생각
을 하지 말고, 이 동네에서 죽을 생각을 하자!'

이렇게 결심하고서 "애들아 여기 있으라"하고는 교회에 가서

다시 간판을 달았습니다. 짐도 다시 풀어놓았습니다. 그리고 동네 가게에 가서 국수를 사다 삶아서 여섯명이 같이 나누어 먹으며 "너그 엄마, 너그 아부지 찾으러 가자"하고 애들을 데리고 나왔습니다. 애들 부모를 찾으러 청계극장 뒷골목에 갔더니 장사하던 자리에는 아무도 없었습니다. 그래서 다른 행상에게 "여기에서 우동장사하던 사람들 어디로 갔습니까? 사흘 간 집에 안 들어와서 애들이 굶다 못해 찾아 왔습니다"하고 얘기했더니 "사흘 간 안 들어왔다면, 사흘 전에 후리갈이가 있었는데 그럼 경찰서에 있나?"하는 것이었습니다. '후리갈이'란 법을 어기고 허가 없이 장사하는 노점상인들을 경찰들이 와서 전부 잡아가는 일제단속을 말합니다. 잡아가서는 즉결재판을 하고 2만원, 1만원 정도의 벌금형을 내립니다. 이때 돈이 있으면 내고 나가고, 돈이 없으면 그 대가만큼 감옥살이를 해야 합니다. 그래서 하루 감방 살고 나면 5백원을 깎아줍니다. 식사는 하루에 두번, 보리밥에 노란 무 두쪽을 얹어줍니다. 추운 겨울에도 담요 한장을 줄까말까합니다. 저도 거기에서 두번 살아봐서 잘 압니다. 1만원의 벌금형을 받으면 20일을 살아야 합니다. 그 부부는 9천원 벌금형을 받았는데 3천원은 내고 6천원을 못냈던 것입니다. 그러니 열이틀을 살아야 될 형편이었습니다. 애들 엄마는 잡혀 들어오자마자 순경 아저씨를 붙잡고 간절히 애원을 했답니다.

"순경 아저씨요, 우리 애들 굶어 죽소. 우리 동네에 활빈교회라는 교회가 있으니까 그리로 연락 좀 해주시오. 연락해주면 활빈교회에서 돌봐줄낍니더. 연락도 없이 열이틀을 살고 나가면 우리 애들이 굶어 죽소."

"활빈교회인가 하는 그 교회에 전화 있어? 있으면 전화 걸어

비전있는 교회의 모습

주지.”

“전화가 없습니다.”

“아, 그럼 누가 가서 연락해?”

그러고서 아무도 연락을 안 해주었던 것입니다. 그 부부가 자식들을 생각하고 얼마나 속이 탔겠습니까? 제가 애들을 데리고 유치장을 찾아갔더니 그 부인이 쇠창살 안에서 애들을 보고 그만 통곡을 하는 것이었습니다.

“아이고 내 새끼들아, 에미 에비 못 만나서 굶었지?”

애들은 엄마를 보자 쇠창살을 붙들고 악을 쓰며 웁니다. 그러니까 순경은 또 누가 들여보냈느냐고 호통을 치며 야단입니다. 순경이 쇠창살에서 애들을 떼어놓으려고 하는데 어디 아이들이 순순히 놓으려 합니까? 순경이 결국 아이들의 고사리 같은 손을 비틀어 내어쫓으니, 부인은 탄식을 하고, 그 남편을 돌아서서 웁니다. 그 난장판 속에서 저는 무릎을 꿇고 감사기도를 했습니다.

‘주님! 제가 힘들다고 빈민촌을 떠나려 했을 때 배 고파 우는 어린아이의 눈물 속에 나타나시어 제가 죽어야 할 자리를 다시 알게 해주시니 감사합니다. 제가 힘들다고 나의 사명지를 벗어나려 했을 때, 자식 굶겨야만 했던 부모의 탄식과 절망을 통해서 제가 해야 할 일을 다시 알게 해주시니 감사합니다. 주님! 저는 힘도 없고 돈도 없고 능력도 없고 아무것도 없습니다. 그러나 이 어린아이들의 눈물 속에 예수님이 계시는 한, 이 마을에 남아 있겠습니다.”

그때 이후로 이십수년의 세월이 흘렀습니다.

우리 한국 교회는 모든 재물과 모든 사람과 모든 시설과 모든 은혜를 합쳐서 백성들을 섬기는 아름다운 교회가 되어야겠습니다.

4 비전있는 기독청년

"좌우에 날선 어떤 검보다 예리하여

혼과 영과 및 관절과 골수를 찔러

쪼개기까지 하며 또 마음의 생각과

뜻을 감찰하나니"

섬기는 청년

그들이 날마다 나를 찾아 나의 길 알기를 즐거
워함이 마치 의를 행하여 그 하나님의 규례를 폐하
지 아니하는 나라 같아서 의로운 판단을 내게 구하
며 하나님과 가까이 하기를 즐겨하며(사 58:2)

오늘날 한국 교회의 청년들이 변하지 않으면, 우리는 한국 교회에 어떠한 희망도 기대할 수 없습니다. 저는 교회 청년들에 대해서 대단히 못마땅한 생각을 가지고 있습니다. 그것은 그들이 생각하는 것이나, 모여서 하는 일이나, 말하는 내용에 있어서 전혀 정열이 없고 역사성이 없으며, 목숨을 걸고 교회와 민족을 위해서 무엇을 하겠다는 결의가 없기 때문입니다. 우리는 그런 현실에 대해서 반성하고 새로운 다짐을 해야 할 것입니다.

"헤롯왕 때에 예수께서 유대 베들레헴에서 나시매 동방으로부터 박사들이 예루살렘에 이르러 말하되 유대인의 왕으로 나신 이가 어디 계시뇨"(마 2:1~2)

헤롯 왕은 독재자로서 무자비한 전제권력을 휘둘렀던 자입니

다. 그는 자기의 권력을 유지하기 위해서라면 무참한 살생도
개의치 않았던 군주였습니다.

　어느날 동방에서 온 박사들로부터 유대에 왕이 났다는 소식
을 들은 헤롯 왕은 크게 경계심이 생겼습니다. '나의 왕권에
도전하는 강력한 세력이 나도 모르는 사이에 생긴 모양인데,
이거 안 되겠다. 빨리 조처를 취해야지, 그냥 놔두었다가 커지
기라도 하면, 내 왕권이 큰 위협을 받게 될 것이다' 하는 생각
이 그의 뇌리를 스치고 지나갔습니다.

> "헤롯왕과 온 예루살렘이 듣고 소동한지라 왕이 모든 대제
> 사장과 백성의 서기관들을 모아 그리스도가 어디서 나겠느뇨
> 물으니"(마 2:3~4)

　겁이 난 헤롯 왕은, 연구비를 받아가면서 자신을 자문하는
종교학자들을 전부 소집하여, "도대체 그리스도가 날 만한 근
거가 어디 있느냐?"하고 물어보았던 것입니다. 그런데 그때도
지금과 마찬가지로 어용학자들이 있었습니다. 열심히 성경연구
하고 공부해서 얻은 지식을 독재권력에 팔아 넘기고 호의호식
하는 쓸개 빠진 학자들이 그때도 있었습니다.

　연구비를 받은 이 학자들이 "베들레헴이란 곳이 수상합니다.
왜냐하면 구약성경에 유대 베들레헴에서 왕이 난다고 예언되어
있기 때문입니다. 동방박사들이 왕이 태어난다는 소식을 듣고
왔다면, 그 왕은 필시 그 예언대로 유대 베들레헴에서 태어날
것입니다"라고 말해주었습니다. 이 학자들은 사실을 제대로 알
기는 했지만 그 지식을 바로 사용할 줄은 몰랐습니다.

　사람이 공부를 많이 한다고 해서 다 좋은 사람 되는 것은 아

닙니다. 학자들은 공부를 아주 많이 해서 박사나 석사학위는 받았지만 배운 것을 유익하게 쓰는 것이 아니라 오히려 백성들을 수탈하는 데 쓰는 사람들이 많습니다.

"성경말씀에 의하면 유대 베들레헴이라는 데가 그곳입니다"라는 말을 들은 헤롯왕은 속마음을 숨기고 대단히 노련한 태도를 취했습니다. 그는 박사들한테 아주 부드럽게 "박사님들이 가셔서 새로운 왕을 경배하시고, 돌아가는 길에 왕궁으로 좀 들러주시오. 그래야 저도 가서 그 위대한 왕한테 경배할 수 있지 않겠습니까?"라고 말했습니다. 순진한 그 박사님들은 의심 없이 그 말을 그대로 믿고 "예, 그리하겠습니다"라고 대답하고 떠났습니다.

베들레헴에 도착한 그들은 말구유에서 태어나신 아기 예수님께 경배했습니다. 그러고 나서 그들은 헤롯왕과의 약속을 지키기 위해 왕국으로 되돌아가려고 하는데 꿈에 헤롯왕에게로 돌아가지 말라는 하나님의 지시를 받게 되었습니다.

요즘 말로 하자면 비자를 제시하지 말고 국경으로 살짝 빠져나가라는 뜻이겠지요. 그래서 그들은 그 지시대로 다른 길을 통해 고국으로 돌아가버렸습니다. 한편 헤롯왕은 동방박사들을 기다려도 오지 않자, '아, 이거 속았다. 이 박사들이 새로운 왕에게 경배만 하고 딴 길로 도망가버렸구나!' 하는 생각이 들어 불안해지기 시작했습니다.

독재권력을 유지하려면 정확한 정보를 통해 대책을 세워야 하는데, 어디서 누가 무슨 공작을 하고, 어떤 세력이 어디서 무슨 음모를 꾸미는지 도무지 감을 못 잡으니 헤롯왕은 불안할 수밖에 없었지요. 그는 곰곰이 생각한 끝에 학자들이 보고한 대로 베들레헴을 중심으로 그 한계를 정해서, 그 안에 있는 두

살 아래의 사내아이들은 무조건 다 죽여버리라는 명령을 내렸습니다.

> "이에 헤롯이 박사들에게 속은 줄을 알고 심히 노하여 사람을 보내어 베들레헴과 그 모든 지경 안에 있는 사내아이를 박사들에게 자세히 알아본 그때를 표준하여 두살부터 그 아래로 다 죽이니"(마 2:16)

그래서 아무런 이유도 알지 못한 채 수많은 사내아이들이 억울한 죽음을 당하게 되었습니다. 제가 어렸을 때에 성경을 읽으면서 이 대목을 대단히 못마땅해 하던 기억이 납니다. 그때는 하나님이 너무하셨다고 생각했습니다.

왜냐하면 예수님 때문에 죄도 없는 수많은 어린아이들이 세상에서 빛도 못 보고 억울하게 죽어갔기 때문입니다. 그들은 단지 예수님과 같은 시대, 같은 지역에서 태어났다는 이유 하나만으로 죽어야 했습니다. 당시 두살 아래의 사내아이들을 가진 부모들은 얼마나 비통하고 슬펐겠습니까?

저는 어려서부터 이 말씀을 읽으면서 불만이 많았습니다. '그럴 수가 있나? 예수님은 차라리 아무도 없는 무인도에 가서 나든지 하지, 왜 억울한 다른 애들을 떼죽음 당하게 했을까?'라고 생각한 것이지요. 그런데 막상 헤롯왕이 찾던 아기 예수님은 어떻게 되었습니까? 헤롯 왕의 학살반이 오기 전에 벌써 망명해버렸습니다.

사실 저는 그 점이 마음에 안 들었습니다. 도망을 가려면 같이 가든지, 아니면 남아서 같이 죽음을 당하든지, 그것도 아니면 위협으로부터 막아주든지 해야지, 혼자만 그렇게 떠날 수 있습니까?

저는 빈민촌에서 선교할 때에 넝마주이 동네에서 일을 좀 했습니다. 보기에는 좀 어수룩해 보여도 그 동네에서는 저를 왕초라고 불렀습니다. 넝마주이의 왕초가 되는 비결 중의 하나는, 자기 밑의 똘마니들이 어려움에 처했을 때 목숨 걸고 막아주는 것입니다. 그것이 왕초의 역할입니다. 평소에 대접받고 무슨 말을 해도 말발이 서고, 통치권이나 지배력을 발휘할 수 있는 근거는 자기 대원들이 어려울 때 내 목숨처럼 사랑하고 도와주는 데 있습니다. 위험할 때 혼자 도망쳐버리면 사흘도 못 가서 잡히는데, 일단 잡히기만 하면 좀 심한 말로 맞아 죽습니다.

그런데 예수님은 혼자 살짝 밤중에 도망가버리고 예수님 때문에 다른 애들은 아무 대책도 없이 죽어버리고 말았으니 넝마주이 왕초정신에 비하면 예수님은 형편없는 사람이 됩니다.

그래서 저는 이 부분에 대해 그럴 수 있는가 하는 의문을 가졌습니다. 성경에 이해 안 되는 부분이 여러 군데 있습니다만 특별히 이 대목이 이상했습니다. 그런데 세월이 지나 나이가 들면서, 특별히 70년대에 이런저런 경험을 하면서 이 본문 말씀이 조금씩 이해가 되기 시작했습니다. 가치가 있는 모든 것은 반드시 대가를 치루어야만 얻을 수 있다는 사실을 깨달았던 것입니다. 모든 가치있는 것들은 값을 치루지 않으면 얻어지지 않습니다.

'민주주의는 백성의 피를 먹고 자라는 나무다' 라는 어떤 학자의 말은, 민주주의가 이룩되려면 백성이 피를 흘려야 된다는 의미일 것입니다. 그런 것과 마찬가지로 평화의 왕 예수님이 태어나기 위해서는 죄없는 순수한 생명들의 피 흘림이 뒷받침

되어야 한다는 것입니다. 저는 '죄와 죽음과 심판 아래서 멸망당하는 인간을 구원하려면 죄없는 수많은 어린 아이들의 피가 밑거름이 되어야 한다. 그래서 구원의 왕이 오시는 거다' 라는 생각을 하며 그런 관점에서 이해하기 시작했습니다.

저는 74~75년 박정희 대통령 정권 때에 감옥을 산 적이 있습니다. 처음에는 감옥살이하면서 대단히 억울하다고 생각했습니다. '내가 무엇을 잘못했길래 징역을 살아야 하나' 하는 생각에 부아가 치밀어올랐습니다. 독재권력에 대해서 "독재하지 말아라. 언론의 자유, 주어야 될 거 아니냐? 국민들, 왜 총칼로 다스리냐?" 그런 얘기한 것밖에 없는데, 군인들이 저를 잡아가서 징역 15년 선고를 내리고, 때리고, 손톱을 뽑는 등 별짓을 다하는 것입니다. 서대문 구치소에 앉았다가 앉은 자리가 청와대쪽이면 돌아 앉을 정도로 치를 떨면서 오직 '이 원수를 어떻게 갚나' 하는 생각으로 꽉 차있었는데, 어느날 요한계시록 6장을 보게 되었습니다.

> "다섯째 인을 떼실 때에 내가 보니 하나님의 말씀과 저희의 가진 증거를 인하여 죽임을 당한 영혼들이 제단 아래 있어 큰 소리로 불러 가로되 거룩하고 참되신 대주재여 땅에 거하는 자들을 심판하여 우리 피를 신원(伸寃)하여 주지 아니하시기를 어느 때까지 하시려나이까 하니"(계 6:9~10)

이 말씀을 읽고 제 생각이 완전히 바뀌어졌습니다. 자꾸 억울하게만 느껴졌던 것들이 저의 사명으로 깨달아지며 오히려 감사하는 마음이 생겼습니다.

위 말씀을 보니까 천국에도 데모가 있는 듯 합니다. 우리에게는 상당히 의외의 장면입니다. 천국에서, 하나님의 보좌 앞에서 일어난 이 데모는 땅 위에서 하나님의 말씀을 증거하다가 진리를 위해서 피 흘려 죽은 의인들이 시위하는 것입니다.

데모의 구호는 무엇입니까? "여호와 아버지시여, 우리가 땅에서 피 흘리고 왔는데 우리 피 값을 언제 갚아 주시렵니까?"입니다. 즉 "우리는 죄없이 피 흘리고 와서 있고, 그 사람들은 우리들의 피를 흘리게 하고서도 잘 먹고 잘 살고 있는데 그것을 그냥 둘 수 있습니까? 언제 우리의 피 값을 신원하여 주시겠습니까?"하는 것입니다.

그런데 하나님께서 뭐라고 대답하셨습니까? 이 대답이 아주 기막힌 대답입니다.

> "각각 저희에게 흰 두루마기를 주시며 가라사대 아직 잠시 동안 쉬되 저희 동무 종들과 형제들도 자기처럼 죽임을 받아 그 수가 차기까지 하라 하시더라"(계 6:11)

하나님께서 데모대들에게 흰 두루마기를 한벌씩 주셨습니다. 흰 두루마기는 두 가지 뜻이 있습니다. 한 가지는 승리를 말하는 것인데 여기서는 이 뜻을 나타냅니다. 또 한 가지는 예수님의 피로 더러운 것을 씻은 의인들의 옷을 말합니다. 하늘나라에서는 전부 흰옷을 입는다고 했습니다. 땅 위에서 예수님의 보배로운 피로 죄사함을 받고 의롭게 되어 끝까지 말씀으로 승리한 사람들은 하늘나라에 가서 흰옷을 입습니다. 우리가 다 하늘나라에 가면 흰옷을 입게 되어 있는 것입니다.

흰 두루마기를 주시며 여호와께서 무엇이라고 말씀하십니까? "그것이 아니다. 조금만 기다려라. 너희들처럼 진리를 위해서,

말씀을 위해서, 하나님의 나라를 위해서, 피 흘려 죽어야 되는 숫자가 차기까지 기다려라"라고 말씀하십니다. 피 흘려 죽어야 되는 숫자가 있는데, 너희들은 이렇게 왔지만 너희 후배들은 몸을 아끼느라고 피 흘리지 않고 쉽고 편하게 사니까, 그 숫자 가 빨리 안 찬다는 것이지요. 피 흘리는 숫자가 차야 하나님이 가서 결판을 내는데, 교회가, 교인들이 피를 흘리지 않고 너무 쉽고 편하게만 사니까 숫자가 안 찬다는 말입니다. 그래서 숫 자가 찰 때까지 기다리라는 말씀입니다. 정말 심각한 말씀입니 다. 이 지구상의 역사에서 정의와 평화와 공리가 시행되는 하 나님의 나라가 이루어지기 이전에 피 흘려 죽어야 되는 순교자 의 숫자가 정해져 있는 것입니다.

　제가 이 말씀을 읽고 위로를 받은 이유는 바로 그 점에 있습 니다. 제가 별것 아닌 것으로 징역을 살지만 채워져야 될 숫자 중에 하나를 보탰다는 것이지요. 제가 하나를 보탠 만큼 하나 님의 나라는 빨리 임할 것입니다. 그것이 얼마나 보람있는 일 입니까? 저는 한국의 젊은 기독청년들이 그 숫자를 채울 수 있 는 일꾼들이 되기를 바랍니다.

　1983년 전두환 대통령이 각료들을 데리고 미얀마에 갔을 때 아웅산 사건이 일어났습니다. 아까운 일꾼들이 그 묘지에서 폭 탄 테러로 죽고, 별로 반갑지 않은 사람들이 살아 왔습니다. 죽었으면 싶었던 사람은 살아오고 우리 국가를 위해 절대로 죽 으면 안 되는 사람들은 떼죽음을 당하여 시체로 돌아왔습니다. 그때 함병춘 비서실장이라든지, 이범석 외무부장관이라든지, 김재희 경제수석이라든지, 우리 국가쪽으로 보면 얻기 어려운 귀한 인재들이 떼죽음을 당했습니다.

　　마지막에 두 사람이 부상을 당해 미얀마에서 필리핀 육군병
원으로 이송을 했는데 한 사람은 장군이었고 또 한 사람은 재
무부인가 상공부인가의 차관이었습니다. 둘이 치료를 받는데,
제 생각에는 둘 다 살았으면 참 좋겠고, 둘 중에 한 사람이 산
다면 장군보다 경제각료가 살았으면 좋을 것 같았습니다. 이것
은 장군은 죽어도 좋다는 뜻이 아니라 그 중에 한 사람이 산다
면 경제장관이 사는 것이 좋다는 얘기지요. 왜냐하면 경제장관
한 사람 길러내기가 그만큼 어렵기 때문입니다. 본인도 특출해
야 하지만 전세계 경제 속에서 우리나라 같이 어려운 경제를,
고양이 눈알처럼 변하는 이 경제를 이끌어가려면 제대로 된 경
제각료 한 사람을 얻는다는 것이 쉬운 일이 아닙니다.

　　그런데 결과는 거꾸로 되어버렸습니다. 우리나라는 이상하게
도 지도자 복이 없습니다. 그러나 그것이 오히려 성경적입니
다. 죄있는 사람은 죽어봤자 자기 죄의 값이지, 하나님나라를
위해 효과가 없는 것입니다. 피 값이 없다는 것이지요. 죄없는
사람이 죽어야 세상 죄를 사해주는 밑거름이 되는 것입니다.

　　영적인 일이든지, 세상 역사든지 피 흘리지 않고는 진도가
안 나가는 것입니다. 피가 흘려질 때만이 무엇인가 변하고 역
사가 일어난다는 것입니다.

> “율법을 좇아 거의 모든 물건이 피로써 정결케 되나니 피
> 흘림이 없은즉 사함이 없느니라”(히 9:22)

　　옛날부터 정해진 법에 따라 무엇이든지 피를 흘려야 깨끗하
게 되는 것입니다. 피를 흘려야 정결케 되고 용서를 받고 새로
워지고, 생명의 역사가 꽃피는 것입니다.

광주사태는 많은 피를 흘리게 했습니다. 1987년 대통령선거 즈음에 제가 광주 호남신학에 가서 집회를 한 적이 있었는데 그때 마침 김대중 선생도 광주에 왔습니다.

호남과 광주분들이 김대중 선생을 환영하는데 꼭 부흥회하는 모습을 연상케 했습니다. 순복음중앙교회에서 예배보는 것 같이 "와! 와!"하며 소리를 지르는데 굉장하더군요. 그런데 광주 시민들이 환영하기 위해 가지고 나온 플래카드에 뭐라고 써놓았는지 아십니까? "우리 눈에서 눈물을 씻어주십시오"라는 것이었습니다. 이 말에는 광주사태는 말할 것도 없고 신라, 백제시대부터 지금까지 수천년 동안 쌓여온 우리 민족의 한이 담겨져 있습니다.

저는 경상도 사람으로서, 경상도 정권 때문에 매나 맞고 징역이나 살았지, 사실 설렁탕 한 그릇 얻어 먹은 것도 없습니다. 그런데 제가 경상도 출신이라는 이유 하나 때문에 괜히 그들에게 미안한 마음이 들었습니다.

광주사태 때 그렇게 개 죽이듯이 백성들을 죽여놓고는, 그것도 모자라 그 뒤에 높은 사람이 광주에 오면, 그 유족들이 높은 사람들에게 행패를 부린다는 이유로 그들을 트럭에 싣고는 몇 십리 밖에 내다버렸다고 합니다. 그러니 광주 사람들의 그 한이 얼마나 크겠습니까? 그런 수모만 당하다가 자기들의 정치지도자가 오니, "선생님, 우리 눈에서 눈물을 씻어 주십시오!"라고 적힌 카드를 들고 나왔던 것입니다.

1987년 6월 데모가 한창일 때 제가 운동권 학생을 한명 만난 적이 있는데 그 학생이 이런 말을 했습니다.

"목사님, 우리나라 사람들은 피를 흘려야 됩니다. 광주사태에서 2천명 죽었는데도 참다운 민주화가 안 됐으니까 서울에서는 2만명쯤 죽어야 이 민족이 바로 설 것입니다. 그만큼 안 죽으면 제대로 될 턱이 없습니다. 민중이 피를 흘려서, 민중에 의해 제헌의회를 설립하고, 반동세력을 피로써 다 정리해야 우리 민족이 비로소 바로 설 것입니다.”

제가 이 말을 가만히 들으면서 히브리서 9장 12절 말씀을 생각했습니다.

“염소와 송아지의 피로 아니하고 오직 자기 피로 영원한 속죄를 이루사 단번에 성소에 들어가셨느니라”(히 9:12)

이제 염소와 송아지의 피는 필요하지 않습니다. 이제 백성과 학생의 피는 더이상 흘릴 필요가 없다는 얘기입니다. 예수 그리스도의 피로 이미 다 이루어졌다는 것입니다. 혁명은 이미 예수님의 피로 다 이루어졌습니다. 그런데 예수님의 피 공로를 모르는 학생들이 이미 성취된 예수님의 혁명을 인정하지 않기 때문에 다시금 백성과 학생들의 피를 요구하는 것입니다. 그 학생의 말은 청년 학생들이 서울에서 2만명쯤 죽어야 된다는 것이지요. 누가 죽느냐 하면 바로 자신이 죽는다는 것입니다.

80년대 그당시 학생들은 우리 때하고 달라서 무서운 면이 있습니다. 우리 때는 적당히 데모하고 그저 몇달 쉬는 정도로 생각했는데, 그때 학생들은 죽음을 각오하고 데모합니다. 내가 죽는다는 결사적 각오가 되어 있습니다. 그래서 민민투니, 자민투니, 제헌의회파니 하는 단체에 소속된 사람들이 얘기하는 것을 들으면 걱정이 앞섭니다.

암소와 송아지의 피로써가 아닙니다. 즉 백성과 학생과 젊은 이의 피로써가 아니란 말입니다. 예수님의 피로써 이미 이루어진 구원이 있는데도 우리 청년들은 그것을 받아들이려 하지 않습니다. 예수님께서는 이미 이 땅에 사는 백성들의 한과 눈물과 피를 정결케 하셨을 뿐만 아니라 새 역사, 새 백성을 이미 2천년 전에 만들어 놓으셨습니다. 그런데 안타깝게도 우리 청년들은 그 사실을 믿지 않습니다. 예수님의 피의 능력을 믿으려 하지 않는 것입니다.

더 심각한 문제는 예수님의 피 값으로 사신 바 된 교회의 청년들까지도 예수님의 피가 민족과 백성들을 새롭게 할 수 있는 유일한 능력이라는 사실을 믿지 않는다는 것입니다. 기독청년들이, '광주사태도, 학생혁명도, 민민투도, 자민투도 필요없다. 오직 예수님의 피로써만 우리 역사를 새롭게 할 수 있다'는 것을 과감히 목숨걸고 선포할 수 있어야 하는데, 우리 기독청년에게는 그럴만한 패기도, 자신도, 희생도, 헌신도 엿볼 수가 없습니다.

80년대 말 우리나라가 시끌시끌할 때 저는 신학교나 대학교에 가서 설교를 자주 하게 됐습니다. 거기서 가장 많이 듣는 질문은 "목사님, 우리나라는 혁명을 해야 됩니까, 개혁을 해야 됩니까?" 하는 것이었습니다. 그 질문에 대해 어떤 이들은 광주사태같이 피 흘리는 사태가 열번 나더라도 혁명을 일어나야 한다고 하고, 또 어떤 이들은 대화로, 투표로, 의회민주주의로 개혁을 해야 한다고 합니다. 즉 백성들의 피를 흘려서 이 체제를 뒤집어야 한다는 '혁명파'와 피 흘리지 아니하고 대화로써 풀어나가야 한다는 '개혁파'가 있습니다. 그런데 제가 학생운동이나 청년운동하는 분들을 유심히 살펴보니까 교인이 아닌 청년들은 대체로 혁명파이고, 기독청년들은 대체로 개혁파더군요.

이 점에 대해 저의 대답은 이렇습니다. "혁명과 개혁은 반드시 있어야 한다. 그러나 차원이 다르다." 개인개인이, 각자의 속사람이 예수님의 피로써 혁명적인 변화를 해야 합니다. 교회에서는 이것을 '거듭난다', '중생한다'라고 하지요.

한 사람, 한 사람이 십자가에서 흘리신 예수님의 피로 말미암아 뒤집어져야 합니다. 여러분은 예수님의 피 공로로 거듭난 것을 믿습니까? 이것은 절대적인 것입니다. 예수님의 피로 말미암은 그 혁명을 자기 내면에, 자기 영혼에, 자기 심령에 체험한 사람만이 목숨을 걸고 이 병든 역사를 고치고 개혁할 수 있는 것입니다. 이것이 저의 대답입니다. 그러므로 우리 한 사람 한 사람은 예수님의 피로써 새롭게 태어나는 혁명을 체험하여 이 땅의 한라산에서 백두산까지를 개혁하는 일에 일생을 바쳐 헌신해야 할 것입니다.

제가 감옥소에서 성경을 읽다가 은혜받은 말씀 중에 그리스도인에게 데모를 권하는 다음과 같은 구절이 있습니다.

> "내 말과 내 전도함이 지혜의 권하는 말로 하지 아니하고 다만 성령의 나타남과 능력으로 하여 너희 믿음이 사람의 지혜에 있지 아니하고 다만 하나님의 능력에 있게 하려 하였노라"(고전 2:4~5)

저는 대학생, 청년들의 데모가 필요없다기보다는 그들이 정말 성서적인 데모를 해야 한다고 생각합니다. 이 말씀에 '내 말과 내 전도함이 지혜의 권하는 말로 하지 아니하고'라고 했습니다. 즉 내 말과 내 전도함이 사람의 머리에서 나오는 수단과 방법이 아니라는 것이지요. 그것은 '다만 성령의 나타남과 능력으로 하여'라고 했습니다. '다만'이란 말은 다른 길이 없는, 그것만이 유일한 대안이라는 얘기지요. 그러면 '성령의 나타남'이란 무슨 뜻입니까? 제가 가지고 있는 영어 성경에는 '성령의 나타남'을 '성령의 데모'(the demonstration of the Holy Spirit)라고 했더군요.

우리 그리스도인들은 성령의 데모를 해야 하는 것입니다. 학생 데모, 청년 데모, 군인정치 등 다른 것으로는 결코 우리 민족을 구할 수 없습니다. 성령의 데모만으로 가능합니다. 하나님의 사람들이 목숨을 걸고, 인생을 걸고, 청춘을 걸고 성령의 데모를 해야 합니다. 그렇다면 무엇이 성령의 데모입니까? 방언하는 것입니까? 뛰고 까무러치는 것입니까?

우리 한국 교회는 성령의 능력에 대한 본질적인 이해가 너무 부족합니다. 병 고치는 것을 가지고 야단법석을 떱니다. 기독교가 병 고치는 종교입니까? 복음 가운데 병 낫는 능력이 들어 있지만, 병 낫는 것이 곧 복음은 아닙니다.

제가 어떤 집회에 가봤더니 "오늘 성도님들 중에 어떤 분의 무좀이 나았습니다"라는 얘기를 하더군요. 무좀쯤이야 카네스텐 연고를 바르면 낫는 걸 가지고, 성령님을 발가락의 무좀 고치는 데까지 끌어들입니다. 그리고는 뜨겁다고 뛰고, 또 뛰면 다 되는 줄 압니다. 그것이 성령의 나타남입니까? 그것이 성령의 데모입니까?

그런 것이 아닙니다. 성령의 나타남, 즉 '성령의 데모'란 진리의 영이신 성령을 받아서 진리의 삶을 사는 것을 말합니다. 학생으로서, 직장인으로서, 주부로서, 젊은이로서 목숨을 걸고 진리의 삶을 살아야 할 것입니다. 부정에 대해서는 목에 칼이 들어와도 "아니다"라고 할 수 있는 결단을 가져야 하고 진리에 대해서는 생명을 걸고 지키며 드러내는 삶이 있어야 합니다.
그러한 삶이 바로 성령의 나타남, 성령의 데모인 것입니다. 우
리 모두가 성령의 데모를 하는, 성령의 사람이 되어야 할 것입
니다.
　진리로 사는 한국의 그리스도인들이 일생을 걸고 이 시대 이
땅에서 해야 할 사명의 말씀이 있습니다.

　　"하나님이여 내 마음이 확정되었고 내 마음이 확정되었사오
　　니 내가 노래하고 내가 찬송하리이다 내 영광아 깰지어다 비
　　파야, 수금아, 깰지어다 내가 새벽을 깨우리로다"
　　(시 57:7~8)

　저는 이 말씀을 대단히 좋아합니다. 일평생 이 말씀을 제 삶
의 기준으로, 사명으로 알고 살아왔습니다. 특별히 이 말씀은
다윗이 사울에게 쫓기어 굴 속에서 숨어지내던, 젊었을 당시에
쓴 영감있는 시입니다. 이 시를 이해하기 위해서는 다윗이 어
떤 상황하에 있었는지를 파악하는 것이 중요합니다.

　　"다윗의 믹담 시, 영장으로 알다스헷에 맞춘 노래, 다윗이
　　사울을 피하여 굴에 있던 때에"(시 57:머리말)

　다윗은 사울의 박해를 피해서 숨어 다녔습니다. 오늘 죽을지
내일 죽을지 모르는 절박한 상황 속에서 다윗은 이 시를 썼습
니다. 다윗은 참으로 위대한 인물이었습니다. 성령의 사람, 성
령의 데모를 하는 사람은 다윗과 같은 영감과 비전과 꿈을 가
져야 합니다. 다윗은 오늘 죽을지 내일 죽을지 모르는, 그야말
로 파리목숨같이 취급받던 가장 비참한 상황 속에서도 위대한

꿈을 꾸었습니다.

'하나님이여 내 마음이 확정되었고 내 마음이 확정되었사오니', 자기 사명이 확고하게 정해졌다는 얘기입니다. 다윗은 하나님 앞에서의, 민족 앞에서의 자신의 사명을 깨닫게 된 것입니다. 사명이 정해졌다는 것은 기쁜 일입니다. 사명을 깨달은 날은 바로 축제의 날입니다. 자기 육신이 태어난 날보다도 사명을 깨달은 날은 더 위대한 날입니다.

그래서 다윗은 '찬송하리로다 내 영광아 깰지어다 비파야, 수금아, 깰지어다'라고 하며 노래했습니다. 인간의 영광은 재물도 출세도 아닙니다. 그것은 자기의 사명을 깨닫는 것입니다.

'내가 새벽을 깨우리로다'

과연 위대한 다윗입니다. 이스라엘 백성의 역사가 어두운 밤에 처했을 때 다윗은 자신에게 새벽을 깨우는 사명이 있다는 것을 깨달았습니다. 우리의 기독 청년들이 어두움 속에 처한 이 민족의 새벽을 복음으로, 진리로 깨우는 참다운 사명자들이 되기를 바랍니다.

제가 청계천에서 선교할 때 우리 동네에 네명의 자식을 데리고 사는 과부가 있었습니다. 남편은 지하철 1호선 구간 공사 때 종로구간에서 일하다가, 위에서 무엇이 떨어지는 바람에 뒷머리에 부상을 입고 죽었습니다. 지하에서는 철모자를 쓰고 있어야 하는데 이 양반이 덥다고 철모자를 벗은 채 일을 했던 모양입니다. 보상금을 받아야 하는데 지하철공사측에서는 철모자를 벗은 상태에서 사고가 났기 때문에 책임질 수 없다는 것이었습니다. 그래서 보상금 명목으로 겨우 밀가루 열포가 나왔습니다. 제가 지금 같으면 누구를 붙들고서라도 보상금을 받아내었을 텐데 그때는 촌에서 올라온 지도 얼마 안 되고, 제대로 먹지도 못해 기운도 없어서 생각도 잘 나지 않았습니다. 그래서 바보같이 그 애기엄마하고 가서 밀가루 열포를 타다가 리어카에 신고 왔습니다. 그렇게 타온 밀가루 열포가 다 떨어지니 이 애기엄마가 아이들과 먹고 살 것이 없어 워커힐 쪽으로 나가는 장안벌의 비닐하우스에서 시금치 밭을 매어 준 삯을 받아 근근히 살아가는 것이었습니다. 그런데 그 애기엄마가 어느날 저한테 와서 자꾸 아랫배가 불러오고, 기운도 없고, 구역질이 나서 병원에 좀 데려가 달라고 하는 것입니다. 주위에 있는 다른 아줌마들도 자꾸 저에게 재촉을 했습니다.

"선생님, 저 훈이 엄마가 큰 병에 걸렸나봐요. 병원에 좀 데려가주세요."

"무슨 병인데요?"

"아랫배가 부르고요, 구역질이 나고 기운이 없답니다."

"그거 남자 때문에 생긴 병이구만!"

"무슨 말씀입니까?"

"임신한 거 아니요?"

"아이고, 선생님! 남편 없이 어떻게 임신을 합니까?"

"요새 뭐 남자가 있어야 임신을 한답디까? 없어도 다 잘만 하던데, 요새는 처녀들도 임신 잘 하던데 뭘 그래요. 혼자 살다가 임신해서 부끄러워 그러는 거겠지요."

"아이고, 그게 아니라니까요."

"그냥 낳으라고 해요. 그러면 제가 홀트 양자회 같은 곳에 데려다 주지요."

그랬더니 아줌마들이 절대 그런 것이 아니라며 저를 재촉했습니다. 그래서 제가 그 애기엄마를 이화여대 부속 병원 산부인과에 데려가보았습니다. 진찰을 받아보니 자궁에 혹이 생겼다고 하더군요. 암이 아니기 때문에 그 혹을 들어내면 완치될 수 있으니 빨리 수술을 하라는 것이었습니다. 그냥 놔두면 나중에 생명까지 위험해진다나요. 그런데 어디 수술비가 있어야지요. 그래서 우리 판자촌 교회에서는 온 교인이 통성기도를 했습니다. 그런데 기도응답도 받기 전에 그 애기엄마가 밭에서 일하다 까무러치고 말았습니다. 너무 무리를 한 모양입니다.

넝마주이를 하다가 그 소식을 들은 저는 작업복을 입은 채로 급하게 차비를 구해 그 애기엄마를 택시에 싣고 을지로 6가에 있는 국립의료원으로 갔습니다. 응급실로 갔더니 24시간 내에 수술을 하지 않으면 생명이 위독하니 빨리 입원수속을 밟으라고 하더군요. 그래서 입원시켜달라고 했더니 입원보증금을 내야 한다는 것입니다. 그래서 제가 "입원보증금을 못 가져왔습니다. 제 명예를 걸고, 제 인격을 걸고 꼭 갚을 테니 사람부터 좀 입원시켜주시요"하며 통사정을 했습니다.

그랬더니 그 직원이 이 넝마주이의 얼굴을 가만히 뜯어봅니다. 본래 못생긴 데다가 빈티가 심하지요. 게다가 넝마주이 옷을 입고 다 떨어진 워커를 신고 있으니 믿을 만한 구석이 있을 것 같습니까?

안 된다는 것입니다. 병원 방침에 안된다는 것이지요. 우리 사회에서는 돈 없으면 죽습니다. 저는 병들면 병원에 가서 치료를 받을 수 있다는 것 자체가 대단히 큰 축복이라고 생각합니다.

아무리 사정을 해도 안 되기에 제가 무엇을 하는 사람인지 이야기하려고 했습니다. 설마 전도사가 부탁하는데도 안되겠나 싶어서 "제가 전도사입니다. 장로회신학대학 졸업한 전도사입니다. 제 신앙을 걸고, 인격을 걸고, 성서에 손을 얹고 서원하겠습니다. 갚을 테니까, 한꺼번에는 못 갚고 월부로 갚을 테니까 사람 좀 살려주시요"하며 애원을 했습니다. 그랬더니 "전도사 믿게 됐어요?"하는 것입니다. 요즈음 전도사는 못 믿는다는군요. 입원시킬 때는 다 서원한다, 어쩐다 하지만 일단 병을 고쳐놓으면 도망을 가거나 배짱을 내밀면서 안 갚는다는 것입니다. 이렇게 실랑이를 하는 동안 환자는 점점 숨이 약해지고 있었습니다. 그래서 환자를 다시 업고 서울대 부속 병원으로, 이화여대 부속 병원으로 병원 넷을 돌았지만 결국 거절만 당하고, 그러는 동안 날만 저물었습니다. 차비는 다 떨어지고 점심도 굶어 배는 고프고 환자의 숨결은 점점 가늘어져갔습니다.

"아이고, 훈이 엄마! 오늘은 어찌 이리도 길이 안 열릴까요. 동네 가서 자고 내일 다른 병원으로 가봅시다. 개인 병원이라도 가보자구요" 할 수 없이 마을로 되돌아가기로 했습니다. 오후 다섯시쯤 지난 버스 안은 마침 퇴근시간이라 손님이 꽉꽉 찼더군요. 환자를 업고 공짜로 좀 타볼려고 했더니 차장 아가씨들이 "러시아워에 누가 환자 업고 공짜차를 탑니까? 좀 뜸해진 다음에 타세요!"하며 문을 꽉 닫고 지나가버립니다. 환자를 업고 천천히 걸어갈 수밖에 없었습니다. 서울운동장에서 한양대학교 뒤편, 우리 청계천 뚝방촌으로 걸어가는데 얼마 안 가서 배는 고프고 짜증은 나고 기운은 없는데 환자가 자꾸 뒤로 제껴지기 시작하는 것입니다.

"훈이 엄마, 등에 붙이소! 잠들었습니까? 자더라도 등에 붙어서 자소!"

뒤로 제껴지니까 제가 앞으로 못 가고 뒤로 당겨져 자꾸 넘어질려고 하여 "등에 붙으소!"하고 붙여놓으면 몇 발자국 안 가서 또 뒤로 제껴집니다.

"훈이 엄마, 사람 환장하겠네. 당나귀 탔소, 자가용 탔소? 사람이 아파도 싸가지는 있어야지, 무슨 짓이요?"

붙여놓기만 하면 자꾸 옆으로 삐딱하게 넘어져 나중에는 더 이상 참지 못하고 "내가 서방이요, 부모요?"하면서 성동소방서 콘크리트 바닥에 툭 떨어뜨려놓았습니다. 깍지 끼고 가던 손을 확 풀으니까 '쿵'하는 소리를 내며 떨어집니다. 그런데 제가 투덜투덜하면서 한참 걸어가다 보니 도무지 움직이질 않는 것이 이상합니다. 그래서 가만히 가 살펴보니 죽어버렸습니다.

너무나 어이없이 죽어버린 것입니다. 죽은 사람의 모습을 보자마자 처음 제 입에서 나온 말은 "이놈의 세상 망해야지! 제기랄, 서울 시내에 불을 질러놓고 말 거야!"라는 것이었습니다. 그때는 정말 불을 질러버리고 싶었습니다. 불을 질러버리고 싶은 마음이 굴뚝 같았습니다.

저는 지금 신앙인으로서, 또 철학을 공부한 사람으로서 공산주의는 반대합니다. 기독교와 공산주의는 타협할 수 없는 가치체계라고 생각합니다. 그러나 그때에는 제가 "김일성이 와서라도 이놈의 세상, 왈칵 뒤집어졌으면 좋겠다!"라고 이야기했습니다. 제 힘으로는 이놈의 세상을 못 뒤집으니까 김일성 군대라도 대신 와서 뒤집어주었으면 좋겠다는 생각을 했습니다. 저는 시체 옆에 무릎을 꿇고 앉아, 죽은 이의 얼굴을 쓰다듬으며 통곡을 했습니다. 손등이 까져 피가 날 정도로 콘크리트 바닥을 치며 통곡했습니다.

"왜 죽었소? 살아야 한을 풀고, 살아야 옛말하며 살지. 어떻게 말 한마디 없이 죽을 수 있소? 죽어버리면 어떻게 하자는 거요? 자식새끼 놔두고 어떻게 말 한마디 없이 죽을 수 있단 말이요?"

정말 얼마나 가슴이 찢어지던지요. 제가 일어서서 예수님께 항의했습니다.

"예수 따위는 필요없어! 구주? 예수가 무슨 구주요? 당장 예배당 간판 떼어버리고 이놈의 세상, 뒤집어놓고 말겠다! 활빈교회 간판 떼어버리고 활빈당 만들 거다. 이제부터 이놈의 세상을 뒤집는 일 할 거다. 무슨 놈의 구주가 나를 빈민촌에 들여보냈으면 돈을 주든지, 의사를 주든지, 약을 주든지, 아니면 환자를 안 주든지 해야 할 거 아니야? 자식새끼 놔두고 숨 한 번 제대로 쉬지 못한 채 그냥 죽어가게 두는 예수를, 그렇게 무기력하고 무능하고 무책임한 예수를 내가 왜 섬겨? 그런 예수는 섬길 가치가 없어!"

한참 동안 혼자 원통해하며 그렇게 넋두리를 했습니다. 기운은 없고 몸은 떨리는데, 그렇다고 시체를 길가에 그대로 둘 수 있습니까? 시체의 옷자락을 붙들고 시체를 끌며 걸어갔습니다. 안고 가다가, 힘들면 끌고 가고, 그러다가 좀 괜찮아지면 다시 안고 가고, 그러기를 한참 하며 갔습니다. 나중에는 너무 지쳐서 다리는 후들거리고 귓속에서 '윙윙' 하는 소리가 나더군요. 기진맥진하여 시체를 다리난간에 기대어놓고 시체 옆에 가만히 앉아 있었습니다. 그런데 그때, 주님의 영, 성령께서 제 심령을 흔들어 깨우는 것이었습니다. 성령께서 저를 깨우치시며 말씀하셨습니다.

"진홍아! 네 등에서 죽은 그 여인이 누군지 아느냐? 나, 예수다! 너는 그 여인이 네 등에서 죽은 것이 그렇게 원통하고 분하냐?

나는, 어제도 오늘도 수많은 영혼들이 죄와 절망과 탄식 속에서 한을 품고 죽어 갈 때마다, 나는 다시 십자가에 못박혀 죽는다!

그 여인이 네 등에서 죽었을 때 네가 느낀 그 절망과 분노와 탄식이 바로 내 마음인 줄을 알아라. 내가 네게 사명을 주노니 네가 한국 땅에서 어디를 가든지 네 등에서 죽은 그 여인이 죽었을 때 느낀 그 절망과 분노, 그것이 내 마음이라고 전하라!

내가 한국 땅에 피로 값 주고 교회를 세웠을 때에는 내가 너희에게 준 능력과 복음으로, 백성들을 돌보라고 한 것이었다. 그런데 너희 한국 교회는 내가 준 축복을 가지고 너희끼리만 잘 먹고 잘 살았지, 생명을 걸고서 구원하라고 맡긴 내 백성을 위해선 너희가 아무것도 안 하는구나!"

백성들의 살림은 찌들고 궁핍한 가운데 있는데 교회만 잘 되면 된다는 생각은 옳지 않습니다. 교회만 많이 모여서 "할렐루야, 할렐루야" 한다고 되는 것이 아니란 말입니다. 우리는 예수님이 주신 몸과 축복과 능력과 자원을 가지고 백성들을 정성껏 섬겨야 합니다.

그들에게 새벽을 깨워주고, 진리를 깨우쳐주어야 합니다. 또한 성령의 데모를 일으켜서 백성들의 눈에서 눈물을 씻어주고 그 가슴의 한을 풀어주어야 합니다. 예수님의 진리가 아니면 살 길이 없다는 것을 목숨 걸고 전하는 교회가 되어야 합니다. 각 교회의 청년들은 데모하는 청년들보다 더 열심히 주님의 복음을 전해야 합니다. 데모하다가 잡혀 감옥에 들어간 청년들보다 더 진지하게, 더 열렬하게, 더 뜨거운 가슴으로 백성을 위해서 민족을 위해서 일하는 예수님의 머슴이 되기를 바랍니다.

대학선교의 방향

이제는 전에 멀리 있던 너희가 그리스도 예수 안에서 그리스도의 피로 가까와졌느니라 그는 우리의 화평이신지라 둘로 하나를 만드사 중간에 막힌 담을 허시고(엡 2:13~14)

　며칠전 국토통일원에서 원효사상에 관한 세미나가 개최되었습니다. 그런데 그 세미나의 주최자는 불교단체나 동국대학이 아니라 바로 국토통일원이었습니다. 이것은 특별히 젊은 그리스도인들이 주목해야 할 사실입니다. 왜 국토통일원에서 원효사상에 관한 세미나를 했을까요? 그것은 원효스님의 사상이 우리 민족사의 통일론에 있어서 가장 탁월하다고 판단했기 때문입니다. 국토통일원에서 누가 그런 아이디어를 냈는지는 몰라도 상당히 사려 깊은 분이 그런 발상을 했으리라고 생각됩니다.

　원효스님의 탁월한 민족통일론이란 곧 '화쟁론'(和爭論)을 말합니다. 원효스님은 삼국시대의 인물로서 신라, 백제, 고구려 세 나라가 분리되어 서로 싸우고 있을 때 민족통일의 정신적인 기반을 만들었는데 그것이 곧 화쟁론이란 것입니다. 원효스님의 화쟁론이 왜 지금의 우리에게, 한국 교인들에게 도전을 주고 있습니까? 원효스님은 신라에 불교가 들어온 지 1백년 만에 배출된 인물입니다. 신라의 불교는 1백년 만에 원효스님을 배출시켰던 것입니다.

한국 개신교의 역사도 이제 1백년이 넘었습니다. 그러나 신라의 불교에 비하여 한국 개신교는 1백년의 역사에도 불구하고 원효스님에 비견할 만한 사상가, 행동가, 학자를 배출하지 못하고 있습니다. 고작해야 1천만 교인이란 숫자나 자랑하고 있습니다. 정말 한심한 노릇입니다. 한국에는 3백19개의 신학교가 있습니다. 또한 많은 신학교수들이 독일이나 미국에서 박사학위를 받아와 신학을 가르치고 있습니다. 신학으로 먹고 사는 사람들이 참으로 많아졌으며 또 일생을 목회자로 살겠다는 일꾼들도 많아졌습니다.

그러나 한국 교인의 숫자가 1천만이라해도 원효스님을 흉내낼 만한 사람은 한 사람도 없습니다. 한국 교회는 교회의 숫자나 교인의 머릿수로써 세계 교회에 자랑합니다만 사실 기독교 1백년 역사에 세계 기독교계에 내놓을 만한 저서가 어디 있습니까? 한국 교회는 기독교 문화의 뿌리가 없습니다.

한국 기독교는 1백년 동안에 선교사들이 가르쳐준 대로, 좋게 말하면 착하게, 좀 나쁘게 말하면 바보같이, 앵무새처럼 되풀이하기만 했습니다. 우리의 신념과 사상이나 민족의 얼을 복음에 올바르게 접합시키지를 못했던 것입니다. 이것이 한국 교회의 비극입니다. 세계에서 제일 큰 10대 교회 중 여섯 교회가 한국에 있고 그중에서도 최고로 큰 교회가 한국에 있다는 것을 우리는 흔히 자랑합니다. 그러나 그것은 자랑이 될 수 없습니다. 왜냐하면 종교는 질의 세계이고 정신의 세계이고 본질의

세계이지, 숫자를 가지고 논하는 양적인 세계가 아니기 때문입
니다. 그럼에도 불구하고 한국 교회는 지금까지 숫자와 건물과
외적 부흥에만 정신이 팔린 나머지 기독교의 사상·생각·얼을
키우지 못했습니다.

한국 개신교가 그 숫자나 자랑하고 앉아있는 동안, 국토통일
원에서는 통일이라는 이 절박한 상황을 앞두고, 2000여년 전
의 예수님의 말씀과 우리의 신학사상을 가지고 세미나를 하는
것이 아니라, 원효스님의 사상을 가지고 세미나를 하고 있습니
다. 이것은 우리 한국 교회가 깊이 반성해야 할 문제입니다.

한국 기독교는 불행하게도 민족정신이나 민족정기가 너무도
빈약합니다. 분명히 복음은 우주적인 것입니다. 복음에는 국경
이 있을 수 없습니다. 그러나 그리스도인, 거듭난 사람, 중생
한 사람에게도 소속된 민족이 있는 것입니다. 마태복음 25장
에 의하면, 예수님께서 말세에 대심판하실 때 분명히 민족별로
모으신다고 했습니다. 양의 민족과 염소의 민족을 가르신다고
했습니다. 주님의 뜻을 실천하지 못했던 못된 민족은 왼쪽의
염소편에, 주님의 뜻을 실천한 민족은 오른쪽의 양편에 선다고
했습니다.

복음에는 국경이 없지만 그리스도인에게는 자기 민족이 있는
것입니다. 그런데 한국 교회는, 민족은 잃어버리고 복음만, 신
앙만, 은혜만 받으려고 했기 때문에 이것도 저것도 잘 안되었
습니다. 복음도 신앙도, 애국도 민족도, 두쪽 다 안되었단 말
입니다.

원효스님의 사상으로 남북통일에 관한 세미나를 하는 것을
보면서 한국 교회는 경각심을 가져야 합니다. 분명히 예수 그

리스도의 진리의 말씀인 성서 안에 탁월한 통일론이 들어있습니다. 그럼에도 불구하고 정부, 통일원, 학자들은 말할 것도 없고, 그리스도인들이나 교회지도자들마저도 성서의 진리로써 민족의 통일에 대한 지침을 찾으려 하지 않습니다.

> "그때에 너희는 그리스도 밖에 있었고 이스라엘 나라 밖의
> 사람이라 약속의 언약들에 대하여 외인이요 세상에서 소망이
> 없고 하나님도 없는 자이더니 이제는 전에 멀리 있던 너희가
> 그리스도 예수 안에서 그리스도의 피로 가까와졌느니라"
> (엡 2:12~13)

여기서 사도 바울은 '이제는'이란 말과 대비시켜 '그때에'란 말을 쓰고 있습니다. 갈라디아서나 에베소서에서도 자주 반복하여 쓰고 있는 이 말은 복음 이전과 복음 이후를 구별짓는 말입니다. 즉 예수 밖에 있을 때, 은혜 밖에서 소망이 없을 때를 가리켜 '그때에'(at that time)라고 하고 진리의 백성이 된 지금, 성령의 임하심으로 거듭난 지금을 가리켜 '이제는'(from now on)이라 합니다. 그때는 복음이 멀리 떠나 있었으나, 이제는 그리스도 예수 안에서 그리스도의 피로 그리스도와 가까와졌다는 말입니다.

전에는 우리 민족이 예수 밖에서 남과 북으로 분단되었고, 상도동과 동교동으로 갈라졌고, 신라와 백제로 갈라졌고, 호남 사람과 영남 사람으로 갈라졌지만 이제 어떻게 해야겠습니까? 이 한많은 백성들의 아픈 마음을 누가 위로해주어야 하겠습니까? 누가 그들의 눈에서 눈물을 씻어줄 수 있습니까?

"이는 보좌 가운데 계신 어린양이 저희의 목자가 되사 생명
수 샘으로 인도하시고 하나님께서 저희 눈에서 눈물을 씻어주
실 것임이러라"(계 7:17)

　호남 사람이든, 경상도 사람이든, 강원도 사람이든 우리 백
성들 눈에서 눈물을 씻어줄 사람은 예수 그리스도의 사람들이
라야 된다는 말입니다. 교회가, 예수 그리스도의 사람들이 이
백성들의 가슴에 맺힌 한을 풀어주고 눈에서 눈물을 씻어주어
야 한다는 말입니다. 교회가 그 사명을 감당하지 못하면 기독
교는 결국 맛 잃은 소금이 되고 말 것입니다.
　불교의 힘이 없어진 것에 대해 우리가 비난할 하등의 이유가
없습니다. 오늘의 우리 교회도 현재 상태로 나간다면 조만간
그렇게 역사의 뒷골목으로 밀려나갈 수밖에 없는 것입니다. 기
독교와 비교해 볼 때 불교는 그래도 다행입니다. 한국사에 있
어서 어떠한 혼란이 닥칠지라도 원효 같은 탁월한 스님이 있는
이상, 결코 불교사상은 소멸되지 않을 것입니다.
　우리 한국 기독교는 1백년 동안 정말 한 일이 별로 없습니
다. 이제 교회의 자세와 그리스도인들의 마음가짐을 다시 한번
새롭게 해야될 때가 되었습니다.
　우리는 남북과 지방과 계급을 떠나 그리스도 안에서 하나가
되어야 합니다. 하나가 되는 운동, 즉 민족통일, 지방통일, 정
당통일 등은 오늘날 성경 에베소서 2장을 읽는 그리스도인들의
본질적인 사명입니다. 그러나 불행하게도 한국 교회는, 자기
교회 건물이나 기도원만 지으려 하고 교회 전용버스나 공동묘
지만 살려고 하지, 민족의 통일과 백성들의 가로막힌 담을 허
는 문제에 대해서는 아예 생각조차 하지 않습니다. 우리 주님

243
비전있는 기독청년

께서는 그런 교회를 쓰실 수가 없습니다. 문제의식도 없고 올
바른 기도도 없는 교회를 통해서 하나님은 역사하실 수 없습니
다.

> "그는 우리의 화평이신지라 둘로 하나를 만드사 중간에 막
> 힌 담을 허시고 원수된 것 곧 의문에 속한 계명의 율법을 자
> 기 육체로 폐하셨으니 이는 이 둘로 자기의 안에서 한 새사람
> 을 지어 화평하게 하시고"(엡 2:14)

누가 인간의 막힌 담을 허시고 휴전선을 헐어주신다는 것입
니까? '그는 우리의 화평이신지라 둘로 하나를 만드사 중간에
막힌 담을 허시고'라고 했습니다. 그리스도가 허신다고 했습니
다. 그리스도가 통일의 주체이자, 모든 분열을 해결시키시는
주체라고 분명히 가르치고 있습니다. 그런데 성경말씀을 믿고
살아가는 그리스도인들은 그 말씀을 가슴에 확신하여 가지고
있지 않습니다.

87년 대통령 선거 때 일입니다. 텔레비전을 보니까 동교동쪽
에서는 이중재 씨가, 상도동쪽에서는 박용만 씨가 나와서 대담
을 하더군요. 한다는 얘기가 서로 자기들의 총재가 대통령이
돼야 한다는 겁니다.

"우리 김대중 선생님은 중산층 이하 국민들의 전폭적 지지를
받습니다."

"대통령이 한 계층의 지지만 받아서야 되나요? 고루고루 지
지를 받아야지. 우리 김영삼 총재는 고루고루 지지를 받습니
다."

그렇게 서로 다투는 것을 보고 제가 속으로 '야, 도토리 키

재기다, 도토리 키재기야' 라고 생각했습니다. 도토리끼리 키를 재봐야 결국 똑같은 도토리입니다. 창피스럽지도 않습니까? 한 당의 부총재들이 나와서 다음번에 대통령이 되겠다는 사람들을 놓고 서로 말싸움을 하고 있었으니 말입니다. 다같이 징역살고 다같이 두들겨맞고 다같이 콩밥 먹었지만 우리 같은 사람은 반 장조차도 할 생각을 안 하고 있는데 말입니다. 국민이 그만큼 밀어주면 "나는 다음에 할 테니까 먼저 하시오"하고 나와야지 무엇 때문에 자기가 아니면 안 된다고 갈라서는지 모르겠습니다.

우리 시대에 김구 선생이나 조만식 선생 같은 분이 있었더라면 한국 사회가 이렇게 어렵게 되고 백성들이 혼란에 빠지게 되진 않았을 것입니다. 그동안 국민들이 얼마나 매맞고, 갇혀 고문당하며 많은 희생을 치렀습니까? 그럼에도 불구하고 나라가 발전할 좋은 기회가 왔는데, 지도자들이 자기 욕심 때문에 민족의 대계를 그르치니 이 얼마나 답답한 일입니까?

이런 때일수록 우리 교회의 사명이 더 커지는 것입니다. 모든 면에서 교회는 세속 정치보다 한층 더 높아야 합니다. 목사의 정치는 어떤 정당, 어떤 정치인보다 한층 더 높은 견지에서 보고 판단하고 깨우쳐야 합니다. 그리스도인들이 보는 정치는 남이든, 북이든, 호남이든, 영남이든 대치시켜 놓고 보아서는 안됩니다. 왜냐하면 그리스도는 대립하는 그리스도가 아니기 때문입니다. 그는 우리의 화평이 되셔서 둘을 하나로 만드시고 중간에 막힌 담을 허신다고 했습니다. 그리스도인들은 남이든 북이든, 호남이든 영남이든, 어떤 정당이든, 어떤 계층이든 그 중간에 막힌 담을 헐어내는 화평의 일꾼들이 되어야 할 것입니다. 한쪽에 쏠려 같이 패가름하는, 그런 소인배들의 집단에 들어가는 것은 그리스도인들의 본연의 자세가 아닙니다.

"원수된 것 곧 의문에 속한 계명의 율법을 자기 육체로 폐하셨으니 이는 이 둘로 자기의 안에서 한 새사람을 지어 화평하게 하시고"(엡 2:15)

원효스님이 이와 같은 사상을 얘기했습니다. 화쟁론이라는 것이 바로 그것입니다. 백제, 신라, 고구려가 분열되어 서로 싸우는 상황에서 외국에 한번도 나가보지 않았던, 소위 돌중이라 욕먹었던 원효스님은 혼자 토굴 속에 앉아 연구했습니다. 그는 유학을 갔다온 사람도 아니었습니다. 다른 사람은 당나라로, 외국으로 나가서 배워오고 하는데 원효스님은 토굴 속에 앉아 혼자 생각했습니다. 부처님의 깊은 도를 혼자 깨닫고 백성들의 삶의 숨결 속에서 자기의 사상, 자기의 신앙, 민족통일의 경륜을 깨달았습니다. 백성들의 신음과 통곡 소리를 들으면서 자기의 이론을, 자기의 신념을 토굴 속에서 형성했습니다.

이 화쟁론이 지금에 와서야 빛을 발하고 있습니다. 일본은 불교나라라는 얘기를 듣는데 제가 일본 불교대학에 갔을 때 그곳에서 원효스님의 저서를 교재로 사용하는 것을 보았습니다. 어떤 서양의 불교학자가 필독도서 열권을 추천하는데 그중에 원효스님의 책도 들어 있더군요. 세계의 불제자가 읽어야 하는 10권의 책 중 하나를 쓴 탁월한 학승을 우리가 가졌다는 것에 대해 전 자부심을 느꼈습니다.

그 책은 기독교로 말하면, 어거스틴의 『신국론』이라든가 칼빈의 『기독교강요』에 준하는 탁월한 고전입니다. 한국에도 기독교가 들어온 지 1백년이 되었으니 이제 기독교적인 원효가 나와야겠습니다. 이제 우리가 원효의 사상으로 통일세미나를 할 것이 아니라 바로 예수 그리스도의 복음으로 해야 할 때입니다. '이 민족의 통일을 어떻게 하느냐, 계층간 계급간의 통일을 어떻게 하느냐?' 하는 문제에 대해서 우리가 성서로써 기도하고 토론하고 꿈을 가져야 할 때입니다.

예전에 제가 한 운동권 학생을 만난 적이 있습니다. 그 학생이 스스로 자기를 '운동권' 학생이라고 하더군요. 저는 그 말을 별로 좋아하지 않습니다. 제가 한번 물어보았지요.

"자네 무슨 운동하나? 레슬링인가, 복싱인가? 자네 체격을 보아하니 복싱은 아니겠고, 그래 무슨 운동하나?"

"민중민주운동 합니다."

"아, 이 사람, 어째 속이 메식메식하다. 응? 민중민주운동이 동네 앞집의 강아지 이름도 아니고 말이야, 민중민주 자꾸 그러지 마라, 노동자 농민 자꾸 그러지 말란 말이다. 노동자 농민한테 물어보지도 않고 말이야."

진짜 운동권은 어디 있습니까? 진짜 우리 시대의 운동권은 어디서 나와야 됩니까? 히브리서 4장의 말씀 속에 우리 시대가, 우리 역사가, 우리의 현재와 미래가 진실로 요청하는 운동권이 있습니다.

"하나님의 말씀은 살았고 운동력이 있어 좌우에 날선 어떤 검보다도 예리하여 혼과 영과 및 관절과 골수를 찔러 쪼개기까지 하며 또 마음의 생각과 뜻을 감찰하나니"(히 4:12)

하나님의 말씀은 살았고 운동력이 있습니다. 캠퍼스에서, 노동자들의 세계에서, 농민들의 세계에서, 중산층의 세계에서 그리고 육사에서, 부대에서, 사령관실에서 이 말씀의 운동권을 어떻게 형성하느냐가 문제입니다.

이것은 한국 기독교의 현재와 미래의 과제입니다. 한국 기독교가 역사의 뒷골목으로 밀려날 것이 아니라 정말로 살아있고 운동력이 있는 말씀, 혼과 영과 골수를 쪼갤 수 있는 말씀의 능력을 힘입고 나가야 합니다. 인간의 마음을 뒤집고 역사와 백성들의 혼을 새롭게 할 수 있는 그 운동력을 가지려면 우리 한국 교회와 그리스도인들은 이 말씀으로 되돌아가야만 합니다.

왜 캠퍼스를 좌경화된 운동권에게 맡깁니까? 예수 믿는 청년들이 비실비실 눈치나 보고, 자기들끼리 골방에 모여 〈강 같은 평화〉나 부르고 앉아 있으니 세상에 그런 염치없는 젊은 청년들이 어디 있습니까? 나라가 뿌리째 흔들리는데 어떻게 거듭난 청년들이 사회에 대해서 그렇게 무책임하고 무능력할 수가 있습니까? 우리끼리 모여서 은혜 받았다고 하면서 우리만 예수 잘 믿다 천당 간다면 나머지 형제 자매와 후손들은 도대체 어떻게 됩니까? 그 점에 대해서 우리 기독교인들은 새로운 각성을 해야 합니다. 캠퍼스나 공장에서 거듭나지 못한 사람들에게 운동권의 자리를 내어주면 안된다는 말입니다. 왜 거듭나지 못한 세상적인 학문을 가지고 살아가는 동료 학생들에게 캠퍼스를 내어줍니까? 그 이유가 어디에 있습니까?

예전에 모 대학의 학생들이 이북을 찬양하는 글을 썼다는 애기를 들었는데 그것이 사실인지 아닌지는 잘 모르겠지만, 좌우지간 학생들이 점점 좌경화되어가고 있다는 생각을 했습니다. 저는 이북을 찬양하는 그 글이 이북을 방문하고 온 재미교포에게서 나왔다는 얘기를 듣고 짐작되는 바가 있었습니다.

그후 제가 미국에 갔을 때 이북에 갔다 왔다는 어느 목사님에게서 연락을 받았습니다. 그래서 로스앤젤레스에서 만나 이야기를 하는데 그 목사님이 "이북이 생각보다 나쁜 게 아니더군요. 거기에는 굶는 사람도 없고, 직장 없는 사람도 없고, 병들면 다 치료받고, 식량을 자급하고, 외채는 거의 없는 것이나 마찬가지이고…"하면서 이북의 좋은 점만을 열심히 얘기하는 것이었습니다. 그래서 제가 "허, 그것 참 괜찮네요. 뭐 이북 형제가 잘 살아야 안 되겠습니까? 참 좋네요"라고 말했습니다.

저처럼 굶는 사람들 속에서 당하기만 하고, 돈이 없어 병원 앞에서도 죽어가는 것을 보기만 해야 했던 사람들의 귀에는 상당히 듣기가 좋더군요. 그런데 얘기를 다 듣고나서 궁금한 것이 있어 한번 물어보았습니다.

"제가 죽 얘기를 듣는 중에 두 가지 의문이 생겼습니다."

"그래 뭡니까?"

"마을마다 방송이 스피커로 나왔다고 하는데 각 가정에 라디오를 들을 때 채널을 7번, 9번, 11번 선택해서 듣습니까, 아니면 나오는 것만 듣습니까?"

"그거는 나오는 것만 듣습니다. 채널이 없던데요."

"그러면 거 시원찮네요. 정부에서 내려보내는 것만 듣고 채널을 자기 마음대로 선택할 수 없으면 어떻게 살 수 있습니까?

그렇지 않습니까? 김일성 수령이 좋아하는 방송만 듣고 제가 선택할 수 없다면 죽는 게 낫지 어떻게 살겠습니까? 제가 궁금했던 또 한 가지를 물어보았습니다.

"목사님이 금강산에 가봤다고 하셨는데 그래, 금강산에 관광객들이 많이 와있습디까?"

"관광객은 거의 없었습니다."

"목사님, 착각하지 마십시오. 인민들이 쉬어가며 즐기면서 살아야 좋은 거지, 밤낮 일만 하면 어떻게 살겠습니까? 쉬라고 성경에도 안식일이 있는 것인데 날마다 일만 하면, 그게 어디 동물이지 사람이겠습니까?"

북한이 남한보다 좋은 점도 물론 있습니다. 그러나 정부에서 보내주는 방송만 들어야 하고 관광도 이사도 자유롭게 못 다니고 정해진 마을에서만 살아야 하다니, 저에게 그런 곳에서 살라고 하면 못살 것 같습니다.

젊은 청년들은 모든 것은 종합적으로 판단할 수 있는 통찰력을 가져야 합니다. 한쪽 애기만 듣고 거기에만 매달린다는 것은 그 사람 자신뿐만 아니라 민족과 사회의 장래를 걱정하게 하는, 참으로 불행한 일입니다. 우리 민족의 미래는 우리 젊은 이들이 예수의 이름으로 새롭게 만들어내야 합니다.

기성세대를 욕하고 탓할 필요가 없습니다. 혼과 영과 골수를 찔러 쪼개고 구부러진 것을 펴게 하며 잘못된 것을 바르게 하는, 병든 역사를 고치는 힘이 바로 말씀의 운동력입니다. 예수님의 제자들이 왜 쭈뼛쭈뼛하고 비실거립니까? 왜 캠퍼스를 세속 운동권 학생들에게 내어주고 골방으로만 몰려 들어갑니까? 우리 주님께서 뭐라고 말씀하셨습니까?

"내가 세상을 이기었노라"(요 16:33)

이미 우리 예수님이 이겨놓으셨습니다. 이제 우리가 할 일은 담대하게 나가는 것입니다.

저는 제 나름대로 캠퍼스 선교를 위해 최소한도로 갖춰야 할 세 가지 사항을 생각해보았습니다.

첫번째는 복음적이어야 합니다.

이것은 가장 중요하고 본질적인 요소입니다. 예수님과 나와의 관계가 분명해야 합니다. 예수님이 십자가에 죽으시고 묻히시고 부활하심을 믿고 예수님을 개인의 구주로 영접하는 신앙고백이 분명해야 합니다. 아무리 우리 그리스도인들이 사회운동을 할지라도 기독교의 선교운동과 사회운동은 구별되는 것입니다.

그러면 사회운동과 복음운동의 차이점이 무엇입니까? 사회운동은 역사의 주인이 예수님이신 것을 인정하지 않는 것입니다. 복음운동은 아무리 사회가 어렵고 혼란하고 뒤죽박죽이 될지라도, 그럼에도 불구하고 역사의 주인은 예수 그리스도이심을 고백하는 것입니다.

여기서부터 기독교의 사회운동은 시작되어야 합니다. 예수님을 자기 개인의 구주로 고백하는 데서부터 시작해야 합니다. 복음적이지 않은 모든 운동은, 그것이 한때 당장 무엇을 이룰 것처럼 요란했을지라도 결국은 아무런 열매도 맺지 못합니다. 백성들에게 진정한 역사의 열매를 가져다 줄 수 없습니다. 그래서 저는 어떠한 사회참여나 행동이든지간에 예수 그리스도를 구주로 고백하지 않는, 성서의 기초에서부터 시작하지 않는 운동은 반대합니다.

74, 75년도에 수십명의 목사, 전도사가 감옥소로 붙들려 갔습니다. 저도 그때 붙잡혀 들어가 안양교도소에서 10여명이 넘는 목사, 전도사들과 함께 한방에서 살게 되었습니다. 징역 살면서 이런저런 대화할 시간이 많았었는데 하루는 '누가 예수님의 제자냐' 라는 주제로 토론을 벌이게 되었습니다. 많은 동

료 목사들이 인간의 진정한 인간화를 위해서, 참된 민주화를 위해서 자기 목숨을 걸고 희생하는 자가 예수님의 제자라고 말했습니다. 저는 그런 얘기를 듣고 이렇게 얘기했습니다.

"나는 그렇게 생각하지 않는다. 아무리 인간화를 위해서, 민주화를 위해서, 인간복지를 위해서 수고했더라도 예수 그리스도를 생명의 구주로 고백하는 신앙고백, 즉 사도신경을 고백하고 주기도문을 고백하고 예수님을 내 개인의 구주로 고백하는 그 신앙고백이 없다면, 그 사람은 휴머니스트는 되지만 그리스도인은 되지 못한다. 그리스도인이 아닌데 어떻게 예수님의 제자가 될 수 있느냐?"

그랬더니 제 친구 목사님들이 이러한 저의 말을 아주 못 마땅해 하더군요.

"거, 김진홍이는 잘 나가다가 골동품으로 빠지냐? 그건 19세기의 조류다. 그런 걸 '아웃 오브 데이트'(out of date)라 하는 거야!"

"좋다, 내야 뭐, '아웃 오브 데이트'라도 좋다. 나는 '아웃 오브 데이트'이지만, 너그는 '아웃 오브 지저스'(out of Jesus)다. 나는 차라리 그리스도 안에서 '아웃 오브 데이트'를 택하겠다."

시대에 뒤지든 앞서든간에 문제는 그리스도인의 정체성(identity)입니다. 예수 그리스도 안에서 거듭남의 체험, 예수 그리스도에 대한 신앙고백, 거기서부터 무엇이든지 출발해야 합니다.

두번째는 역사의식을 가져야 합니다.

70년대, 80년대 초의 많은 복음적인 학생 서클들은 그리스도 안에서 거듭난 확신과 그 신앙고백에만 머물러 있어 역사의

식이 결여되는 과오를 범했다고 생각합니다. 예수님을 구주로
고백하는 것은 좋은데, 그것만 했단 말입니다. 자기 신앙고백,
자기 경건에만 열중했지, 민족역사의 방향과 백성들의 삶의 질
과 사회정의에 대해서는 눈을 감았단 말입니다.

성경에는 로마서와 고린도전후서만 있는 것이 아닙니다. 로
마서 13장의 "모든 권위에 순종하라"라는 말씀만 있는 것이 아
니라, 아모스서가 있고 예레미야서가 있고 이사야서가 있습니
다.

> "오직 공법을 물같이, 정의를 하수같이 흘릴지로다"
> (암 5:24)

하는 말씀도 있는 것입니다.

우리는 구원받는 것만 기뻐하고 〈강 같은 평화〉만 부를 줄
알았지, 우리 사회와 역사가 병들고, 백성들이 억압받고, 고문
실에서 죽어가는 것에 대해서는 눈을 감았던 것입니다. 이것은
바른 성서적 삶이 아닙니다. 캠퍼스 선교는 복음적인 것만큼
역사의식이 있어야 합니다. 예수님을 구주로 믿는 사람이 병든
역사를 외면하는 것은 성서적인 신앙이 아닙니다. 우리는 이제
눈을 뜨고 병든 역사를 고쳐야 합니다.

80년대 중반 이후 한국 교회가 좋아지고 있는 것 중에 가장
중요한 것은 개인구원과 사회구원이 서로 병행되어 합치되고
있다는 사실입니다. 이것을 헤겔의 변증법 용어로 '지양'
(aufheben)이라고 합니다. 서로간에 나쁜 점은 거르고 좋은
점은 합쳐서 새로운 '합일'(synthese)을 만드는 것을 말합니
다.

70년대의 개인구원은 '정'(these)이었고 사회구원과 역사구원은 '반'(antithese)이었습니다. 80년대 중반에 들어와서야 두 가지가 '지양'이 되었습니다.

성경은 개인구원과 사회구원을 분리하지 않았습니다. 예수님을 개인의 구주로 고백하는 사람은 또한 예수님을 민족의 주인으로도 고백할 수 있어야 합니다. 우리의 캠퍼스 선교가 그렇게 지향하는 움직임이 있어야 할 것입니다.

우리가 분명히 해야 할 것이 있습니다. 우주 역사, 세계 역사의 주인이 예수님이라면 한라산에서 백두산 사이의 주인은 누구입니까? 휴전선 이북의 주인이 누구입니까? 공산당이 이북의 주인입니까? 그럴 수 없습니다. 어떻게 김일성이 북반부의 주인이 됩니까? 비록 공산당이 집권하고 있지만 북반부에서도 역사와 민족의 주인은 역시 우리 주 예수 그리스도입니다.

이것은 우리가 분명히 해야할 신앙고백입니다. 지금 북쪽에는 공산당이 권력을 장악하고 남쪽에는 민자당이 정권을 주도하고 있지만, 그럼에도 불구하고 우리 한반도 역사의 주인은 예수 그리스도입니다. 그러나 예수님의 정치는 예수님이 직접 다스리는 것이 아니라 피로 값주고 구원하신 교회와 백성들을 통해서 이 민족의 역사를 새롭게 하십니다. 예수님께서 이 민족의 운명을 이끌어가실 때 자신의 피 값을 주고 산 우리들을 통해서 이 민족의 역사를 새롭게 한다는 것, 이것은 매우 중요한 사실입니다.

그래서 캠퍼스 선교를 위해서는 예수님을 개인의 구주로 먼저 고백해야 하고 또한 예수님을 역사의 주인으로 믿고 모셔야 합니다. 그러할 때 비로소 우리 교회의 젊은이들을 통해서 우리 민족과 역사를 새롭게 하시고 백성들의 가슴에 맺힌 한을 풀어주시고 그 눈에서 눈물을 씻어주신다는 하나님의 섭리를 깨닫게 될 것입니다.

세번째는 교회를 섬겨야 합니다.

위에서 언급했던 것처럼 예수님께서 역사를 이끄시는 방법은 자기 교회, 거듭난 성도들을 통해서 일하신다는 것입니다. 그러므로 캠퍼스 선교를 위해서 우선 교회를 잘 섬겨야 합니다. 아무리 기성 교회가 병들고 마음에 들지 않더라도 기성 교회는 썩었으니 교회 밖으로 나가버리자는 자세는 영적인 태도가 아닌 것입니다.

제가 속한 속단은 예장통합측입니다. 영락교회, 새문안교회가 다 여기에 속한 교단입니다. 그런데 제가 속한 교단에, 그 소속된 교회들에, 심지어 제가 세워서 28년 간이나 목회해온 활빈교회에조차 불만이 생깁니다. '내가 이런 교회하자고 내 인생을 건 것은 아닌데…' 생각하면서 실망할 때가 있었습니다.

그럼에도 불구하고 교회는 교회인 것입니다. 아무리 무식하고 시원찮아도 자기의 어머니, 아버지는 여전히 어머니, 아버지란 말입니다. 마음에 안 든다고 부모를 바꾸겠습니까? 그와 마찬가지로 우리가 섬기는 교회가 아무리 불확실하고, 불안정하고, 약점이 많더라도 그 교회를 섬겨야 합니다. 신앙 서클들이 준교회(para church)가 되어 학생서클운동을 하다가 교회에서 그만 벗어나버리는 경우가 있습니다. 그래서 나중에 졸업하고 나면 학생신앙서클을 끝냄과 동시에 교회도 끝나버리는 경우가 있는 것 같습니다. 그것은 영적인 자세가 아닙니다. 즉 성경적인 신앙관이 아닌 것입니다. 아무리 못마땅해도 그 교회를 섬기면서 그 교회 안에서 개혁자로 공헌한다는 자세가 중요한 것입니다. 교회 안에서 '무조건 믿습니다' 하고 순종하는 것이 아니라, 그 안에서 교회를 새롭고 올바르게 개혁하는 것이 중요합니다.

우리 한국 개신 교회는 위기를 맞고 있습니다. 천주교와 개신교를 비교해볼 때 한국 교회의 대 사회적인 영향력의 주도권은 개신교에서 천주교로 넘어가버렸습니다.

모기업에서 분쟁이 일어났을 때의 일입니다. 분쟁이 일어난 기업 회장의 집안은 감리교 집안으로서 교회 건물까지 지어주었다고 하더군요. 어쨌든간에 그 기업의 많은 노동자들 중에서 개신교 신자들이 천주교 신자보다 월등히 많았다고 합니다. 그런데 노동쟁의가 일어나서 분쟁이 생겼을 때 누가 중재를 했는지 아십니까? 32살 먹은 신부님이 중재했다고 합니다. 목사들이 가서 중재하지 않았습니다. 왜 그렇습니까? 일반 국민이 교회를 신뢰하지 않는 점은 차치하고서라도 교인들까지 자기들 교회 지도자들에 대해서 신뢰하지 않습니다.

김영삼 씨가 야당 총재 시절 6·29사태 이전에 신문기자와 인터뷰한 적이 있었습니다. 인터뷰 중에 "여야 간의 대치가 심해서 두 열차가 지금 부딪치기 직전에 있습니다. 여야 간의 대립을 중재할 수 있는 중재자가 있어야 될 것 같습니다"라는 말을 했습니다. 그리고 신문기자가 충현교회 장로이자 야당 총재인 김영삼 씨에게 물었습니다.

"총재님 생각엔 누가 그런 중재 역할의 적임자라고 생각하십니까?"

"김수환 추기경 같은 분이 어떨까요?"

그 말에 제가 아주 섭섭했습니다. 본 교회 당회장님은 뭐합니까? 2백억원 들여 지은 그 교회 목사님은 뭐합니까?

"우리 교회 목사님이 어떨까요?"라고 하면 얼마나 좋습니까?

정 없으면, "김진홍 목사는 어떨까요?"라고 하든지 말이지요.

그럴 수 있잖습니까? 그런데 그 말이 안 나오는 겁니다. 왜 그렇습니까? 개신교 안의 리더십의 공백 때문입니다. 교인들이 밀어줄 수 있는 영적이고 참신하고 역사의식이 분명한 지도자가 거의 없다는 것입니다.

저는 젊은 그리스도인들이 한국 교회와 우리 민족 역사에 리더십을 발휘할 수 있는 훌륭한 재목으로 자랄 수 있기를 바랍니다. 역사는 데모하는 사람을 요구하는 것이 아니라 준비하는 사람을 요구합니다. 데모하지 않아도 되는 조국과 데모할 필요가 없는 역사를 만들어내고자 준비하는 사람을 우리 역사는 요구합니다. "물러가라! 고쳐라!"하며 돌 던지는 것은 누구나 할 수 있습니다. 민민투도, 자민투도, 서대협도 다 할 수 있습니다. 돌 던지고 데모하고 부수는 것은 팔 다리 건강하면 다 할 수 있습니다. 그러나 병든 역사를 치유하고 데모할 필요가 없는 나라를 만드는 것은 준비된 사람만이 할 수 있습니다.

무엇으로 준비합니까? 살았고 운동력이 있어서 모든 잘못된 것을 고치고 뒤집을 수 있는, 능력의 말씀으로 하는 것입니다. 하나님의 말씀이 주는 비전으로 생명의 역사를 만들어 나가는 일에 생명과 인생과 청춘을 걸고 준비하는 사람을 하나님은 쓰십니다. 우리 민족은 그런 사람을 요구합니다. 바깥이 무너지고 깨지고 수라장이 될수록, 그럴수록 준비하는 사람이 많아야 우리 민족이 희망을 가지고 살 수 있습니다.

제가 일본에 갔을 때 일부러 동경대학에 한번 가보았습니다. 그곳의 안내원에게 부탁하여 동경대학 도서실에 들어갔습니다.

진지하게 열심히 공부하는 학생들로 꽉 찼더군요. 그 모습을 보고 일본에 있는 목사님께 이렇게 얘기했습니다. "야, 동경대학 학생들은 이렇게 열심히 공부하는데 서울의 대학생들은 데모만 해야 되니, 정말 국가적으로 큰 문제입니다."

그랬더니 그 목사님이 "김 센세이, 우리 일본은 많은 청년들이 머리를 기르고 이상한 옷을 입고, 뭐 온갖 퇴폐풍조의 러브호텔에 드나들고 하지만 동경대학 학생 2백명만 있으면 일본 장래 걱정은 안 합니다"하고 말하는 것이었습니다. 그 2백명이 앞으로 일본을 끌고 나갈 테니까, 수십만명의 청년들이 방탕한 생활을 한다 할지라도 괜찮다는 말이었습니다.

제가 그 말을 듣고 깊이 생각했습니다. 준비하는 사람이야말로 미래의 주인입니다. 현재의 주인은 화염병 던지며 데모하는 사람이 될지 몰라도 미래의 주인은 준비하는 사람이 됩니다. 복음으로, 말씀으로, 진리로 준비하는 사람이 미래에 역사의 주인이 되는 것입니다.

우리 시대 백성들의 장래와 민족의 전도를 걱정하면서 참으로 뜻을 가지고 있는 사람들이 반드시 가져야 할 정신적이고 영적인 자세가 여호수아서에 나타나 있습니다.

> "만일 여호와를 섬기는 것이 너희에게 좋지 않게 보이거든 너희 열조가 강 저편에서 섬기던 신이든지 혹 너희의 거하는 땅 아모리 사람의 신이든지 너희 섬길 자를 오늘날 택하라 오직 나와 내 집은 여호와를 섬기겠노라"(수 24:15)

다른 사람은 각자 결정하도록 내버려둡시다. 민민투는 민민투대로, 자민투는 자민투대로 각자 알아서 결정하도록 합시다.

강 저편의 신이든지, 북쪽의 이데올로기든지, 남쪽의 이데올로
기든지, 모택동을 따르든지, 레닌을 따르든지, 누굴 따르든지
각자 알아서 할 것입니다. 그러나 나와 내 집은, 나와 우리 서
클, 우리 캠퍼스는 예수님을 택할 것입니다. 애굽 땅에서 홍해
를 건넌 우리는 예수님의 피로 거듭난 우리 청년들은, 나와 내
집은 '여호와를 택하겠노라' 하는 결단이 있어야 할 것입니다.

여호와를 택한 사람은 여호와를 택한 만큼의 결단과 희생과
헌신이 뒤따릅니다. 우리는 모세를 생각해야 합니다. 모세는
80년의 훈련을 쌓았습니다. 80년의 훈련 뒤에는 하나님의 사
명을 받고 이스라엘 동족에게로 되돌아갔습니다.

모세가 이스라엘 동족에게로 되돌아갔을 때 그가 할 수 있었
던 것은 분명히 두 가지 중의 하나였을 것입니다. 첫번째는 바
로 왕의 독재체제에 대한 저항운동입니다. 탄압받고 강제노동
에 시달리고 인권이 유린당하는 동족들에 대해서 모세가 할 수
있었던 것은 저항운동이었습니다. 바로 왕의 체제에 대한 반체
제운동이겠지요.

두번째는 백성들 앞에서 "내가 저 호렙산에서 양떼를 치다가
하나님 만나고 왔습니다. 나 은사 받았습니다. 병 고치고 은혜
받았습니다. 하나님은 위로하십니다. 바로 왕은 못 됐지만 하
나님을 잘 믿고 순종하면 천당갑니다. 천국에는 바로 왕이 못
따라 옵니다. 바로 왕은 천국에 못 옵니다"하며 위로하는 것입
니다.

기존체제의 시녀 노릇을 하는 겁니다. 잠잠하게 순종하고 잘
믿다가 천당 가자는 거지요. 한국 교회의 많은 보수 교회가 그
렇게 했습니다. 불행하게도 70년대에 복음주의단체와 많은 학
생 선교단체가 그렇게 했습니다. 불행하게도, 부끄럽게도, 수

치스럽게도 70년대의 많은 젊은 그리스도인들이 복음이란 이
름으로 독재체제에 귀막고 눈막고 순종하는 어리석은 행동을
했습니다.

그러나 모세는 이것도 저것도 하지 않았습니다. 70년대의 많
은 학생들이 '한국기독학생총연맹'(KSCF)이니 뭐니 해서 독
재체제에 저항했습니다. 감옥도 살고 분신자살도 했습니다. 그
러나 모세는 두쪽 중의 어느 한쪽도 선택하지 않았습니다. 그
러면 모세는 무엇을 했습니까? 어떤 이데올로기나 방법론에도
의지하지 않았고 은혜의 말씀 안에 안주하지도 않았습니다. 약
속의 땅, 젖과 꿀이 흐르는 땅, 하나님의 약속하신 그 땅의 제
3의 안을 제시했습니다.

오늘날 성령받은 성도들은 하나님의 대안을 제시할 수 있는
통찰력과 영안을 가져야 합니다. 남쪽의 자본주의, 북쪽의 전
제정치, 남쪽의 민주화, 모든 남북 간의 움직임에 대해서 이쪽
도 저쪽도 아닌 제3의 대안, 약속의 땅을 우리가 상상력과 순
종으로 만들어낼 수 있는 영안을 가져야 할 것입니다. 본질을
꿰뚫을 수 있는 통찰력과 그 통찰력에 대한 순종, 미래의 땅인
약속의 땅을 만들어내는 일에 쓰임받고자 하는 헌신, 이것을
위한 뜨거운 열정이 우리 가슴 속에 있어야 할 것입니다.

5 비전있는 농촌 교회

"너희 마음에 그리스도를 주로 삼아
거룩하게 하고 너희 속에 있는 소망
에 관한 이유를 묻는 자에게는 대답
할 것을 항상 예비하되 온유와 두려
움으로 하고"

비전있는 농촌 교회

그들은 오래 황폐하였던 곳을 다시 쌓을 것이
며 예로부터 무너진 곳을 다시 일으킬 것이며 황폐
한 성읍 곧 대대로 무너져 있던 것들을 중수할 것이
며(사 61:4)

저는 우리 두레마을에 두레선교훈련원을 세우면서 여러가지
를 생각해 보았습니다.

우리 마을이 있는 남양만은 경기도와 충청도의 경계선상에
있습니다. 1976년 서울에서 판자집을 뜯고 강원도에서 화전민
움막을 뜯어 이 남양만 뻘밭에 모였습니다. 하나님께서 축복
하시어, 우리가 이 땅에 살아남는 일에 성공하였습니다. 그리
고 이제 다시 하나님께서 축복하셔서 오늘 두레선교훈련원을
기공하게 되었습니다.

마주 보이는 서해 바다 저편에는 중국 땅이 있습니다. 저는
얼마전 우리 남양만 건너편, 중국쪽 해안에도 남양만이 있다
는 것을 알았습니다. 한국의 서해안 이곳에 남양만이 있는데,
저쪽 중국의 동해안에도 남양만이 있습니다. 그래서 제가 중
국의 남양만이 무엇을 하는 곳인지 알아보았더니 거기에 중국

공산당이 중국을 차지한 뒤에 공산주의를 방해하는 반공주의자, 즉 공산혁명에 동조하지 않는 인사들을 데려다가 세뇌교육을 시키는 교육장이 있다는 것을 알았습니다. 공산주의에 동조하지 않는 자들을 세뇌(brain wash)하는 장소가 중국의 남양만에 있습니다.

한국 남양만에 '예수님이 농민들의 희망이고, 성경 속에 농민의 살 길이 있다'고 가르치는 교육장 설립을 생각하면서, 하나님께서 우리에게 우리의 비전을 더욱 크게, 깊고 넓게 보여주시기 위해 일부러 중국 남양만에 공산당의 세뇌교육장을 두셨다고 저는 생각했습니다. 이제 이어지는 세대 속에서, 앞으로의 역사 속에서 중국 남양만의 사명과 한국 남양만의 사명 중 '어느 쪽이 더 역사를 만들어내며, 어느 쪽이 더 백성들에게 행복을 주며, 어느 쪽이 더 세계에 기여하는가'를 보여주는 일을 우리는 이곳에서 이루어야겠습니다.

우리가 지금 터를 닦는 이 땅은 조그마한 땅입니다. 수십만 평, 수백만평의 땅을 가진 분들은 손바닥만한 땅이라고 생각할 수 있겠습니다. 그러나 두레선교훈련원이 세워질 이 좁은 봉화산은 우리들에게 눈물의 땅이고 기도가 응답받은 땅입니다. 이 봉화산, 두레마을에 선교훈련원을 세울 수 있도록, 이 땅을 우리에게 달라고 우리는 7년 간을 기도해왔습니다. 이 봉화산의 주인이 누구인지도 모를 때 저는 오늘 삽질하는 이 자리에서 이 산, 이 땅을 우리 활빈교회에 주실 것을 기도했습니다. 이 자리에 교육장을 짓고, 농민들에게 소망을 심어주며, 함께 기도하고 함께 공부할 수 있는 집을 지을 수 있도록 응답해 달라고 7년 간을 기도해왔습니다. 하나님께서 인도하셔서 이 땅이 이제 우리의 땅이 되었습니다. 그래서 우리에겐 이 땅이 대단한 땅입니다.

한국 농촌에는 희망이 없다고들 말합니다. 농가의 빚더미는 날로 높아가고, 젊은이들은 마을을 등지고 도시로 떠나갑니다. 농촌은 황폐해가고, 빈 집이 자꾸 늘어갑니다.

농촌이 이렇게 어려워진 원인에는 여러가지가 있겠지만, 가장 큰 원인은 정부정책의 빈곤에 있다고 생각합니다. 역사 이래로 이 땅에서 농민들이 사람대접 받아본 일이 드물겠습니다만, 특별히 최근에 와서, 정확히 말해 제5공화국이 들어선 이래로 농민에 대한 푸대접이 아주 심해졌습니다. 제5공화국 7년 통치에 농가부채가 5배 이상 증가했다는 통계가 발표되어 있습니다. 이제 선거철이 다가왔으므로, 그동안 농민들을 푸대접한 결과가 여실히 나타날 것입니다.

농촌에 희망이 없다는 말을 다시 한번 생각해봅시다. 우리 국민들은 조급한 감이 있습니다. 희망이 없다는 말은 절망이란 말입니다. 우리는 그 말을 너무 쉽게 쓰고 있습니다. 희망이 없다는 말은 쉽게 할 수 있는 말이 아닙니다. 활빈교회는 어려움에 처해 있는 농촌의 현실 속에 살면서 그 어려운 현실은 인정하지만, 희망이 없다는 말은 받아들이지 않습니다. 저희는 한국 농촌에 희망이 있다고 확신합니다. 만약에 희망이 없다고 생각한다면, 희망을 만들어내야 한다고 생각합니다.

그래서 활빈교회는 농촌에 희망이 있음을 보여주는 사업으로, 그동안 여러가지 사업을 진행시켜왔습니다. 물론 이미 널리 알려진 것처럼, 우리들이 추진했던 그 사업들은 대체로 실패했습니다. 그러나 그 실패 속에서 우리에게 남은 것이 있습니다. 바로 신앙고백입니다. '예수님께서 우리의 주인이시다'는 고백입니다. 우리 개개인의 주인이신 예수님께서 농촌의 주인이시고, 농민들의 주인이시라는 고백입니다. 우리를 죄와 죽음과 심판에서 구원하신 예수님께서, 농민들을 좌절과 탄식과 눈물에서 구원하시기를 원하고 계시다는 그 고백입니다.

우리가 추진했던 여러 사업 중에 '두레마을 사업'이란 것이 있습니다. 오늘 이 자리가 두레마을을 시작한 자리입니다. 두레마을은 뜻이 있는 사람들이 모여서, 흙 속에 길이 있음을 보여주는 '예수공동체' 마을입니다. 함께 살고, 함께 일하고, 함께 기도하는 가운데 길을 찾아내고 희망을 만들어내는 일이 두레마을의 사업입니다.

두레마을은 다음 두 가지 원칙 하에 시작되었습니다.

첫번째는 '예수님께서 이장(里長)이시다' 라는 원칙입니다. 두레마을의 대표는 예수 그리스도입니다. 베드로전서 3장 15절 말씀에,

> "너희 마음에 그리스도를 주로 삼아 거룩하게 하고 너희 속에 있는 소망에 관한 이유를 묻는 자에게는 대답할 것을 항상 예비하되 온유와 두려움으로 하고"(벧전 3:15)

라고 했습니다.

'너희 마음에 그리스도를 주인으로 삼아' 라는 말씀을 우리는, '너희 마을에 그리스도를 주인으로 삼으라' 는 말씀으로 받아들였습니다. 예수님을 마을의 주인으로 삼아서 다른 마을과 구별하여 거룩하게 하겠다는 말입니다. 예수님이 이장이신 이 마을은 사람이 이장인 다른 마을과 구별된 거룩한 마을입니다. 그 거룩한 마을에는 다른 마을, 다른 농촌에는 없는 희망이 있습니다. 이것이 한국 농촌의 살 길입니다. 예수님을 희망의 주

인으로, 이장으로 모시는 것이 한국 농촌의 살 길인 것입니다.

두번째는 '두레마을은 사랑의 법으로 운영되고 유지된다'는 원칙입니다. 두레마을에는 세상의 육법이 적용되지 않습니다. 민법도 형법도 해당되지 않습니다. 두레마을은 예수님의 법만 지배하는 마을이기를 우리는 원합니다.

오늘 두레선교훈련원의 기공예배를 드리면서, 그동안 닭을 기르고 소를 키우며, 돼지를 기르고 채소를 가꾸면서, 농장을 가꾸어 왔던 지난날을 생각해봅니다. 우리는 사회가 부패하고 혼란할수록 농민만큼은 정직해야 한다고 생각해왔습니다. 저희들은 정직하려고 노력해왔습니다. 이 마을에서는 농약을 쓰지 않고, 비료도 쓰지 않고, 우리의 땀과 정성으로 퇴비를 만들어 깨끗하고 정직하게 농산품을 만들었습니다. 그러나 우리가 정성껏 생산한 농산물을 소비자들은 믿어주지 않았습니다. 믿어주질 않으니 제 값을 받고 팔 수가 없었습니다. 그래서 우리는 빚지고 고민해야만 했습니다.

이 고민은 우리들의 고민만이 아닙니다. 한국 농민 전체의 고민입니다. 한국 농민들은 노력하면 할수록 실패해왔습니다. 노력하지 않고 가만히 있는 사람은 언제나 본전을 갖고 있었으되, 부지런하게 일한 농민들은 손해를 보고 빚져왔습니다. 그래서 농촌에선 부지런한 농민을 보면 '저 사람 망할려고 작정했나?'라는 말을 합니다. 무엇이든 하면 할수록 빚지는 것이 한국 농촌의 실정이기 때문입니다. 이러한 농민 전체의 고민 속에서, 우리는 2년 전부터 우리가 생산한 농산물을 도시에 들고 나가서 소비자들에게 직접 판매해야겠다고 생각했습니다. 우리가 정직하게 길러낸 정직한 생산물이므로, 정직한 소비자들도 있으리라고 생각했습니다. 그래서 우리는 두레유통을 세

비전있는 농촌교회

었습니다. 지난 2년 간 노력한 보람이 있어 이제 농장도, 유통도 적자를 벗어나게 되었습니다. 물론 몇푼 안 되는 흑자이지만, 우리에겐 굉장한 의미가 있습니다.

농촌의 농민들이 다 적자를 보는 현실 속에서 비록 적은 돈이지만 우리 농장에서, 우리 유통에서 흑자를 본다는 사실은 한국 농민들에게 하나의 도전과 희망을 던져주는 것입니다. 비록 작은 규모이지만, 우리는 여기서부터가 시작할 수 있는 출발점이라고 생각합니다. 그래서 우리는 동료 농민들과 희망을 함께 나누는 교육훈련사업을 시작하기로 뜻을 정하고, 이제 오늘에 이르러 두레선교훈련원을 기공하게 되었습니다. '희망 없는 농촌에서 희망 있는 농촌으로 바뀌려면, 교육과 훈련이 가장 중요하다'라는 사실을 우리가 그동안의 경험으로 터득했기 때문에, 이 훈련원을 세우게 된 것입니다. 이 훈련원은 4억원의 예산을 들이는 공사로서 약 1백50여명의 농촌지도자들이 함께 모일 수 있는 4백70여평의 훈련원입니다.

이 두레선교훈련원에서 훈련 받을 내용은 다음의 세 가지입니다.

첫째, 이 두레마을 선교훈련원에서는 농촌 교회 목회자들이 훈련을 받게 됩니다. 한국에는 4만여개의 교회가 있습니다. 4만여 교회 중에서 농촌 교회가 1만 5천여 교회입니다. 1만 5천여 농촌 교회 중에서 자립하고 있는 교회가 겨우 8천여 교회입니다. 나머지 7천여 교회는 미자립 상태로 남아 있습니다. 여기서 미자립 교회란 말은, 그 교회 교역자에게 한달 15만원 이하의 생활비를 드리거나, 교역자를 모시지 못하거나, 또한 평신도들이 인도하고 있는 실정의 교회를 가리키는 것입니다.

농촌 교회가 자립한다는 것에 대해 우리는 종종 오해를 하고 있습니다. 우리는 보통 뜻있는 성도나 교회에서 한달에 5만원이든, 10만원이든 보조금을 보내주면 그 교회가 자립할 수 있다고 생각합니다. 그러나 이와 같은 생각은 잘못된 생각입니다. 농촌 교회의 자립은 경제적인 문제나 외부의 보조로는 이루어질 수 없습니다. 빈곤의 문제는 경제적인 문제가 아니라, 정신적인 문제이고 영적인 문제이기 때문입니다.

그동안 저는 17년 간의 선교경험을 통하여 빈곤문제는 정신적인, 영적인, 말씀의 문제이지, 경제적인, 정치적인, 사회적인 문제가 아니라는 것을 깨달았습니다.

교회나, 백성들의 삶이나, 한 민족이나, 역사가 경제적으로 부강해지려면 경제 이전에 정신과 사상, 신념과 뜻에 있어서 자립한 백성이 되어야 합니다. 이러한 점에서 교회가 자립해야 함은 더이상 말할 나위가 없습니다. 도시 교회의 뜻있는 분들이나 외부 단체에서 아무리 돈을 많이 보내주어도 농촌교회는 자립할 수 없습니다. 농촌 교회의 자립은 농민과 그 교인과 교역자들이 자립해야겠다는 뜻과 사상과 목표와 신앙고백이 분명할 때 비로소 가능한 것입니다. 그 교회, 그 교인, 그 교역자가 땀과 눈물과 기도를 바치겠다는 결의가 되었을 때 비로소 그 교회가 자립할 수 있습니다. 어느 시대에도 그 시대의 종교 이상 발전한 시대는 없었습니다. 어느 사회도 그 사회의 교회 이상 발전하지 못했습니다. 그리고 어느 교회도 그 교회의 지도자들 이상 발전하지 못했습니다. 두레선교훈련원은 농촌 교회 목회자들이 함께 모여서, 서로 교육받고 서로 교육을 시키는 장소가 될 것입니다. 그래서 농촌 교회 목회자가 농촌 사회의 정신적인 지주가 될 수 있도록 뒷받침하는 역할을 할 것입니다.

둘째, 두레선교훈련원은 농촌의 지도자와 농촌의 청년들을 훈련시키는 훈련장이 될 것입니다. 우리 백성들은 착하고 부지런하고 영리하고 친절하지만, 우리 백성들이 가지는 한가지 한이 있습니다. 그것은 우리 백성들이 바른 지도자를 만나지 못했다는 것입니다. 우리 백성들은 착한 백성들임에도 불구하고 올바른 지도자를 만나지 못했던 한이 있습니다. 정치의 지도자가 그렇고, 사회의 지도자가 그렇고, 종교의 지도자가 그러했습니다. 우리 백성들은 어떠한 분야에서도 백성이 믿고 운명을 맡길 수 있는, 바른 지도자를 만나지 못했던 한을 지니고 살아왔습니다.

저는 유신체제 때에 민주주의하자고 시위하다가 감옥에 들어간 적이 있습니다. 교도소에는 많은 민주투사들이 있었습니다. 여러 민주투사들과 감옥생활을 하던 그때에 혼자 옥중에서 걱정하고 기도한 적이 있습니다. 저는 그때의 그 기도와 염려를 지금도 되풀이하고 있습니다. 민주주의하다가 감옥에 들어온 민주인사들이 비민주적인 방법으로, 비민주적인 태도로 민주주의를 성취하려고 하는 것을 보면서, 저는 염려하고 탄식했습니다. 분명히 민주주의하자고 들어온 민주인사들인데, 그들의 생각하는 것, 사고방식, 태도는 민주적인 것이 아니었습니다. 그래서 제가 걱정하며 이렇게 말한 적이 있습니다.

"우리 민주투사들이 집권하게 되면 박정희 대통령보다 훨씬 더 독재가 되겠다. 우리에 비하면 박정희 대통령은 봄날씨다, 봄날씨! 우리가 청와대 주인이 된다면 백성들이 더 무서운 독재 아래 있게 되겠다."

민주주의하자는 사람들이 당연히 민주주의적인 사고와 가치관과 태도를 가져야 하는데, 도무지 비민주적인 아집과 욕심을 가지고 민주주의를 하자고 하니, '우리 민족이 언제 민주주의를 맞을 것인가?' 하는 탄식이 절로 나왔습니다. 지금도 그렇습니다. 6·29사태 이래로, 각 분야에 민주주의에 대한 바람이 불고 있습니다. 그러나 각계 각층의 지도자와 우리 백성들 전체가 반성을 해야 합니다. 민주주의란 것은 구호가 아닙니다. 구호 자체는 민주주의가 될 수 없습니다. 민주주의란 사고방식이고, 가치관이고, 삶의 태도입니다. 우리 백성 전체가 참된 민주주의의 정신과 가치와 사고를 소유하지 않는 이상, 어떤 정권, 어떤 지도자가 들어서더라도 민주주의는 이루어질 수 없을 것입니다.

우리 농민 사회에 있어서 진정하게 농민들을 이끌어줄 지도자가 누구이겠습니까? 농민들에게 참된 내일의 역사를 약속해 줄 수 있는 지도자가 누구이겠습니까? 나는 농민들이 모이면 이렇게 얘기합니다. "어차피 잘못된 농촌에 희망이 없다고 떠나지 말자! 떠나버리는 것은 쉬운 일이다" 일이 안 된다고, 어렵다고 욕하고 실망하고 가버리는 것은 쉽습니다. 남아서 되도록 일으키는 것이 어렵습니다. 안 되는 것을, 어려운 것을 되도록 하는 사람이 사명자이고, 그 사람이 역사의 인물입니다. 요란하게 매스컴을 타고 박수를 받는 사람이 인물이 아닙니다. 희망이 없다고 하는 자리에서 일생을 걸고 희망을 만들어낼 수 있는 사람, 바로 그러한 사람이 우리 민족이 요구하는 지도자입니다.

저는 농촌 사회 지도자들은 농민들 속에서 길러져야 된다고 생각합니다. 즉 농민들의 손으로 농민 자신들이 직접 길러낸 지도자, 그 사람들이 농민의 지도자가 되어야 한다는 것입니다. 그런 점에서 저와 같은 목사들은 농민지도자가 될 수 없습

비전있는 농촌교회

니다. 농촌 교회 목사는 농민 지도자를 길러내는 데에 도와주는 사람일 뿐입니다. 농민 자신들이 길러낸 사람, 그 사람이 농민 자신들의 지도자일 수밖에 없습니다. 농촌의 주민들과 청년들에 의해 농촌에서 길러진 그 지도자들이 농촌의 지도자가 될 것입니다. 나는 두레선교훈련원이 그러한 지도자를 길러내는 장소가 되길 바랍니다.

셋째, 두레마을의 선교훈련원은 농산물을 생산하는 농민들과 소비하는 소비자들이 함께 모여서 훈련하는 훈련장이 될 것입니다. 생산자가 물론 정직해야 하지만 소비자도 정직해야 합니다. 저는 두레유통이 적자로 어려움에 처했을 때, 적자를 벗어보겠다고 서울의 가정 가정을 방문하고 다니면서, 계란도 팔고 쌀가마도 져나르며 노력해본 적이 있습니다. 계란이나 쌀을 가지고 5층, 6층 아파트에 메고 올라가노라면 소비자들에게 종종 이런 질문을 받습니다.

"아저씨, 그것 진짜입니까?"

"글쎄 직접 먹어보시오. 마음에 들지 않으시면 저희가 교환해 드리지요. 제가 어떻게 진짜다, 아니다 말할 수 있겠습니까? 그러나 사람은 진짜입니다."

우리 국민들이 진짜 가짜에 그만큼 민감합니다. 오랜 세월을 사람도 물건도 가짜에 시달려왔기 때문이라고 생각합니다.

저는 얼마전에 일본 친구들 초청으로 일본에 가서 며칠 다니다가 일정을 다 채우지 않고 되돌아온 적이 있습니다. 한달 초청을 받아서 21일 만에 되돌아왔습니다.

"김 센세이, 왜 일정이 남았는데 되돌아가십니까? 우리가 뭐 잘못한 것이 있습니까? 에티켓이 나빴습니까?"

하고 일본 친구들이 물었지만 제대로 대답할 수가 없었습니다. 거짓말할 수도 없고, 사실대로 말하면 그분들께 실례가 되고 해서 그냥 우물우물하고 귀국해버렸습니다. 그 이유는 사실 일본 사람들 잘 사는 것이 화가 나서 와버렸던 것입니다.

잘 사는 것은 이제 우리 차례입니다. 아니, 잘 살아야 하는 것은, 이번에는 우리 차례입니다.

우리를 그렇게 종처럼 부려먹고, 우리 누님들을 정신대에 끌어다가 몸을 망치게 하고, 우리 형님들을 총알받이로 써먹은 그 사람들은 다시 잘 살고 있습니다. 그러나 종살이하고 수모당하고 무시당했던 우리는 다시 못 살고 있습니다. 저는 그것이 견딜 수가 없었습니다. 절대로 우리가 잘 살아야 할 차례입니다. 역사에 차례가 있어야 하지 않겠습니까? 물 한 그릇도 순서가 있는데 그 사람들만 잘 살고 우리는 늘 당하고 못 살기만 한다면 공평치 못한 일이 아니겠습니까? 그것이 우리 백성들의 한이요, 개인개인의 한입니다. 우리 민족은 일본을 가나, 미국을 가나, 독일을 가나, 어느 나라, 어느 백성 앞에서도 일대일로는 기죽지 않고 당당하게 실력과 인격을 자랑할 수 있는, 바탕있는 사람들입니다. 어디를 가더라도 우리는 어떤 개인한테 꿇리지 않고 눌리지 않을 내면의 충실과 자부심이 있습니다. 그러나 민족 대 민족, 나라 대 나라로 나오면 벌써 우리는 기가 꺾입니다. 그것이 우리들의 한입니다. 제가 외국여행을 여러 번 다니면서 느끼고 결심한 것이 있습니다. 개개인이 아무리 잘나고 뛰어나도, 아무리 개인이 특출나도 세계무대에서는 그것이 인정받을 수 없다는 것입니다. 코리언이란 자체를 벌써 사람들이 외면해버립니다. 개인을 넘어서 우리 민족과 백성 전체가 잘 사는 바탕을 이루어야 합니다. 저는 두레농장과 두레마을의 선교훈련원이 정직한 사람을 길러내는 교육장이 되기를 바랍니다.

　제가 일본 사람들 앞에서 더욱 화가 났던 것은 그 사람들이 우리보다 더욱 잘 살 수 있는 조건을 갖추고 있다는 것을 알았기 때문입니다. 분명히 그 사람들은 우리가 가지지 못한 것을 가지고 있었습니다. 그것을 저는 세 가지로 생각합니다.

　첫번째로 그들은 정직하다는 것입니다. 일본인은 정직합니다. 그들은 정직한 것으로 세계의 신뢰를 얻었습니다. 그러나 한국인들은 정직하질 못합니다. 우리 한국 국민들은 국내에서나 국외에서나 속이려고 하고, 얼렁뚱땅하려고 하고, 한꺼번에 떼돈을 벌려고 합니다. 무역을 해도 견본은 좋은데 갈수록 물건이 나빠집니다.

　두번째로 일본인들은 잘 뭉친다는 사실입니다. 반면에 우리는 이 점에 있어서 약합니다. 한 개인개인으로 볼 때, 절대로 우리는 일본 사람보다 못하지 않습니다. 그런데 민족과 민족, 국가와 국가, 집단과 집단과의 대결에서는 우리는 일본 사람들보다 약합니다. 그들은 서로 뭉치며 상호협력합니다. 경제사회적인 면에서는 말할 것도 없고, 정치면에 있어서도 그렇습니다. 그러나 우리 국민들은 전부 대통령감입니다. 전부 잘나서 뭉치질 못합니다. 이번 대통령 후보자 때문에 말이 많습니다. 여러 어른들이 나와서 자기가 아니면 나라가 안 된다는 것입니다. 저도 할 말이 있습니다. 고생했으니까 대통령해야 한다는 것은 조건이 될 수 없습니다. 우리 4천만 국민 중에 과거에 고생하지 않은 사람이 누가 있겠습니까? 소수의 사람을 제외하고는 우리 백성들 중에 고생하지 않고 살았던 사람은 없습니다. 감옥 살았던 것으로 대통령해야 한다면 저도 대통령 후보에 나서야 합니다. 저도 감옥을 살았으니까 김진홍 목사도 대통령

후보자로 나가야 합니다.

누가 국민들에게 신뢰를 받을 수 있는 정직한 인물인가? 누가 국민들을 뭉치게 할 수 있는 사람인가? 그러한 기준 하에서 지도자를 뽑아야 할 것입니다. 정직한 지도자 아래 백성이 뭉쳐지지, 욕심내는 지도자 아래 백성이 뭉쳐질 수 없습니다. 정직하지 못한 지도자 밑에는 모리배나 이권을 따르는 사람들이나 모여들지, 백성들은 모여들지 않습니다.

세번째로 일본 사람들의 지도자들은 깨끗하다는 것입니다. 그 나라의 지도자들은 분명히 깨끗합니다. 옛날에 다나까가 수상으로 있을 때 뇌물을 받은 혐의로 재판을 받은 적이 있습니다. 내가 알아보니까 다나까라는 분, 돈은 먹었어도 자기 개인을 위해서 부동산을 사거나, 스위스 은행에 돈을 넣거나, 주식을 사놓거나 하는 일에 그 뇌물을 쓰지 않았습니다.

자기 정치 정당을 뒷받침하는 데 썼지, 자기 개인을 위해서 쓰지 않았습니다. 그런데 우리 한국 지도자들은 그렇지를 못합니다. 그들은 일단 한자리 하기만 하면 자손 대대로 누릴 떼돈을 벌려고 죽을 둥 살 둥 안간힘을 다 쓰다가 결국에는 소화도 못 시키고 탈이 납니다.

우리들은 이제부터라도 깨끗한 지도자를 길러내고 뽑아내어 그 깨끗한 지도자 밑에 뭉칠 줄 아는 국민이 되어야 합니다. 자기 개인보다는 공익과 민족을 앞세우는, 그러한 지도자를 길러내야 합니다. 나는 이 두레선교훈련원이 그런 지도자를 길러내는 훈련장이 되기를 바랍니다.

두레선교훈련원에서 정직한 사람, 뭉칠줄 아는 사람, 깨끗한 사람이 길러져 나오도록 우리가 함께 협력해서 이루어 나가야 합니다. 물론 유능한 사람이 좋습니다. 그러한 유능한 사람이 좋습니다. 그러나 유능한 사람이 가는 곳마다, 백성들을 기만하고 이용하며 그들 위에 군림하는 것을 보면 우리는 치가 떨립니다. 유능한 사람이 나라 망쳐왔습니다. 오히려 무능한 사람이 좋겠습니다. 유능한 사람들이 골치를 썩힙니다. 이 두레선교훈련원에서 정직한 사람, 힘을 합칠줄 아는 농민, 그리고 깨끗한 농민이 길러지길 바랍니다. 그 깨끗한 농민이 길러낸 농산물을 도시의 정직한 소비자들이 먹을 수 있는, 그러한 사회를 우리가 이루어야겠습니다.

　제가 서울의 아파트와 교회에 계란을, 쌀을, 참기름을 팔러 다니면서 "아저씨 진짭니까?"라는 소리를 들을 때마다, 때가 되면 도시의 소비자들도 교육을 시켜야겠다고 생각했습니다. 이제 생산자 교육과 함께, 소비자도 교육시키는 두레선교훈련원을 기공하게 됩니다. 이 훈련원이 세워지면 틈틈이 대도시 아파트의 아줌마들이나 교회의 여전도회원들이나 소비자들이 이곳에 와서, 이곳의 농산품이 얼마나 땀을 흘려 생산되는가를 보고 깨우칠 수 있는 장소가 되길 바랍니다.

　인도의 간디를 저는 존경합니다. 인도의 간디가 영국에 대해 독립운동을 하면서 유명한, 역사에 남는, 뜻깊은 말을 했습니다. 우리민족이 성큼 발돋음하려는 이 시기에, 우리 국민 모두가 간디의 말을 깊이 음미해보는 것도 의미있다고 생각합니다. 저는 근년에 우리 국운이 열리고 있는 것을 느낍니다. 너무 점쟁이 같은 말을 해서 죄송합니다만, 앞으로 10년, 20년 사이에 우리 민족의 국운이 열리게 되리라고 믿습니다. 이것은 예언이 아니라 저의 짐작으로 하는 말입니다. 우리 국운이 열리는 그러한 국운상승기를 맞아서 농민이든 학생이든, 군인이든 정치하는 사람이든, 우리 국민 각자가 새겨들어야 할 간디의 말이 있습니다.

인도의 어느 한 청년이 간디에게 찾아왔습니다. 그 청년이 간디에게 부탁했습니다.

"독립운동에 참여하고 싶습니다. 간디 선생님, 저를 좀 써 주십시요."

"자네, 왜 독립운동에 헌신하려고 하는가?"

"저는 영국이, 영국 사람들이 미워서 독립운동을 하려 합니다."

그 청년이 그렇게 대답하자 간디가 타이르며 말하기를 "자네는 영국을 미워하는 마음부터 없애고 독립운동을 해야지, 영국을 미워하는 마음을 가지고는 진정한 독립운동을 할 수 없네"라고 했다 합니다. 간디는 인도의 독립을 위해선 인도 민족이 진리를 터득하는 진리운동을 해야 한다고 가르쳤습니다. 누구를 미워하고, 누구를 쫓아내고, 누구를 규탄하는 운동을 해서는 인도의 진정한 독립운동을 이룰 수 없다고 말했습니다.

저는 그 말에 전적으로 동의합니다. 저는 민주주의하자고 매도 맞아보고 징역살이도 해봤습니다. 농민 살린다고, 빈민 살린다고 여러가지 일을 벌렸다가, 실패도 하고 망하기도 했습니다. 그리하여 깨달은 결론 한 가지가 있습니다.

우리 민족이 잘사는 일이든, 빈민을 살리는 일이든, 농민을 살리는 일이든, 민주주의하는 일이든, 무슨 일이든지 예수님의 방법, 사랑의 방법, 진리의 방법을 통해서만 해야 한다는 결론입니다. 그것이 진리이기 때문에 진리 위에 서서 진리를 드러내고 진리에 생명을 걸어야지, 누가 미워서, 잘못해서, 거기에 대한 반동으로 우리 인생을 걸어서는 안 됩니다. 그것이 진리이기 때문에, 그것이 참이기 때문에 예수님의 사랑의 방법을 통해서만 도전해야 합니다. 두레선교훈련원은 우리 국민들이 함께 모여 진리를 찾아 진리를 함께 나누는, 그러한 훈련장이 되기를 바랍니다.

그 훈련에 우리가 쓸 수 있는 교재가 무엇입니까? 정직한 사람이 되는 훈련, 뭉칠 줄 아는 국민이 되는 훈련, 깨끗하게 섬길 수 있는 지도자가 되는 훈련, 그런 훈련을 훌륭히 지킬 수 있는 교과서가 무엇입니까? 그것은 성경입니다. 그 성경 안에 힘이 있습니다. 성경 안에 길이 있습니다. 우리 4천만 국민이 성경의 사람이 된다면, 우리 민족의 국운은 자연히 열리어 우리나라는 선진조국, 위대한 민족이 될 수가 있습니다. 우리의 훈련은 한국 농촌을 성서 위에 세울 수 있는 그러한 훈련이 되어야 합니다.

몇년 전에 덴마크 청년들이 우리 남양만을 찾아온 적이 있습니다. 그들이 이 남양만에 4일 동안 함께 머물면서 저와 나눈 이야기가 있습니다.

"자네들, 덴마크 청년으로서, 한국 농촌에 와 며칠 지내면서 느낀 소감이 어떠한가?"

나는 좋은 대답이 나올 줄 알고 물었는데, 그들의 대답은 예상했던 대답과는 전혀 반대였습니다.

"김 목사님, 제가 말씀드리기 죄송하지만, 솔직히 말씀드려서 한국 농촌이 못 산다는 것이 기적입니다."

한국 농촌이 못 사는 것이 기적이라는 말에 제가 무슨 뜻인가 의아해서 물었습니다.

"자네 무슨 말 하는 것인가? 그런 기적도 있는가? 못 사는 것이 기적이라는 말이 도대체 무슨 말인가?"

"김 목사님, 제가 초청장을 보낼테니 덴마크에 한번 오십시요. 덴마크에 와서 우리 덴마크 조상들이, 또한 현재 우리들이 얼마나 나쁜 풍토, 얼마나 나쁜 조건 속에서 얼마나 좋은 농촌을 이루고 있는지 보시면, 한국 농촌이 못 사는 것이 기적이라는 우리의 말을 이해할 것입니다.”

자기들이 보기에 한국은 덴마크에 비하면 당연히 잘 살아야 된다는 것입니다. 어느 곳이나 물이 있는 이 좋은 풍토, 이 좋은 계절, 이 좋은 땅에서 못 사는 것은 기적이지 정상일 수가 없다는 것입니다. 제가 그 말을 듣고 한심스럽기도 하고, 화도 나고, 또 느끼는 바도 있고 하여 입술을 깨물면서 대답했습니다.

“좋다, 자네 말은 시인하겠는데 10년 후에 다시 와라. 그러면 잘 사는 기적으로 바꿔놓겠다.”

“십년 뒤에든, 언제든, 한국 농촌이 잘 사는 것은 결코 기적이 아닙니다. 그건 정상입니다.”

그래서 제가 “우리가 10년 뒤에 정상으로 만들어놓을 테니까, 우리 농촌에 뜻이 있는 사람들이, 예수 안에 길이 있다고 믿는 사람들이, 크리스천들이 한국 농촌을 잘 사는 농촌으로, 정상적인 농촌으로 바꾸어놓을 테니까 다시 오라”고 말한 적이 있습니다.

그 말을 한 지 벌써 10년의 절반이 넘었습니다. 그런데 잘 사는, 정상적인 농촌을 우리는 아직도 만들어놓지 못했습니다. 두레마을에 선교훈련원을 세우면서 한국 농촌이 못 사는 농촌이 아니라 잘 사는 농촌, 정상적인 농촌으로 바뀌어지길 바랍니다. 이 두레선교훈련원이 정상적인 농촌으로 바꾸어놓길 바랍니다. 이 두레선교훈련원이 정상적인 농촌, 잘 사는 나라를 만들고 예수님을 주인으로 모시는, 백성을 섬기는 지도자를 양성하는 훈련원이 되기를 바랍니다.

이제 끝으로 이사야서 말씀을 통해서 한국 농촌에 주신 사명이 무엇인지를 살펴보겠습니다.

"그들은 오래 황폐하였던 곳을 다시 쌓을 것이며 예로부터
무너진 곳을 다시 일으킬 것이며 황폐한 성읍 곧 대대로 무너
져 있던 것들을 중수할 것이며"(사 61:4)

이 말씀에서 '그들은'이란 말은 바로 '한국 농촌 교회'를 가리킵니다. 즉 한국 농촌 교회는 오래도록 황폐하였던 한국 농촌을 다시 쌓을 것이며, 옛날부터 무너져 있던 마을들을 다시 일으킬 것이며, 황폐한 산천, 무너져 있던 농민들의 살림살이를 다시 일으킬 것이라는 말씀입니다. 한국 교회가 한국 민족에 대한 사명이 있듯이, 한국 농촌 교회는 한국 농민에 대한 사명이 있습니다. 지금 한국 농촌에 희망이 없다는 말이 높아지면 높아질수록, 희망 없는 농촌에 희망을 만들어 넣어야 하는 사명이 농촌교회에 있는 것입니다.

저는 이 이사야서 말씀을 두레마을에 선교훈련원을 세우면서 우리에게 주시는 사명의 말씀으로 받아들입니다. '너희 두레마을 선교훈련원은 황폐한 농촌을 다시 쌓을 것이며 예로부터 무너진 마을을 다시 일으킬 것이며, 황폐한 농촌, 농민들의 살림살이를 다시 일으킬 것이다' 우리는 하나님의 백성으로 이 시대를 살아가면서 말씀으로 민족을 다시 세우는 일에, 말씀으로 농촌을 다시 일으키는 일에 힘을 모아야 할 동지들입니다.

바라기는 이 두레선교훈련원이 우리에게 주신 바 시대적인 사명을 잘 감당할 수 있게 되기를 소망합니다.